Zur persönlichen Zuordnung von Betriebsausgaben und Werbungskosten im Einkommensteuerrecht

Schriften zum Wirtschafts- und Medienrecht, Steuerrecht und Zivilprozeßrecht

Herausgegeben von Jürgen Costede
und Gerald Spindler

Band 46

PETER LANG
Frankfurt am Main · Berlin · Bern · Bruxelles · New York · Oxford · Wien

Parastu Bahramsari

Zur persönlichen Zuordnung von Betriebsausgaben und Werbungskosten im Einkommensteuerrecht

Drittaufwand und verwandte Erscheinungen

PETER LANG
Internationaler Verlag der Wissenschaften

Bibliografische Information der Deutschen Nationalbibliothek
Die Deutsche Nationalbibliothek verzeichnet diese Publikation in der Deutschen Nationalbibliografie; detaillierte bibliografische Daten sind im Internet über http://dnb.d-nb.de abrufbar.

Zugl.: Göttingen, Univ., Diss., 2010

Gedruckt auf alterungsbeständigem, säurefreiem Papier.

D 7
ISSN 1614-2071
ISBN 978-3-631-61283-5

www.peterlang.de

Meinen Eltern

Vorwort

Ein Vorwort zur Arbeit ist entbehrlich, sie möge für sich sprechen. Aber Dank möchte ich sagen.

Der erste und mit Abstand größte Dank gebührt meinem lieben Mentor, Ratgeber, Doktorvater und Freund. Danke dafür, sehr verehrter Herr Prof. Dr. Dr. h.c. Costede, mich Mut zur Wissenschaft gelehrt zu haben. Für die Freiheit, anders denken zu dürfen. Für die unzählbaren Stunden des wissenschaftlichen Disputs. Für die unendliche Geduld, mich den eigenen Weg gehen zu lassen, um dann doch oft genug zurückzukehren. Unmöglich, das jemals aufzuwiegen.

Eine besondere Ehre ist es, dass mich die Göttinger Graduiertenschule Gesellschaftswissenschaften (GGG), gemeinsam mit dem Stifter persönlich, Herrn Prof. Claassen, als eine der ersten Stipendiatinnen des Folkert-Claassen-Promotionsstipendiums ausgewählt hat. Es war eine ganz besondere Motivation, um Ihr Vertrauen und Ihren Glauben in das Projekt und mich zu wissen. Vor allem Herrn Prof. Claassen danke ich für die großzügige Unterstützung, durch die er mir den Raum und die Zeit für befreites Arbeiten schenkte.

Herrn Prof. Dr. Spindler danke ich außerordentlich für die umsichtige Korrektur der Arbeit und die wertvollen Anmerkungen.

Frau Krause-Vilmar muss hier Erwähnung finden, hat Sie doch erst den Grundstein gelegt.

Und Dank meiner geliebten Familie, allen voran meinen Eltern. Ohne Euch wäre nichts, wie es ist.

Berlin, 23. Juli 2010

Inhaltsverzeichnis

Einführung in die Thematik 13

Teil 1 19
Der Meinungsstand zur persönlichen Zuordnung von Betriebsausgaben und Werbungskosten 19

Kapitel 1: Die Ansichten zur mittelbaren Berücksichtigung eines Drittaufwands bis hin zur Entscheidung des Großen Senats 2/97 21
I. Allgemeine Hinweise zur Entwicklungsgeschichte der mittelbaren Berücksichtigung eines Drittaufwands 21
II. Rechtsprechung und Schrifttum zur mittelbaren Berücksichtigung eines Drittaufwands bei Überschusseinkünften 24
1. Die Judikatur des Bundesfinanzhofs zur mittelbaren Berücksichtigung eines Drittaufwands bei Überschusseinkünften 24
2. Das Schrifttum zur mittelbaren Berücksichtigung eines Drittaufwands bei Überschusseinkünften 27
III. Rechtsprechung und Schrifttum zur mittelbaren Berücksichtigung eines Drittaufwands im Fall von Gewinneinkünften: Einlage von Nutzungen und Nutzungsrechten 31
1. Die Rechtsprechung zur Einlage von Nutzungen und Nutzungsrechten in ein Betriebsvermögen 32
2. Das Schrifttum zur mittelbaren Berücksichtigung eines Drittaufwands im Fall von Gewinneinkünften: Einlage von Nutzungen und Nutzungsrechten 38
a) Zur Einlage von Nutzungen in ein Betriebsvermögen 38
b) Zur Einlage von Nutzungsrechten in ein Betriebsvermögen 43

Kapitel 2: Die unmittelbare Berücksichtigung von Drittaufwand 47
I. Schrifttum zur unmittelbaren Berücksichtigung von Drittaufwand vor der Entscheidung 2/97 des Großen Senats 47
1. Das Kriterium des Kostentragungsprinzips 47
2. Das Kriterium des Zuwendungsprinzips 49

3. Das Kriterium des Veranlassungsprinzips 52
4. Abweichende Rechtsansichten 54
II. Rechtsprechung zum Drittaufwand nach dem Beschluss des Großen Senats 2/97 56
III. Schrifttum nach der Entscheidung des Großen Senats 2/97 zur unmittelbaren Berücksichtigung von Drittaufwand 61

Kapitel 3: Transfer (früher) getätigten eigenen Aufwands zu Werbungskosten oder Betriebsausgaben 67
I. Überführung von (früher) im privaten Bereich getätigten eigenen Aufwendungen auf (spätere) Gewinneinkünfte (Aufwandseinlage) 68
II. Überführung von früher getätigten eigenen Aufwendungen für Wirtschaftsgüter, die später auf andere Personen übertragen worden sind, auf spätere Überschuss- oder Gewinneinkünfte 70

Teil 2: 79
Die für die persönliche Zuordnung von Betriebsausgaben und Werbungskosten maßgebenden Kriterien 79

Kapitel 1: Auf der Suche nach einem sachgerechten Fundamentalprinzip sozial gerechter Besteuerung 81
I. Das Nettoprinzip 81
II. Das Leistungsfähigkeitsprinzip 85
1. Das Leistungsfähigkeitsprinzip nach der steuerlichen Rechtfertigungslehre Tipkes 86
2. Die Theorie Kirchhofs von der staatlichen Partizipation am Einkommen des Steuerpflichtigen 88
3. Kritik an die Rückführung des Einkommensteuerrechts auf das Leistungsfähigkeitsprinzip 90
III. Das für die Besteuerung vom Einkommen maßgebende Prinzip und die dogmatischen Konsequenzen 92

Kapitel 2: Dogmatische Konsequenzen 95
I. Die Leistungsfähigkeit als die im Einkommen repräsentierte Zahlungsfähigkeit 96
II. Die in den Leistungen des Steuerpflichtigen enthaltene Leistungsfähigkeit 97
1. Die Lehre von der persönlichen Zurechnung der Einkünfte nach Maßgabe der Leistungen des Steuerpflichtigen 97

2. Die Entwicklungsgeschichte der Lehre von der Zurechnung der Einkünfte 97
a) Die frühe Judikatur zur Zurechnung von Einkünften beim Grundstücksnießbrauch 98
b) Quoten- und Wertpapiernießbrauch 99
c) Schrifttum zur Zurechnungsproblematik in Nießbrauchsfällen 100
d) Die Nießbrauchsurteile des Bundesfinanzhofs vom 13. Mai 1980 100
e) Fazit 101
III. Folgerungen zur Bestimmung der Kriterien für die Zuordnung von Betriebsausgaben und Werbungskosten 104
1. Bedingungen der Widmung eines Wirtschaftsgutes zu Betriebsvermögen 104
2. Die Rückführung der Widmungskriterien auf die berücksichtigten Interessen 105
a) Die steuerliche Zurechnung von Wirtschaftsgütern 106
b) Die Zurechnung zu Betriebsvermögen des Steuerpflichtigen im Besonderen 107
3. Schlussfolgerungen für die Kriterien, die über die personelle Zuordnung von Betriebsausgaben und Werbungskosten entscheiden 108
IV. Zur vergleichenden Analyse mit anderen Theorien 108

Kapitel 3: Kann der Steuerpflichtige mit Hilfe von Absetzungen mittelbar Drittaufwand geltend machen? 113
I. Zur Funktion der Absetzungsbefugnis 114
II. Zur Einlage von Nutzungen und Nutzungsrechten im Fall von Gewinneinkünften 119
1. Die Einlage von Nutzungen 119
2. Die Einlage von Nutzungsrechten 122
III. Zur Absetzung von unentgeltlich erlangten Nutzungsrechten im Fall von Überschusseinkünften 125

Kapitel 4: Zur Berücksichtigung eines Drittaufwands durch Abkürzung des Zahlungsweges bzw. durch Abkürzung des Vertragsweges 127
I. Drittaufwand im abgekürzten Vertragsweg 127
1. Auseinandersetzung mit der Rechtsprechung 128
2. Auseinandersetzung mit Schrifttum 131
II. Drittaufwand im abgekürzten Zahlungsweg 132

Kapitel 5: Zur Frage eines Transfers von (früher getätigtem) Aufwand des Steuerpflichtigen zu Werbungskosten oder Betriebsausgaben 137

Zusammenfassung 141

Literaturverzeichnis 151

Einführung in die Thematik

Die Frage, wem Aufwendungen als Betriebsausgaben oder als Werbungskosten zuzuordnen sind, wirkt auf den ersten Blick abwegig, weil es selbstverständlich zu sein scheint, dass es sich um Aufwand eben des Steuerpflichtigen, der ihn einkommensteuerlich in dieser Bedeutung geltend machen will, handeln muss. In den Regelfällen ist diese Zuordnung auch unproblematisch, wenn der Steuerpflichtige z.B. Absetzungen von einem abnutzbaren Wirtschaftsgut seines Betriebs- oder Privatvermögens, etwa von einem Betriebsgebäude oder einem Mietshaus, vornimmt. Diese hier einfache Feststellung, dass es sich bei den betreffenden Absetzungen um Betriebsausgaben bzw. um Werbungskosten des Steuerpflichtigen handelt, kann aber erhebliche Schwierigkeiten bereiten.

Um diese abstrakte Umschreibung etwas anschaulicher zu machen, folgen einige Beispiele, in denen die Problematik hervortritt.

(1.) Ein Fall soll einem Urteil entnommen werden, das der III. Senat des Bundesfinanzhofs im Dezember 1988 gefällt hat.[1] Ein Unternehmer hatte sein betrieblich genutztes bebautes Grundstück seinem Sohn geschenkt, sich aber den Nießbrauch daran vorbehalten, so dass er Grundstück und Gebäude weiterhin für seinen Betrieb einsetzen konnte. Da wegen der Nießbrauchsberechtigung des Vaters der Sohn aus dem Grundstück keine Einkünfte zog, konnte er die Gebäudeabsetzungen seines Vaters nicht fortführen. Diesem wiederum hätten Absetzungen vom Gebäude an sich verwehrt sein müssen, weil das Gebäude nach der Grundstücksschenkung nicht mehr ihm, sondern dem Sohn zuzurechnen war (§ 39 I AO).

In der Vergangenheit hatte sich der Bundesfinanzhof, es waren Urteile des VIII. und des IX. Senats, damit beholfen, dass die Gebäudeabsetzungen entgegen der Zurechnungsvorschrift des § 39 I AO, dem Vorbehaltsnießbraucher zugesprochen wurden.[2,3] Dafür stützte sich der VIII. Senat darauf, der Steuerpflichtige nutze das von ihm noch als Eigentümer errichtete Gebäude „bei der

---

1 BFH BStBl. II 1989, 763, (765 sub b), Urt. v. 16.12. 1988, III R 113/85.

2 Erstmalig in BFH BStBl. II 1982, 380, Urt. v. 28.7. 1981, VIII R 35/79; insoweit bestätigt durch BFH BStBl. II 1984, 266, Urt. v. 11.10. 1983, VIII R 200/80.

3 BFH BStBl. II 1985, 453, Urt. v. 23.10. 1984 IX R 48/80, und BFH BStBl. II 1986, 12, Urt. v. 24.9. 1985, IX R 62/83; BFH BStBl. II 1997, 121, (122), Urt. v. 28.3. 1995, IX R 126/89; BFH BStBl. II 1998, 431, (432), Urt. v. 4.6. 1996, IX R 59/94.

hier gebotenen wirtschaftlichen Betrachtungsweise nicht auf Grund eines vom Erwerber abgeleiteten, sondern ununterbrochen auf Grund eigenen Rechts."[4]

Der III. Senat folgt nicht diesem Gedanken, sondern gestattet dem Unternehmer in dem hier betrachteten Fall Absetzungen vom Nießbrauch. Um die Zweifelsfragen, die sich dabei auftun, verständlich zu machen, müssten die Hintergründe aufgehellt werden. Das aber verbietet sich in einer Einführung, muss vielmehr später geleistet werden. Hier kann nur folgendes erläutert werden: Absetzungen vom Nießbrauch kommen für den Unternehmer mit Wirkung für seinen gewerblichen Gewinn nur dann in Betracht, wenn er den Nießbrauch in sein Betriebsvermögen eingelegt hat. Diese Möglichkeit, die übrigens erst seit einer Entscheidung des VIII. Senats aus dem Jahre 1978 eröffnet worden ist,[5] hat der Große Senat des Bundesfinanzhofs 2/86 aber ganz wesentlich eingeschränkt. Diesem Beschluss zufolge können Nutzungen, aber auch Nutzungsrechte, wenn der Steuerpflichtige sie nicht entgeltlich erworben hat, nicht in ein Betriebsvermögen eingelegt werden.[6] Da ein Vorbehaltsnießbrauch nicht gegen ein Entgelt, sondern auf Grund des Vorbehalts erlangt wird, müsste seine Einlage in ein Betriebsvermögen danach ausscheiden. Um aber doch zu dem gewünschten Ergebnis zu gelangen, dem Unternehmer Absetzungen, wenn nicht vom Gebäude, so doch vom Nießbrauch zu vermitteln, knüpft der III. Senat an den Gedanken an, der der unten (3.) beschriebenen Figur einer Aufwandseinlage zugrunde liegt. Danach muss der Steuerpflichtige Aufwendungen auf sein Privatvermögen steuermindernd berücksichtigen können, wenn er dieses Privatvermögen später betrieblich nutzt. „Eine entsprechende Berücksichtigung", so führt der Senat aus, „ist auch geboten, wenn er (gemeint ist: der Steuerpflichtige) sich bei der Übertragung eines Gegenstandes auf betriebsfremde Personen das Nutzungsrecht für betriebliche Zwecke vorbehält und in der vorgesehenen Weise ausübt. Hierzu rechnen neben den bei der Nutzung anfallenden laufenden Kosten insbesondere auch die abschreibbaren Anschaffungs- oder Herstellungskosten, die der Nutzungsberechtigte für den Gegenstand ursprünglich selbst getragen hat und die er auch während der Dauer der Nutzung im Wege der AfA unmittelbar gewinnmindernd geltend machen könnte, wenn nicht nur das Nutzungsrecht, sondern der betrieblich genutzte Gegenstand selbst zu seinem Betriebsvermögen gehören würde. Durch die fortdauernde betriebliche Nutzung des Gegenstandes bleibt die betriebliche Veranlassung der auf die Nutzungsdauer zu verteilenden Aufwendungen des Steuerpflichtigen für dessen Anschaffung oder Herstellung auch nach dem Verlust der Eigentümerstellung gewahrt." Danach soll der Unterneh-

4 BFH BStBl. II 1982, 380, Urt. v. 28.7. 1981, VIII R 35/79.

5 BFH BStBl. II 1979, 38, Urt. v. 27.6. 1978, VIII R 12/72.

6 BFH BStBl. II 1988, 348, (353 sub c), Beschl. v. 26.10. 1987, GrS 2/86.

mer das Nutzungsrecht eben doch einlegen können, allerdings nur mit der Folge, dass „die AfA-Beträge auf das Nutzungsrecht nicht höher sein (dürfen), als die AfA auf den genutzten Gegenstand selbst.“[7]

Überblickt man nur diese Urteile mit ihren unterschiedlichen Überlegungen, dann wird schon hier die Vielschichtigkeit der Thematik deutlich.

(2.) In noch schärferer Form zeigt sich die Zuordnungsproblematik in den Fällen so genannten Drittaufwands. Das Grundmuster ist dabei stets das gleiche: nicht der Steuerpflichtige, der Einkünfte erzielt, sondern ein anderer, eben ein Dritter, hat die Aufwendungen getätigt, die nach Vorstellungen des Steuerpflichtigen für ihn Werbungskosten oder Betriebsausgaben begründen sollen. Beim Dritten dagegen ist der Aufwand in Ermangelung von Einkünften – wie man steuerlich sagen kann – verloren. Daher ist den Beteiligten daran gelegen, dass der Steuerpflichtige diesen „Drittaufwand“ in irgendeiner Form als Werbungskosten oder als Betriebsausgaben einkommensteuerlich „nutzen“ kann. Man trifft auf diese Konstellation bei Gewinneinkünften wie bei Überschusseinkünften, hier insbesondere bei Einkünften aus Vermietung und Verpachtung.

So vielgestaltig wie die Erscheinungsformen, in denen sich Drittaufwand zeigt, können auch die Gründe sein, die Dritte veranlassen, Aufwendungen zu tätigen, die die Einkünfte eines anderen betreffen. Zum einen können es verwandtschaftliche Beziehungen sein, die den Dritten dazu gebracht haben. Oder aber die Einkünfte werden vom Steuerpflichtigen in anderen Fällen auf der Basis eines dinglichen bzw. eines schuldrechtlichen Nutzungsrechts an dem Wirtschaftsgut gezogen, das dem Dritten gehört. Insofern ist es verständlich, dass er als Eigentümer daran interessiert ist, Aufwendungen darauf zu tätigen.

Da seit der Entscheidung des Großen Senats 2/86[8] – wie noch zu zeigen ist – zu diesem Zweck nicht mehr ohne weiteres ein Rückgriff auf Nutzungen und Nutzungsrechte erlaubt wird, wurde im Schrifttum die Überlegung aufgegriffen, den Drittaufwand unmittelbar dem Steuerpflichtigen zuzuordnen. Dazu hat sich im Beschluss 2/97 der Große Senat des Bundesfinanzhofs geäußert.[9]

Der Große Senat verwirft die Ansicht, dass ein solcher Drittaufwand als Werbungskosten bzw. als Betriebsausgaben des Steuerpflichtigen betrachtet werden könnte. Es heißt dazu wörtlich: „Aus dem Grundsatz der persönlichen Leistungsfähigkeit ergibt sich, daß der Steuerpflichtige die Aufwendungen i.S. des § 9 Abs. 1 EStG persönlich tragen muß. Die Ermittlung der Einkünfte ist subjektbezogen. ... Die Einkünfte können aber nur dann Ausdruck der persönlichen Leistungsfähigkeit sein, wenn sich auch ihre Komponenten, d.h. die Einnahmen und

---

7 BFH BStBl. II 1989, 763, (766 sub 3. a.E.), Urt. v. 16.12. 1988, III R 113/85.

8 BFH BStBl. II 1988, 348, (353 sub c), Beschl. v. 26.10. 1987, GrS 2/86.

9 BFH BStBl. II 1999, 782, Beschl. v. 23.8. 1999, GrS 2/97.

Werbungskosten (§ 2 Abs. 2 Nr. 2 EStG) daran orientieren. Wie dem Steuerpflichtigen nur solche Einnahmen zuzurechnen sind, die seine persönliche Leistungsfähigkeit erhöhen, so sind entsprechend nur solche Aufwendungen als Werbungskosten zu berücksichtigen, die seine persönliche Leistungsfähigkeit mindern."[10]

Die Zweifelsfragen, die ein Drittaufwand einkommensteuerlich aufwirft, waren damit aber nicht beseitigt. Man kam nämlich nicht umhin anzuerkennen, dass es beliebigen Dritten freisteht, den Steuerpflichtigen mit Mitteln zu versehen, die ihm abzugsfähige Betriebsausgaben oder Werbungskosten erlauben. Infolgedessen konnten in der Praxis Modelle entwickelt werden, die die Grenzen zwischen einem Drittaufwand, den der Große Senat im Beschluss 2/97 von einer Berücksichtigung ausschließt, und einer Mittelvergabe an den Steuerpflichtigen verwischen. Daran hat der Große Senat in seinem Beschluss 2/97 selbst mitgewirkt. Es heißt dort nämlich: „Aufwendungen eines Dritten können allerdings im Wege der sog. Abkürzung des Zahlungsweges als Aufwendungen des Steuerpflichtigen zu werten sein. .... (Das) bedeutet ... die Zuwendung eines Geldbetrages an den Steuerpflichtigen in der Weise, daß der Zuwendende im Einvernehmen mit dem Steuerpflichtigen dessen Schuld tilgt (vgl. § 267 Abs. 1 BGB), statt ihm den Geldbetrag unmittelbar zu geben."[11] Das abgekürzte Zahlungsverfahren wird damit vom Großen Senat gebilligt. Die vom Dritten zugunsten des Steuerpflichtigen eingesetzten Mittel stellen danach dessen Werbungskosten oder dessen Betriebsausgaben dar.

Offen gelassen hat der Große Senat demgegenüber, ob auch ein so genannter abgekürzter Vertragsweg gangbar ist. Dabei schließt nicht der Steuerpflichtige, sondern zu dessen Gunsten ein Dritter im eigenen Namen einen Vertrag und leistet auch selbst die geschuldeten Zahlungen. Ob auch sie Werbungskosten bzw. Betriebsausgaben des Steuerpflichtigen darstellen, war nach dem Beschluss des Großen Senats 2/97 also noch nicht entschieden.[12]

Dies hat der IX. Senat des Bundesfinanzhofs im Urteil IX R 25/03 vom 15. November 2005 nachgeholt.[13] Das Urteil führt zunächst die Argumente auf, die der Große Senat in seinem Beschluss 2/97 zur persönlichen Zuordnung von Werbungskosten und Betriebsausgaben verwendet hat. Daran schließt der IX. Senat dann aber die lapidare Feststellung an, dass die Mittelherkunft für den Ausgabenabzug nicht bedeutsam sei, dass also Werbungskosten oder Betriebsausgaben auch mit Mitteln, die von Dritten stammen, bestritten werden können,

---

10 BFH BStBl. II 1999, 782, (785 sub b), Beschl. v. 23.8. 1999, GrS 2/97.

11 BFH BStBl. II 1999, 782 (785 sub c) aa), Beschl. v. 23.8. 1999, GrS 2/97.

12 BFH BStBl. II 1999, 782 (785 sub c) bb), Beschl. v. 23.8. 1999, GrS 2/97.

13 BFH BStBl. II 2006, 623, Urt. v. 15.11. 2005, IX R 25/03.

und zwar auch dann, wenn nicht der Steuerpflichtige, sondern der Dritte den Vertrag über eine Leistung zugunsten des Steuerpflichtigen geschlossen und erfüllt hat.

Auf den ersten Blick wirkt dieser Gedankengang plausibel. Die nähere Analyse weckt jedoch Zweifel. Es sei noch einmal an die Kriterien erinnert, die der Große Senat in dem Beschluss 2/97 für die Zuordnung von Betriebsausgaben und Werbungskosten herangezogen hat. Im Mittelpunkt steht dabei die Leistungsfähigkeit des Steuerpflichtigen. Nur solche Einnahmen dürfen ihm zugerechnet werden, die seine persönliche Leistungsfähigkeit erhöhen. Entsprechend dürfen nur solche Aufwendungen als Werbungskosten bzw. als Betriebsausgaben berücksichtigt werden, die seine persönliche Leistungsfähigkeit mindern.[14] Ob man aber in Fällen eines abgekürzten Vertragsweges von einer Minderung der persönlichen Leistungsfähigkeit des Steuerpflichtigen sprechen kann, erscheint fragwürdig, wie es sich bei einem abgekürzten Zahlungsweg damit verhält, zweifelhaft. Später ergangene Urteile des Bundesfinanzhofs lassen erkennen, dass das Gericht diese Judikatur fortsetzt. Der IX. Senat hat in einem Urteil aus dem Jahre 2008 wiederum entschieden, dass auch der von einem Dritten beschrittene abgekürzte Vertragsweg Werbungskosten für den Steuerpflichtigen begründe.[15] Das dafür ins Feld geführte Argument, die Zuwendung eines Dritten an den Steuerpflichtigen begründe dessen Belastung, kann Überzeugung allerdings nicht vermitteln.

Ob ein Drittaufwand dem Steuerpflichtigen als Werbungskosten oder als Betriebsausgaben zugeordnet werden kann und welcher Art der besagte Drittaufwand sein muss, gehört daher weiterhin zu den zentralen Fragen des Einkommensteuerrechts.

(3.) Problematisch ist es ferner, wenn das Wirtschaftsgut, auf das der Steuerpflichtige Aufwendungen getätigt hat, zwar ihm zuzurechnen ist, aber zu Privatvermögen, weil es sich um eine Mobilie handelt und die private Nutzung die betriebliche überwiegt. Aufwendungen während der Zeit der betrieblichen Nutzung sind Betriebsausgaben. Aufwendungen dagegen aus der Zeit davor lassen sich nicht ohne weiteres der betrieblichen Sphäre zuordnen, obgleich der Aufwand jetzt dem Betrieb zugute kommt.

Die Rechtsprechung hat in dieser Konstellation die Figur der Aufwandseinlage verwendet. Noch im Beschluss 2/86 wird sie vom Großen Senat besonders hervorgehoben.[16] Nach der Judikatur des Bundesfinanzhofs soll der Unternehmer den früher getätigten Aufwand in das Betriebsvermögen einlegen können

14 BFH BStBl. II 1999, 782, (785 sub b), Beschl. v. 23.8. 1999, GrS 2/97.

15 BFH BStBl. II 2008, 572, Urt. v. 15.1. 2008, IX R 45/07.

16 BFH BStBl. II 1988, 348, (352/353 sub 1 b), Beschl. v. 26.10. 1987, GrS 2/86.

mit der Folge, dass der Teilwertabzug nach § 4 I 1 EStG zum gleichen Ergebnis führt wie der Abzug entsprechender Betriebsausgaben. Da man jedoch nur Wirtschaftsgüter, und zwar nur aktive, nicht aber Aufwendungen, einlegen kann, ist diese Figur dogmatisch zweifelhaft. Sie liefert jedoch ein Beispiel für die hier aufgeworfene Frage, nach welchen rechtlichen Gesichtspunkten Werbungskosten oder Betriebsausgaben zuzuordnen sind, und gehört daher zu der Thematik dieser Arbeit.

Alles in allem ist zu sagen: Die Frage, nach welchen Gesichtspunkten Betriebsausgaben und Werbungskosten personell zuzuordnen sind, unter welchen Voraussetzungen also Aufwendungen in dieser Form bei den Einkünften eines Steuerpflichtigen zu berücksichtigen sind, berührt Grundpositionen des Einkommensteuerrechts. Sie kann auch nur mit Rückgriff darauf beantwortet werden. Zunächst einmal ist es dafür aber geboten, den Meinungsstand zu dieser Thematik wiederzugeben. Dieser Aufgabe ist der 1. Teil der Arbeit gewidmet. In ihrem 2. Teil sind dann die Kriterien zu entwickeln, die nach Ansicht der Verfasserin über die Zuordnung entscheiden.

Teil 1
Der Meinungsstand zur persönlichen Zuordnung von Betriebsausgaben und Werbungskosten

Die Ansichten darüber, nach welchen Gesichtspunkten Betriebsausgaben und Werbungskosten den Einkünften eines Steuerpflichtigen zuzuordnen sind, gehen weit auseinander. Das zeigt, dass über die Grundlagen des Einkommensteuerrechts noch nicht allseits Einigkeit besteht.

Wie schon in der Einführung hervorgehoben, tritt die Schwierigkeit, Betriebsausgaben und Werbungskosten personell zuzuordnen, augenfällig beim so genannten Drittaufwand hervor. Ob und wie ein solcher Drittaufwand Beachtung finden kann, ist nach wie vor zweifelhaft. Da das in der Praxis besonders virulent ist, soll die Untersuchung mit dieser Problematik beginnen.

Will man den Meinungsstand hierzu wiedergeben, so empfiehlt es sich, Rechtsprechung und Schrifttum getrennt nachzuzeichnen, einmal mit der Judikatur, einmal mit den Autoren beginnend. Denn so treten die Unterschiede am deutlichsten hervor. Das hat zwar den Nachteil, dass dieselbe Problematik zum Teil zweimal erörtert wird. Da sie dabei allerdings in anderer Beleuchtung erscheint, fördert dies auch das Verständnis für die Hintergründe der Problematik. Im Übrigen lässt sich so der Fortgang der wissenschaftlichen Durchdringung besser darstellen. Allerdings ist es nicht möglich, die Problematik sozusagen in einer Momentaufnahme mit dem gegenwärtigen Meinungsstand darzustellen. Vielmehr muss die Entwicklung, um die Basis für ein kritisches Urteil zu erarbeiten, in chronologischer Reihenfolge nachgezeichnet werden, weswegen die Betrachtung zurückreicht bis in die 70er/80er Jahre des vorigen Jahrhunderts.

Vorweg muss entschieden werden, unter welchem Aspekt die verschiedenen Erscheinungsformen eines Drittaufwands vorgestellt und die unterschiedlichen Erwägungen, ihn für den Steuerpflichtigen steuerlich zu berücksichtigen, geordnet werden sollen. Mustert man daraufhin die verschiedenen Gestaltungen, dann treten zwei nach dem äußerem Erscheinungsbild und den Mitteln der rechtlichen Handhabung unterscheidbare Fallgruppen hervor:

Es sind erstens Fälle, in denen der Steuerpflichtige nicht unmittelbar den Drittaufwand als seine Werbungskosten oder Betriebsausgaben beansprucht, ihn vielmehr steuerlich nur mittelbar so für sich verwertet. Das rechtliche Mittel, das zu bewerkstelligen, also den Drittaufwand für den Steuerpflichtigen nutzbar zu machen, sind Absetzungen. Das ist sowohl bei Werbungskosten im Fall von Privateinkünften als auch bei Betriebsausgaben im Fall von Gewinneinkünften zu beobachten. Mit diesem Phänomen der mittelbaren Berücksichtigung eines Drittaufwands soll die Untersuchung im 1. Kapitel des 1. Teils beginnen. Und zwar wird zunächst über die hierzu ergangene Rechtsprechung und erst danach über das betreffende Schrifttum berichtet werden.

Das 2. Kapitel ist dann Überlegungen gewidmet, die dahin zielen, einen Drittaufwand unmittelbar als Betriebsausgaben oder Werbungskosten des Steuerpflichtigen zu berücksichtigen. Hier soll zunächst das Schrifttum und erst anschließend die Judikatur zu Worte kommen.

Kapitel 1: Die Ansichten zur mittelbaren Berücksichtigung eines Drittaufwands bis hin zur Entscheidung des Großen Senats 2/97

I. Allgemeine Hinweise zur Entwicklungsgeschichte der mittelbaren Berücksichtigung eines Drittaufwands

Rechtsprechung und Schrifttum zur mittelbaren Berücksichtigung eines Drittaufwands haben in den vergangenen 30 Jahren verschiedene Stadien durchlaufen. Verfolgt man dies über die Jahre hinweg, dann treten die Umbrüche, die die Dogmatik des Einkommensteuerrechts in dieser Zeitspanne zu verzeichnen hat, deutlich hervor. Rechtsbegriffe, Rechtsfiguren und rechtliche Beziehungen, mit deren Hilfe bestimmte Probleme, hier eben Erscheinungsformen des Drittaufwands, erfasst und bewältigt werden sollten, tauchen auf, werden mit Für und Wider jahrelang erörtert und verschwinden dann wieder, durch andere Überlegungen ersetzt. Die Entwicklungsgeschichte des Drittaufwands ist daher zugleich eine Dogmengeschichte des Einkommensteuerrechts.

Die Rechtsfigur, die dazu dienen konnte, einen Drittaufwand einkommensteuerlich für den Steuerpflichtigen mittelbar nutzbar zu machen, war die Absetzungsbefugnis. Absetzungen nach § 7 EStG kommen sowohl bei Überschusseinkünften wie auch bei Gewinneinkünften in Betracht. Seinerzeit, also bis zu den Entscheidungen des Bundesfinanzhofs, die diese Rechtsansicht verabschiedeten, war man der Auffassung, dass Absetzungen die Aufgabe hätten, den Wertschwund des abnutzbaren Wirtschaftsgutes anzugeben, dass sie deshalb nur derjenige vornehmen kann, der diesen Wertschwund erleidet, weil ihm das abnutzbare Wirtschaftsgut zuzurechnen ist. War das abnutzbare Wirtschaftsgut aber nicht dem Steuerpflichtigen zuzurechnen, weil es ihm nicht gehörte, er es lediglich nutzen durfte, dann, so meinte man, waren ihm Absetzungen von diesem Wirtschaftsgut an sich versagt. Der Drittaufwand, etwa ein Herstellungsaufwand des Eigentümers, konnte also nicht vom Steuerpflichtigen, der das Wirtschaftsgut nur nutzte, vermittels Absetzungen hiervon einkommensteuerlich verwertet werden.

Dies war die Geburtsstunde der Idee, dass als abnutzbares Wirtschaftsgut, das dem Steuerpflichtigen zuzurechnen ist, dessen Nutzungsrecht in Betracht kommen könnte; davon – z.B. von einem Nießbrauch an einem Mietsgrundstück –

könnte er Absetzungen vornehmen.[17] Der Drittaufwand, etwa der Herstellungsaufwand des Grundstückseigentümers, ließe sich auf diese Weise dem Steuerpflichtigen vermitteln. Denn der Nießbrauch begründet ja das Recht, das Grundstück mit dem vom Grundstückseigentümer errichteten Gebäude zu nutzen und es beispielsweise zu vermieten. So kommen die Herstellungskosten für das Gebäude dem Nießbraucher zugute. Seine Absetzungen vom Nießbrauch sind zwar nicht gleichzusetzen mit Gebäudeabsetzungen, erfüllen aber doch mittelbar eine annähernd entsprechende Aufgabe.

Allerdings ließ sich das Modell, den Drittaufwand wenigstens annähernd durch Absetzungen vom Nutzungsrecht dem steuerpflichtigen Nutzungsberechtigten zu vermitteln, nicht komplikationslos realisieren. Denn Absetzungen kann nach der ganz herrschenden Ansicht nur derjenige vornehmen, der die Anschaffungs- oder Herstellungskosten für das abnutzbare Wirtschaftsgut getragen hat[18]. Das aber hieß, dass ein unentgeltlich begründetes Nutzungsrecht für dessen Inhaber keine Absetzungen erlaubt, was wiederum Versuche auslöste, diese Klippe zu umschiffen.

Gewinneinkünfte warfen besondere Fragen auf, eröffneten aber auch ganz eigene Möglichkeiten: Solange man der Rechtsauffassung folgte, dass Absetzungen von dem abnutzbaren Wirtschaftsgut vorzunehmen seien, konnte die Absetzungsbefugnis nur von einem Unternehmer beansprucht werden, zu dessen Betriebsvermögen dieses Wirtschaftsgut gehörte. Das Nutzungsrecht, um dessen Absetzbarkeit es ging, musste also Betriebsvermögen sein. Das ließ sich durch eine Einlage bewerkstelligen. Zugleich entfiel damit die Bedingung, dass es entgeltlich erworben sein musste. Denn Einlagen sind, auch wenn ihr Gegenstand dem Unternehmer geschenkt worden ist, zu aktivieren, so dass davon ohne weiteres Absetzungen beansprucht werden können. Das war zwar nicht unangefochten, hat sich aber in der Rechtsprechung durchgesetzt.[19] Die Frage, ob Nutzungsrechte oder gar Nutzungen in ein Betriebsvermögen eingelegt werden können, hat Rechtsprechung und Schrifttum deshalb intensiv beschäftigt. Diese Diskussion endete zumindest im Grundsätzlichen mit dem Beschluss 2/86 des Großen Senats.[20] Und dies entfachte eine neue Diskussion um die Funktion und die Voraussetzungen von Absetzungen.

Verschiedene Senate des Bundesfinanzhofs hatten sich in der Vergangenheit durchaus unterschiedlich zu der Funktion der Absetzungsbefugnis geäußert. Das

---

17 Zum ganzen: Jia Li, Nutzungen und Nutzungsrechte.

18 Claßen in Lademann, EStG, § 7 Rn. 58 ff; Brandis in Blümich, EStG § 7 Rn. 110 ff.

19 BFH BStBl. II 1980, 244, (246 sub bb), Urt. v. 22.1. 1980, VIII R 74/77; bestätigt von BFH BStBl. II 1988, 348, (353 sub aa), Beschl. v. 26.10. 1987, GrS 2/86. Dazu Costede, StuW 1995, 115, (120 ff).

20 BFH BStBl. II 1988, 348, Beschl. v. 26.10. 1987, GrS 2/86.

Gericht hatte sich teils zu der Ansicht bekannt, dass Absetzungen den Wertverzehr eines abnutzbaren Wirtschaftsgutes angeben sollen.[21] In anderen Entscheidungen hieß es entsprechend dem betriebswirtschaftlich beeinflussten Schrifttum,[22] dass sie dazu dienten, den Anschaffungs- oder Herstellungsaufwand auf die Nutzungsjahre zu verteilen.[23] Jetzt bekennt sich der Bundesfinanzhof dezidiert mit bedeutsamen praktischen Konsequenzen zu dieser Rechtsansicht.[24] Danach kommt es nämlich nicht mehr darauf an, dass das abnutzbare Wirtschaftsgut, in dem der Aufwand steckt, dem Steuerpflichtigen zuzurechnen ist. Und das bedeutet, dass die Bemühungen, dem Steuerpflichtigen zurechenbare, abnutzbare Wirtschaftsgüter seines Privatvermögens oder seines Betriebsvermögens zu entdecken, entbehrlich waren. Die langjährige Judikatur zu Nutzungen und Nutzungsrechten war also nicht nur infolge des Beschlusses 2/86 des Großen Senats, sondern auch aus diesem Grund obsolet geworden. Zugleich aber war deshalb auch die Möglichkeit entfallen, dem Steuerpflichtigen einen Drittaufwand zu vermitteln. Anschaffungs- oder Herstellungsaufwand, den ein Dritter auf ein vom Steuerpflichtigen im Privatvermögen oder Betriebsvermögen genutztes Wirtschaftsgut verwandt hatte, interessierte nicht mehr für Absetzungen des Steuerpflichtigen. Denn diese Absetzungen knüpften ja nicht mehr an den Wertschwund im genutzten Wirtschaftsgut an, sondern dienten von nun an nur noch der Aufwandverteilung.

Der Beschluss des Großen Senats des Bundesfinanzhofs 1/97[25] rundet diese Entwicklung ab. In dieser Entscheidung hält der Große Senat nämlich fest, dass der Steuerpflichtige, der auf ein von ihm für Einkünfte genutztes Wirtschaftsgut Anschaffungs- oder Herstellungskosten verwandt hat, davon Absetzungen vornehmen kann, selbst wenn es sich um ein fremdes Wirtschaftsgut handelt, das ihm nicht zuzurechnen ist. Entscheidend soll nur sein, dass er eben Aufwendungen getätigt hat. Es müssten allerdings seine Aufwendungen sein. Damit war die Möglichkeit, Drittaufwand dem Steuerpflichtigen mittelbar „zukommen" zu lassen, endgültig dahin. Von Interesse waren daher jetzt nur noch Überlegungen, einen solchen Drittaufwand für den Steuerpflichtigen unmittelbar zu reklamieren.

---

21 Z.B. BFH BStBl. III 1957, 393, (395), Urt. v. 5.7. 1957, VI 74/55 U.

22 Schellenberger, FR 1980, 25; Biergans, FR 1984, 297, (302); Biergans, FR 1986, 365, (370); Jakob/Wittmann, FR 1988, 540; Jakob/Jüptner, FR 1988, 141, (150); Schmidt/Drenseck, EStG 25. Aufl. 2006, § 7, Tz. 2, 3.

23 BFH BStBl. II 1979, 38, (39 sub cc), Urt. v. 27.6. 1978, VIII R 12/72.

24 BFH BStBl. II 1978, 342, Urt. v. 14.2. 1978, VI R 170/76; expressis verbis: BFH BStBl. II 2006, 754, Urt. v. 26.4. 2006, IX R 24/04.

25 BFH BStBl. II 1999, 778, Beschl. v. 23.8. 1999, GrS 1/97.

Diese hier bisher nur skizzierte Entwicklungsgeschichte der mittelbaren Berücksichtigung eines Drittaufwands muss nachfolgend, um eine kritische Analyse und Auswertung zu erlauben, im Detail beschrieben werden.

II. Rechtsprechung und Schrifttum zur mittelbaren Berücksichtigung eines Drittaufwands bei Überschusseinkünften

1. Die Judikatur des Bundesfinanzhofs zur mittelbaren Berücksichtigung eines Drittaufwands bei Überschusseinkünften

Beim Grundstücksnießbrauch mit Einkünften aus Vermietung und Verpachtung hat der Bundesfinanzhof die Absetzungsfrage über die vergangenen Jahrzehnte hinweg sehr unterschiedlich beantwortet. Zunächst ist diese Rechtsprechung vorzustellen.

(1.) Der Bundesfinanzhof hat sich zu der Absetzungsbefugnis in solch einem Fall erstmalig 1957 geäußert.[26] In dem zugrunde liegenden Fall war zugunsten eines Unterhaltsberechtigten entgeltlich ein Nießbrauch bestellt worden. Der VI. Senat rechnete die Einkünfte aus Vermietung und Verpachtung dem Nießbraucher zu, verwehrte ihm aber Absetzungen vom Gebäude. Die Begründung lautete, dass der Wertverzehr durch die Nutzung zu Lasten nicht des Nießbrauchers, sondern des Grundstückseigentümers gehe.[27] Wie man sieht, folgt hier der VI. Senat des Bundesfinanzhofs noch ausdrücklich der Wertverzehrstheorie. Um auf dieser Grundlage ein befriedigendes Ergebnis zu erzielen, trägt der Senat eine etwas gewagte Überlegung vor: Es heißt, dass der Grundstückseigentümer, obgleich er zur Zeit keine Einkünfte hatte, zu Absetzungen befugt sei, weil es für Werbungskosten genüge, dass er nach Beendigung des Nießbrauchs wieder Einnahmen aus dem Haus erzielen werde.[28] Ähnlich hatte seinerzeit bereits der Reichsfinanzhof geurteilt.[29]

Mit dergleichen Begründung, dass die Vermutung künftiger Einkünfte ausreiche, werden dann auch Instandhaltungsaufwendungen des Grundstückseigentümers, um die es in dem Verfahren gleichfalls ging, als Werbungskosten des Grundstückseigentümers anerkannt.[30] Das aber gehört nicht in den Zusammen-

---

26 BFH BStBl. III 1957, 393, (395), Urt. v. 5.7. 1957, VI 74/55 U. So schon der Reichsfinanzhof: RFH RStBl. 1937, 898, Urt. v. 10.2. 1937, VI A 111/37.

27 BFH BStBl. III 1957, 393, (395), Urt. v. 5.7. 1957, VI 74/55 U.

28 BFH BStBl. III 1957, 393, (395), Urt. v. 5.7. 1957, VI 74/55 U.

29 RFH RStBl. 1941, 862, v. 21.8. 1941, IV 119/41.

30 BFH BStBl. III 1957, 393, Urt. v. 5.7. 1957, VI 74/55 U.

hang der mittelbaren Berücksichtigung eines Drittaufwands mit Hilfe von Absetzungen.

Die Verknüpfung der Absetzungsbefugnis mit der Erzielung von Einnahmen, die in diesem Fall auf eine nicht unzweifelhafte Weise bewerkstelligt wird, kann in anderen Fällen aber doch dazu führen, dass die Absetzungen, etwa infolge einer Nießbrauchsbestellung, verloren gehen.[31] Ein Ausweg, der später eingeschlagen worden ist, geht dahin, statt der Absetzungen von dem genutzten Wirtschaftsgut Absetzungen vom Nutzungsrecht an eben diesem Wirtschaftsgut, also vom Nießbrauch, vorzunehmen. Dies gehört in den Zusammenhang des Themas Drittaufwand, weil mit den Absetzungen vom Nießbrauch einkommensteuerlich der Drittaufwand zwar nicht unmittelbar berücksichtigt wird, aber doch ein Ergebnis erzielt wird, das einer solchen Berücksichtigung nahe kommt. So ist seinerzeit auch argumentiert worden.[32] Mit der Figur des Nutzungsrechts hat die Rechtsprechung lange Jahre gearbeitet.

(2.) Zunächst musste allerdings die Möglichkeit eröffnet werden, Absetzungen von Nutzungsrechten zuzulassen. Noch im Jahre 1974 hat der VIII. Senat des Bundesfinanzhofs dies abgelehnt, nämlich Absetzungen von einem entgeltlich erworbenen dinglichen Wohnrecht verworfen.[33] Das Gericht rechnete die Einnahmen aus dem Wohnrecht dem Berechtigten als dessen Einkünfte aus Vermietung und Verpachtung zu.[34] Zur Absetzungsbefugnis bei Einkünften aus Vermietung und Verpachtung heißt es dann: „Dieser gesetzlichen Regelung liegt die Überlegung zugrunde, daß auch die im Rahmen der in § 2 Abs. 3 Nr. 4 bis 7 EStG zur Erzielung von Einkünften eingesetzten Wirtschaftsgüter trotz ihrer Zugehörigkeit zur privaten Vermögenssphäre durch ihre Verwendung einer Abnutzung unterliegen können. Das ist insbesondere bei den zur Erzielung von Einkünften aus Vermietung und Verpachtung verwendeten Mietwohnhäusern der Fall. Denn hier tritt durch die ständige Nutzung ein echter Wertverzehr in der Substanz ein, der von demjenigen in Form von AfA geltend gemacht werden kann, der den Wertverzehr wirtschaftlich trägt. Denn die AfA werden nicht nach dem Eigentumsrecht im Sinne des § 903 BGB ausgerichtet. Dieses Recht unterliegt keiner Abnutzung. Die AfA bestimmen sich vielmehr nach der Sache, auf die sich das Eigentumsrecht bezieht."[35]

(4.) Richtigerweise aber interessiert juristisch und daher auch einkommensteuerlich die Sache nicht für sich, sondern nur in ihrem rechtlichen Bezug zum

31 BFH BStBl. II 1981, 299, (301 sub 2.), Urt. v. 13.5. 1980, VIII R 128/78.

32 Kramer, DB 1981, 1584 (1588 sub 1 a.E.).

33 BFH BStBl. II 1975, 6, Urt. v. 26.3. 1974, VIII R 210/72.

34 Der Senat zitiert dazu BFH BStBl. II 1974, 424, Urt. v. 26.3. 1974, VIII R 120/69.

35 BFH BStBl. II 1975, 6, (7), Urt. v. 26.3. 1974, VIII R 210/72.

Berechtigten. Und das heißt, dass es letztlich um das Recht an der Sache geht, das durch den Verbrauch der Sache seinerseits schwindet. Die Ansicht, dass es Absetzungen nur von der Sache und nicht von zeitlich begrenzten Rechten zur Nutzung der Sache gäbe, hat daher der VIII. Senat selbst wenig später aufgegeben. Es heißt dazu in einem Urteil aus dem Jahre 1978: „Zeitlich begrenzte Rechte unterliegen auch dann einem durch AfA zu berücksichtigenden Wertverzehr, wenn sie der Erzielung von Einkünften aus Vermietung und Verpachtung dienen".[36] Im Urteil liest man weiter: „Gemäß § 9 Nr. 6 EStG[37] sind Werbungskosten bei Vermietung und Verpachtung auch die AfA nach § 7 EStG. Eine Beschränkung auf körperliche Gegenstände enthält § 9 Nr. 6 EStG nicht. Dem Wortlaut des § 7 EStG ist auch nicht zu entnehmen, dass nur solche Wirtschaftsgüter abnutzbar sind, deren Wert gerade als Folge der Nutzung durch den Steuerpflichtigen gemindert wird. § 7 Abs. 1 Satz 1 EStG verlangt nur eine Verwendung oder Nutzung, die sich auf mehr als ein Jahr erstreckt. Erforderlich ist danach lediglich, daß das Wirtschaftsgut innerhalb absehbarer Zeit verbraucht sein wird. Dies trifft auch bei nichtkörperlichen Gegenständen, z.B. zeitlich begrenzten Rechten zu. Der die AfA rechtfertigende innere Zusammenhang zwischen Nutzung und Wertverzehr ergibt sich bei ihnen daraus, daß sie, wenn sie zur Einkunftserzielung eingesetzt werden, in dieser Funktion infolge ihrer zeitlichen Beschränkung einem zeitlich und betragsmäßig abgrenzbaren Wertverzehr unterliegen."[38]

Mit dieser Begründung gelangt das Gericht dann zu dem Ergebnis, dass der Aufwand für den Erwerb des Nutzungsrechts – es ging um die Ausbeutung eines Sandvorkommens – über Absetzungen periodengerecht zu verteilen sei.[39] Hier erkennt man, dass die Funktion der Absetzungen in der Aufwandverteilung gesehen wird, nicht darin, den Wertschwund des sich abnutzbaren Wirtschaftsgutes zu verzeichnen. Dies allerdings muss zwangsläufig dazu führen, dass es Absetzungen vom Nießbrauch prinzipiell nur in Fällen eines entgeltlichen Erwerbs geben kann.[40]

Die Sonderregelung des § 11d EStDV, nach der bei unentgeltlichem Erwerb der Erwerber die Absetzungen seines Rechtsvorgängers fortsetzt, ist an sich nur auf einen abgeleiteten unentgeltlichen Erwerb bezogen, auf Fälle also, in denen der Rechtsvorgänger bereits Nießbraucher war. Die Überlegung, diese Vorschrift hier entsprechend anzuwenden, die verschiedentlich angestellt worden ist,

---

36 BFH BStBl. II 1979, 38 (38, 39), Urt. v. 27.6. 1978, VIII R 12/72.

37 – jetzt § 9 Nr. 7 EStG –

38 BFH BStBl. II 1979, 38, (39 sub aa), Urt. v. 27.6. 1978, VIII R 12/72.

39 BFH BStBl. II 1979, 38, (39 sub cc), Urt. v. 27.6. 1978, VIII R 12/72.

40 Knobbe-Keuk, StuW 1979, 305, (311 sub 5.); Schellenberger, DStR 1981, 395, 401.

ist daher fragwürdig. Fragwürdig ist überhaupt, welchen Stellenwert § 11d EStG für die grundsätzliche Lösung der Absetzungsfrage hat, ob es sich nicht um eine Sonderregelung handelt, die nicht analogiefähig ist. Der Bundesfinanzhof hat die analoge Anwendung der Norm für den unentgeltlichen Zuwendungsnießbrauch jedenfalls abgelehnt.[41]

(5.) Beim Vorbehaltsnießbrauch hat der Bundesfinanzhof die Konsequenz, dass Absetzungen verloren gehen können, in einem Urteil aus dem Jahre 1981 durch eine noch andere Überlegung vermieden. Danach darf ein Vorbehaltsnießbraucher, der noch als Grundstückseigentümer früher die Kosten zur Anschaffung oder Herstellung des von ihm vermieteten Gebäudes getragen hat, die Gebäudeabsetzungen beanspruchen.[42] Diese Begründung hat später allerdings keine Rolle mehr gespielt, weil sich der IX. Senat des Bundesfinanzhofs auf eine Überlegung gestützt hat, die – wie schon einleitend hervorgehoben – der Große Senat im Beschluss 1/97 vertreten hat.[43] Danach kommt es nicht darauf an, wem das vom Steuerpflichtigen angeschaffte oder hergestellte Wirtschaftsgut zuzurechnen ist, sondern nur darauf, dass es sich bei den Kosten jedenfalls um Aufwand des Steuerpflichtigen gehandelt hat und dass er das Wirtschaftsgut später für seine Einkünfte einsetzt.[44]

Damit entfiel das Erfordernis, dass das abnutzbare Wirtschaftgut dem Steuerpflichtigen zuzurechnen war. Die Kehrseite dessen war allerdings, dass nur eigene Aufwendungen zum Zwecke der Anschaffung oder Herstellung eines möglicherweise sogar fremden Wirtschaftsgutes die Absetzungsbefugnis des Steuerpflichtigen begründen.[45] Und damit war das Kapitel einer mittelbaren Berücksichtigung von Drittaufwand geschlossen.

2. Das Schrifttum zur mittelbaren Berücksichtigung eines Drittaufwands bei Überschusseinkünften

Auch das Schrifttum hat sich mit unterschiedlichen Argumenten zur Absetzungsbefugnis geäußert. Es geht, wie oben schon beschrieben, um Fälle, in de-

41 BStBl. II 1982, 454 (456), Urt. v. 28.07. 1981, VIII R 141/77.

42 BFH BStBl. II 1982, 380, Urt. v. 28.7. 1981, VIII R 35/79; bestätigt durch BFH BStBl. II 1984, 266, Urt. v. 11.10. 1983, VIII R 200/80.

43 BFH BStBl. II 1999, 778, (780 sub b), Beschl. v. 23.8. 1999, GrS 1/97.

44 BFH BStBl. II 1985, 453, Urt. v. 23.10. 1984 IX R 48/80, und BFH BStBl. II 1986, 12, Urt. v. 24.9. 1985, IX R 62/83; BFH BStBl. II 1997, 121, (122), Urt. v. 28.3. 1995, IX R 126/89; BFH BStBl. II 1998, 431, (432), Urt. v. 4.6. 1996, IX R 59/94.

45 BFH BStBl. II 1985, 453, Urt. v. 23.10. 1984 IX R 48/80, und BFH BStBl. II 1986, 12, Urt. v. 24.9. 1985, IX R 62/83; BFH BStBl. II 1997, 121, (122), Urt. v. 28.3. 1995, IX R 126/89, BFH BStBl. II 1998, 431, (432), Urt. v. 4.6. 1996, IX R 59/94.

nen ein Dritter Aufwendungen auf das Wirtschaftsgut getätigt hat, das der Steuerpflichtige nutzt, regelmäßig im Rahmen eines Grundstücksnießbrauchs. Der Nießbraucher zieht die Einkünfte aus einem Mietshaus, dessen Herstellungskosten nicht er, sondern der Grundstückseigentümer getragen hat.

Die Frage lautete auch für das Schrifttum, ob und wovon der Steuerpflichtige Absetzungen soll beanspruchen dürfen. Nach der früheren Rechtsauffassung geben die Absetzungen den Wertschwund des abnutzbaren Wirtschaftsgutes an, sind also von diesem Wirtschaftsgut vorzunehmen. Dass auch ein Nießbrauch, etwa ein Grundstücksnießbrauch, zu den abnutzbaren Wirtschaftsgütern rechnet und daher Absetzungen zulässt, hatte sich in den 80er Jahren des 20. Jahrhunderts im Schrifttum wie in der Rechtsprechung durchgesetzt.[46] Die Praxis hat vor allem der häufige Fall beschäftigt, dass der Nießbrauch unentgeltlich bestellt worden war. Verlangt man, wie es dem herrschenden Verständnis von § 7 EStG entspricht, dass Absetzungen grundsätzlich Anschaffungs- oder Herstellungskosten für das abnutzbare Wirtschaftsgut voraussetzen, dann hat der Inhaber eines unentgeltlich erworbenen Nießbrauchsrechts keine Absetzungsbefugnis. Absetzungen vom Nießbrauch scheiden für ihn aus, eben weil er für dieses Recht keinen Anschaffungsaufwand getragen hat.[47] Absetzungen von dem Gebäude kommen für ihn gleichfalls nicht in Betracht, weil das Grundstück nicht ihm, sondern dem Grundstückseigentümer zuzurechnen ist (§ 39 AO). Aber nicht nur für den Nießbraucher wären danach Absetzungen ausgeschlossen. Gleiches gilt für den Grundstückseigentümer, weil nach Bestellung des Nießbrauchs nur noch der Nießbraucher und nicht mehr der Grundstückseigentümer Einkünfte aus der Vermietung des Grundstücks ziehen kann.[48]

Dass Absetzungen dann also ganz entfallen, obwohl doch der Grundstückseigentümer für das Gebäude Anschaffungs- oder Herstellungsaufwand getragen hat, ist stets als unangemessen empfunden worden. Im Schrifttum finden sich verschiedene Überlegungen, um Abhilfe zu schaffen.

(1.) Littmann hat sich in einem Aufsatz aus dem Jahre 1980 mit der Absetzungsbefugnis im Falle eines unentgeltlichen Grundstücksnießbrauchs befasst.[49] Da er der Verfasser eines angesehenen Praktikerkommentars war, haben seine Ausführungen in der Literatur Gewicht. Seiner Meinung nach darf die Abset-

46 Schellenberger, FR 1980, 25, (26); Plückebaum, FR 1981, 181, (186).

47 Stuhrmann, FR 1979, 505, (506); Plückebaum, FR 1981, 181, (186/187); Plückebaum. FR 1986, 53 ff.

48 Stuhrmann, FR 1979, 505, (506). Dieses Ergebnis ist nach Döllerer, StbJb 1984/85, 55, (70), auch nicht zu beanstanden, weil es seiner Ansicht nach keinen Grundsatz gibt, Anschaffungs- oder Herstellungskosten eines jeden Gebäudes müssten bei irgendeinem Steuerpflichtigen Gegenstand steuerwirksamer Absetzungen sein.

49 Littmann, DB 1980, 1040.

zungsbefugnis nicht gänzlich verloren gehen, sondern muss vielmehr entweder dem Grundstückseigentümer zustehen oder dem Nießbraucher. Wörtlich heißt es bei ihm dazu: „Jede andere Auffassung verstößt eklatant gegen die Vorstellung, daß eine Einkunftsquelle besteht, aus der die Einkünfte als Unterschied zwischen Einnahmen und Ausgaben fließen, die die Besteuerungsgrundlage für die Einkommenbesteuerung bilden. Die Frage, wem die Einkünfte zuzurechnen sind, spielt insoweit zunächst eine zweitrangige Rolle. Entscheidend ist, daß das Nießbrauchsobjekt nicht Roheinnahmen sondern Nettoeinnahmen = Einkünfte abwirft ... Die Behandlung der Aufwendungen ist in einen solchen Fall auch nur eine Frage der Zurechnung, nicht die Frage, ob die Aufwendungen überhaupt anzusetzen sind. Es ist nicht gerechtfertigt, bei der Zurechnungsfrage nur die Bruttoeinnahmen zu betrachten und als solche zuzurechnen, die Aufwendungen hingegen anders zu behandeln. Einnahmen und Aufwendungen gehören zusammen, so daß es nahe liegt, die Zurechnungsfrage einheitlich für Einnahmen und Aufwendungen zu entscheiden."[50]

Für den Fall eines unentgeltlich begründeten Nießbrauchs hat Littmann aber noch eine Hilfserwägung zur Hand: Wenn bei einer Schenkung des Grundstückeigentums der Erwerber nach § 11d EStDV die Absetzungen seines Rechtsvorgängers fortsetzen dürfe, dann müsse das, was für die Vollrechtsübertragung gelte, Geltung auch für die Nießbrauchsbestellung beanspruchen können. Und weiter meint Littmann, dass derjenige, der ein Wirtschaftsgut überträgt, zugleich auch seine Aufwendungen auf die Sache, insbesondere Anschaffungs- und Herstellungskosten mit übertrage.[51] Diese These findet sich im Schrifttum auch von anderer Seite.[52] Wie allerdings eine Übertragung von Aufwendungen vonstatten gehen soll, wird nicht gesagt.

Littmanns Überlegungen sind in verschiedener Hinsicht aufschlussreich. Anzumerken ist, dass seine Gedankenführung noch wesentlich von der Vorstellung bestimmt ist, dass es eine Quelle gibt, aus der die Einkünfte fließen. Das entsprach seinerzeit der wissenschaftlichen Terminologie und wurde nicht nur als begriffliche Umschreibung, sondern sogar als Grundlage für Schlussfolgerungen verstanden, wie etwa hier bei Littmann. Mit der Vorstellung, dass die Einkünfte aus einer Quelle fließen, ist für Littmann die Berücksichtigung von Betriebsausgaben und Werbungskosten deshalb zwangsläufig verbunden, weil eben nur das Resultat die Einkünfte bildet. Und daraus folgt, dass es für Littmann nicht darauf ankommt, wer den als Werbungskosten oder Betriebsausgaben qualifizierten Aufwand getragen hat.

---

50 Littmann, DB 1980, 1040, (1041).
51 Littmann, DB 1980, 1040, (1041).
52 Forgách, DStR 1978, 635, (638).

(2.) Die Frage, wie es sich mit Absetzungen verhält, beantwortet Hutter mit folgender Überlegung. Weder für die Eltern, die nach wie vor Grundstückseigentümer sind, noch für die Kinder als Nießbraucher kommen nach Hutter Absetzungen vom Gebäude in Betracht. Die Eltern ziehen keine Einkünfte aus dem Haus und sind deshalb nicht absetzungsbefugt. Die Kinder dagegen können, weil das Gebäude ihnen steuerlich nicht zuzurechnen ist (§ 39 AO), deshalb davon nichts absetzen. Wohl aber müssen sie nach Hutter Absetzungen von ihrem Nießbrauchsrecht vornehmen können. Zwar haben die Kinder, denen der Nießbrauch von den Eltern geschenkt worden ist, keinen Aufwand, jedoch soll § 11d EStDV anwendbar, der Nießbraucher nämlich wie ein Rechtsnachfolger zu behandeln sein, der bei unentgeltlichem Erwerb die Absetzungen seines Vorgängers fortsetzt.[53]

Sieht man von dem Versuch ab, die Absetzungsbefugnis des Nießbrauchers über § 11d EStDV zu begründen, so ist allgemein zu sagen, dass ein Beleg für die Theorie fehlt, wonach Zuwendungen Dritter so zu behandeln sind als wäre es der Steuerpflichtige gewesen, der hier Herstellungs- oder Anschaffungsaufwand getragen hat. Warum es nämlich gleichgültig sein soll, ob es der Steuerpflichtige selbst war, der diesen Aufwand mit Hilfe geschenkter Mittel bestritten hat oder unmittelbar der Dritte, wird nicht gesagt. Es ist mehr ein Gefühl, an das hier appelliert wird, keine rationale Begründung.

(3.) Biergans hat die entsprechende Anwendung des § 11d EStDV zur Begründung, dass der Nießbraucher auch bei unentgeltlich bestelltem Nießbrauch Absetzungen soll vornehmen können, verworfen. Seiner Ansicht nach regelt diese Vorschrift nur, dass der Rechtsnachfolger nicht höhere Absetzungen soll beanspruchen dürfen als der Rechtsvorgänger. Wem die Absetzungsbefugnis zusteht, sei dieser Norm nicht zu entnehmen.[54] Vielmehr ergäbe sich dies aus § 2 I EStG. Danach nämlich seien die Werbungskosten wie auch die Betriebsausgaben nicht personell zuzuordnen, sondern generell von denjenigen Einnahmen bzw. den Vermögensmehrungen abzuziehen, die sie veranlasst haben. Nicht eine personelle Zuordnung, sondern dieses Veranlassungsprinzip sei also maßgeblich.[55]

Diese Überlegung deckt sich mit der oben wiedergegebenen Rechtsauffassung Littmanns.[56]

(4.) Für Stadie ist die Nutzung des abnutzbaren Wirtschaftsgutes zur Erzielung von Einkünften, also der wirtschaftliche Zusammenhang mit Einnahmen

53 Hutter, DStR 1981, 47, (52).

54 Biergans, FR 1986, 365, (368).

55 Biergans, FR 1984, 297, (304 ff); Biergans, FR 1986, 365, (368).

56 Dagegen u.a. Jakob, DStR 1987, 784, (786).

wesentlich für die Befugnis, Absetzungen nach § 7 EStG vornehmen zu können. Bei Überschusseinkünften ist nach seiner Ansicht die Zurechnung des Wirtschaftsgutes nach § 39 AO kein Kriterium.[57] Die Absetzungen seien dann jedenfalls von einem Nutzungsrecht, gegebenenfalls auch von einem unentgeltlich erlangten Nutzungsrecht vorzunehmen.[58]

(5.) Mit einem ganz anderen gedanklichen Ansatz beantwortet Costede die Frage, wie es sich mit den Absetzungen verhält, wenn der Steuerpflichtige das Wirtschaftsgut, von dem sie vorgenommen werden sollen, unentgeltlich erworben hat. Seiner Ansicht nach dienen Absetzungen nicht einer Verteilung des Anschaffungs- oder Herstellungsaufwands und setzen daher einen solchen Aufwand auch nicht voraus. Vielmehr sollen sie nach dem Grundsatz einer Besteuerung nach der Leistungsfähigkeit das Opfer berücksichtigen, das der Steuerpflichtige erbringt, wenn er ein Wirtschaftsgut zur Erzielung seiner Einkünfte durch Nutzung verbraucht. Denn dieses Opfer sei gleich, unabhängig davon, ob das für Einkünfte geopferte Wirtschaftsgut entgeltlich oder unentgeltlich erworben worden ist.[59]

III. Rechtsprechung und Schrifttum zur mittelbaren Berücksichtigung eines Drittaufwands im Fall von Gewinneinkünften: Einlage von Nutzungen und Nutzungsrechten

Auch bei Gewinneinkünften ist die Fallgestaltung als solche die gleiche, wie oben beschrieben. Der Steuerpflichtige, hier etwa ein Freiberufler, also ein Arzt oder Rechtsanwalt, nutzt Wirtschaftsgüter, die nicht ihm zuzurechnen sind, sondern ganz oder doch zum Teil Privatvermögen eines anderen sind. Man trifft auf diese Konstellation, in der das Wirtschaftsgut regelmäßig sogar unentgeltlich überlassen wird, häufig bei nahen Angehörigen. Der Ehemann oder die Ehefrau betreibt in dem Haus, das dem anderen Ehepartner allein oder das den Eheleuten gemeinsam gehört, eine Arztpraxis oder eine Anwaltskanzlei. In vielen Fällen wird auch ein Auto, das dem einen Ehegatten privat gehört, von dem anderen Ehepartner betrieblich für seine Zwecke verwendet. Dass die unentgeltliche Nutzung den Gewinn des Steuerpflichtigen erhöht, braucht uns hier nicht weiter zu

57 Stadie, Zurechnung, S. 38.

58 Stadie, Zurechnung, S. 39 ff, 41 ff.

59 Costede, StuW 1986, 44, (46); Jia Li, Nutzungen und Nutzungsrechte, S. 144 ff; zustimmend insoweit, als Absetzungen nur das Opfer des abnutzbaren Wirtschaftsgutes, nicht aber dessen entgeltlichen Erwerb voraussetzen: Ruppe, in Schulze-Osterloh, Rechtsnachfolge im Steuerrecht, 1987, 45, (75/76).

beschäftigen. Nicht dieser aus vielen Quellen gespeiste Gewinn interessiert hier, sondern die Nutzung als solche. Es geht um ihre einkommensteuerliche Qualität und um ihre Verknüpfung mit Aufwendungen, die eben nicht der Steuerpflichtige, sondern die sein Ehegatte getätigt hat. Es fragt sich, ob und inwieweit privater Aufwand des Ehegatten, dem das Wirtschaftsgut zuzurechnen ist, in die betriebliche Sphäre des anderen Ehegatten, der es nutzt, transferiert werden kann. Wie also, so ist zu fragen, verhält es sich mit den Absetzungen vom Ehegattenhaus, wenn der Ehemann, der nicht Alleineigentümer, sondern nur Miteigentümer ist, dort seine Arztpraxis oder Anwaltskanzlei führt? Wie, so ist auch zu prüfen, steht es, wenn der Arzt bzw. Anwalt Aufwand, den seine Ehefrau privat getätigt hat, in irgendeiner Form als Betriebsausgaben geltend machen möchte?

1. Die Rechtsprechung zur Einlage von Nutzungen und Nutzungsrechten in ein Betriebsvermögen

Die betreffenden Gerichtsentscheidungen sind durch Gestaltungen der Besteuerungspraxis ausgelöst worden.

(1.) Das erste Urteil des Bundesfinanzhofs hierzu stammt aus dem Jahre 1972. Der Leitsatz besagt: „Stellt die Ehefrau für den Betrieb des Steuerpflichtigen unentgeltlich einen PKW zur Verfügung, so kann der Steuerpflichtige den dadurch entstehenden Wertverzehr nicht als Betriebsaugabe geltend machen.“[60] Hier hatte der Steuerpflichtige, ein Arzt, für seine Krankenbesuche ein Auto benutzt, über das seine Frau verfügen konnte und das sie ihm für seine Praxis unentgeltlich überlassen hatte. Zu 80% diente der PKW danach betrieblichen Zwecken des Steuerpflichtigen. Es ging in dem Steuerrechtsstreit, der bis zum Bundesfinanzhof geführt wurde, nicht um die Betriebskosten, die der Arzt trug und die bei ihm fraglos Betriebsausgaben darstellten. Der Hintergrund war vielmehr verwickelter. Der PKW gehörte zum Betriebsvermögen einer OHG, an der die Ehefrau mitunternehmerisch beteiligt war. Ihr war das Auto zum persönlichen Gebrauch überlassen worden. Zugleich hatte die OHG sie von allem Aufwand freigestellt. Die private Nutzung des Wagens wertete das Finanzamt als eine Entnahme der Frau und erhöhte dementsprechend ihren Gewinnanteil aus der OHG. Zum Ausgleich dafür wollten die Eheleute den freiberuflichen Gewinn des Ehemannes reduzieren. Die Klage des Ehemannes hatte weder vor dem Finanzgericht, noch vor dem Bundesfinanzhof Erfolg. Das Urteil des IV. Senats lautet: „Es ist richtig, daß die Benutzung des PKW für Zwecke der Praxis des Steuerpflichtigen zu einem das Privatvermögen der steuerpflichtigen Ehefrau belasten-

60 BFH BStBl. II 1972, 699, Urt. v. 31.5. 1972, IV R 31/69.

den Wertverzehr führte und daß somit dieser Wertverzehr durch den Betrieb veranlaßt wurde. Das allein genügt aber nicht, um in dem Wertverzehr eine den Gewinn des Steuerpflichtigen mindernde Ausgabe im Sinn des § 4 Abs. 3 EStG zu sehen. Denn der Wertverzehr ist nur dann eine Ausgabe, wenn er den Steuerpflichtigen belastet, von ihm also tatsächlich getragen wird."[61]

In dieser Entscheidung des IV. Senats dominiert sichtbar die Theorie, dass Absetzungen den Wertverzehr des Wirtschaftsgutes angeben sollen, das zur Erteilung von Einkünften eingesetzt wird. Heute herrscht in der Judikatur des Bundesfinanzhofs dagegen ganz eindeutig die Auffassung, dass Absetzungen lediglich den Aufwand zur Anschaffung oder Herstellung des abnutzbaren Wirtschaftsgutes verteilen, also untersagen sollen, dass dieser Aufwand im Jahr seiner Entstehung kumuliert Einkünfte, Einkommen und damit die Steuerschuld mindert.[62] Auf diese Problematik wird später noch einzugehen sein. Hier ist auszuführen, wie auch für Gewinneinkünfte lange Jahre die Figur des Nutzungsrechtes verwendet worden ist, um dem Steuerpflichtigen ein Äquivalent an Stelle einer Berücksichtigung von Drittaufwand zu vermitteln. Die Lösung besteht oder bestand in der Einlage des Nutzungsrechtes in das Betriebsvermögen des Steuerpflichtigen. Der Teilwertabzug nach den §§ 4 I 1, 6 I Nr. 4 EStG mindert den Gewinn des Einlagejahres, ohne dass das Betriebsvermögen auf Dauer vermehrt wird. Im Schrifttum ist dieser Gedanke nicht nur für Rechte auf Nutzung von fremden Wirtschaftsgütern verwandt worden, sondern sogar für reine Gebrauchsmöglichkeiten ohne Rechtsgrundlage. Dies war die so genannte Nutzungseinlage.[63] Die Parallele, die sich hier zu der besonderen Konstellation von Bauten auf fremden Grundstücken auftut,[64] wird uns später noch beschäftigen. Der Bundesfinanzhof hat dagegen die Einlage von reinen Nutzungen nie zugelassen, sondern stets mit Nutzungsrechten gearbeitet, aber dies auch dann, wenn die Berechtigung lediglich aus der ehelichen Lebensgemeinschaft abgeleitet worden ist. Das jedoch sind Randfragen.

(2.) Ein frühes Urteil zur Einlage von Nutzungsrechten in ein Betriebsvermögen mit dem Ziel, dem Steuerpflichtigen auf andere Weise als durch die Berücksichtigung von Drittaufwand entgegenzukommen, findet sich im Jahre 1978.[65] Es ging um Absetzungen, die der Steuerpflichtige, ein Zahnarzt, von der Eigentumswohnung vornehmen wollte, in der er seine Praxis betrieb. Die Wohnung gehörte ihm und seiner Ehefrau zu Miteigentum. Infolgedessen gehörte nur

---

61 BFH BStBl. II 1972, 699, (700), Urt. v. 31.5. 1972, IV R 31/69.

62 ausdrücklich BFH BStBl. II 2006, 754, Urt. v. 26.4. 2006, IX R 24/04.

63 u.a. Beck, FR 1978, 281, (284 ff).

64 Beck, FR 1978, 281, (283); Knobbe-Keuk, StuW 1979, 305, (306/307).

65 BFH BStBl: II 1979, 401, Urt. v. 31.10. 1978, VIII R 196/77.

der seinem Miteigentumsanteil entsprechende Teil der Wohnung zu seinem Betriebsvermögen. Absetzungen wollte er aber von der ganzen Wohnung beanspruchen. Der VIII. Senat des Bundesfinanzhofs meinte, der Arzt könnte ein Nutzungsrecht zu Betriebsvermögen erlangt haben und berechtigt sein, davon Absetzungen vorzunehmen. Die Sache musste allerdings an die Vorinstanz zurückverwiesen werden, um klären zu lassen, ob der Arzt sämtliche Kosten für die Anschaffung der Wohnung allein getragen und die Ehefrau ihm deshalb die Nutzung der Wohnung überlassen hatte. In diesem Fall, so meint der VIII. Senat, seien die Grundsätze anzuwenden, die nach Ansicht des Bundesfinanzhofs für Bauten auf fremden Grundstücken gelten. Dann nämlich hätte der Arzt den Nutzungsvorteil am Miteigentumsanteil der Ehefrau wie ein materielles Wirtschaftsgut aktivieren und absetzen müssen. Ähnlich hatte der VIII. Senat bereits in einem entsprechenden Fall geurteilt.[66] Wenn die Frau dagegen die Kosten für ihren Miteigentumsanteil an der Wohnung selbst getragen hatte, dann – so meint der VIII. Senat – könnte es sein, dass sie ihrem Mann die Nutzung als Praxis mit Rücksicht auf die eheliche Lebensgemeinschaft gestattet hatte. Hätte der Arzt dadurch ein rechtlich gesichertes, unentziehbares Nutzungsrecht erlangt, so hätte er dieses in sein Betriebsvermögen einlegen und davon Absetzungen vornehmen können.[67]

In dieser Entscheidung wird deutlich, dass das Gericht mit Hilfe von Nutzungsrechten Absetzungen vermittelt, die andernfalls verloren wären, beim Eigentümer des genutzten Wirtschaftsgutes in Ermangelung von Einkünften, beim Steuerpflichtigen deshalb, weil ihm das fremde Wirtschaftsgut nach § 39 AO nicht zuzurechnen ist. Dass später der Bundesfinanzhof mit dem Beschluss 1/97 des Großen Senats[68] einen noch anderen Lösungsweg eingeschlagen hat, wird unten ausgeführt werden.

Eingelegt werden konnte in das Betriebsvermögen nach der damaligen Rechtsauffassung also auch ein Nutzungsrecht, das nicht gegen ein Entgelt erworben worden, sondern das – im letztgenannten Fall wegen der Ehe – unentgeltlich überlassen worden war. Im Schrifttum ist dies mit der Begründung kritisiert worden, dass nicht entgeltlich erworbene immaterielle Wirtschaftsgüter nach § 5 II EStG nicht aktiviert werden dürften und dass von nicht aktivierten Wirtschaftsgütern keine Absetzungen außerhalb der Bilanz in Betracht kämen.[69] Demgegenüber hat der Bundesfinanzhof später zu Recht betont, dass die Bestimmung über die Aktivierung einer Einlage (§§ 4 I 1, 6 I Nr. 5 EStG) dem Ak-

66 BFH BStBl. II 1979, 399, (401), Urt. v. 31.10. 1978, VIII R 182/75.

67 BFH BStBl: II 1979, 401, (403), Urt. v. 31.10. 1978, VIII R 196/77.

68 BFH BStBl. II 1999, 778, (780 sub b), Beschl. v. 23.8. 1999, GrS 1/97.

69 Knobbe-Keuk, StuW 1979, 305, (308 ff, 311).

tivierungsverbot des § 5 II EStG vorgeht.[70] Im Übrigen hat der VIII. Senat dazu später festgestellt: „Als Einlagen sind Nutzungsrechte nur geeignet, wenn sie die Eigenschaft eines Wirtschaftsgutes besitzen".[71] Sie müssen also einen feststellbaren wirtschaftlichen Wert haben. Der Absetzungsvorteil wird im Übrigen so eingeschränkt, dass als Teilwert eines solchen Nutzungsrechts höchstens die ersparten Aufwendungen angesetzt werden konnten.[72]

Diese Überlegungen brauchen hier nicht weiter verfolgt zu werden, weil die Möglichkeit, unentgeltlich erlangte Nutzungsrechte in ein Betriebsvermögen einzulegen, seit dem Beschluss des Großen Senats 2/86 abgelehnt wird.

(3.) Der Beschluss 2/86 des Großen Senats des Bundesfinanzhofs vom 26. Oktober 1987 ist auf eine Vorlage des I. Senats[73] ergangen. Die Vorlagefrage lautete, ob der Vorteil eines zinslosen Darlehens ein einlagefähiges Wirtschaftsgut ist. Dies hat der Große Senat verneint.[74] Kurz zusammengefasst lautet die Begründung folgendermaßen: Aktivieren kann ein Steuerpflichtiger nur Wirtschaftsgüter. Das sind nach der Rechtsprechung[75] geldwerte Vorteile, die dem Steuerpflichtigen für mehrere Jahre von Nutzen und die selbständig bewertbar sind. Gebrauchsvorteile bieten aber nicht mehrjährige Vorteile, weil sie sich mit oder auch ohne Nutzung verflüchtigen. Daraus leitet der Große Senat ab, dass sie eben nicht die Qualität von Wirtschaftsgütern haben, sondern nur eine wertbildende Eigenschaft der genutzten Wirtschaftsgüter darstellen.[76] Die gesetzliche Definition der Entnahmen in § 4 I 2 EStG, wonach Nutzungen als Wirtschaftsgüter entnommen werden können, lässt der Große Senat nicht gelten, weil sich dieses Verständnis nicht mit den Vorschriften über den Ansatz und die Bewertung von Wirtschaftsgütern vereinbaren lasse. Der Satz, dass nur Wirtschaftsgüter eingelegt werden können, erfährt allerdings eine Ausnahme bei der so genannten Aufwandseinlage, wenn der Steuerpflichtige ein Wirtschaftsgut, das die Rechtsprechung zu seinem Privatvermögen rechnet, betrieblich nutzt. Dadurch kommen dem Betrieb Aufwendungen zugute, die bereits im privaten Bereich angefallen sind. Da der Unternehmer sie nicht von seinem Betrieb sich selbst zu

70 BFH BStBl. II 1980, 244, (246 sub bb), Urt. v. 22.1. 1980, VIII R 74/77; bestätigt von BFH BStBl. II 1988, 348, (353 sub c), Beschl. v. 26.10. 1987, GrS 2/86; BFH BStBl. II 1989, 763, 765 sub b ss), Urt. V. 16.12. 1988, III R 113/85; dazu Costede, StuW 1995, 115, (120 ff).

71 BFH BStBl. II 1980, 244, Urt. v. 22.1. 1980, VIII R 74/77.

72 BFH BStBl. II 1980, 244, (246 sub cc), Urt. v. 22.1. 1980, VIII R 74/77. Nach Ansicht des IV. Senats (BFH BStBl. II 1981, 68 (70), Urt. v. 20.11. 1980, IV R 117/79) höchstens die AfA-Beträge, die die Ehefrau im Fall von Einkünften hätte geltend machen können.

73 BFH BStBl. II 1987, 65, Beschl. v. 20.8. 1986, I R 41/82.

74 BFH BStBl. II 1988, 348, Beschl. v. 26.10. 1987, GrS 2/86.

75 RFH RStBl. 1928, 260, (261), Urt. v. 27.3. 1928, I A 470/27; BFH BStBl. II 1987, 14, Urt. v. 9.7. 1986, I R 218/82; BFH BStBl. II 1990, 794, (795 sub b), Urt. v. 16.2. 1990, III B 90/88.

76 BFH BStBl. II 1988, 348, (352 sub 1 a) aa), Beschl. v. 26.10. 1987, GrS 2/86.

Privatvermögen erstatten kann, bleibt nach der Rechtsprechung als Lösungsweg nur das Institut der so genannten Aufwandseinlage.

Diese Aussagen des Großen Senats zu Nutzungen erscheinen dem Leser nicht unbedingt zwingend. Auffällig ist an dem Beschluss 2/86, dass der Große Senat seine Auffassung, wonach Nutzungen nicht in ein Betriebsvermögen eingelegt werden können, noch mit einer weiteren Erwägung zu fundieren versucht. Das ist hier bedeutsam, weil eben diese Begründung dann auch dafür verwandt wird zu belegen, weswegen unentgeltlich erlangte Nutzungsrechte nicht als Einlage dienen können. Dazu heißt es in dem Beschluss: Einlagen seien deshalb aus dem Gewinn herauszurechnen, weil solches Vermögen, das der Steuerpflichtige steuerfrei gebildet hat oder das bei ihm bereits besteuert worden ist, der Gewinnbesteuerung nicht unterworfen werden solle.[77]

An diese Überlegung schließt sich der Gedanke an, dass deshalb auch Nutzungen, die der Unternehmer ziehen kann, nicht in das Betriebsvermögen eingelegt werden könnten. Denn, so lautet der Beschluss wörtlich: Dabei werde „nämlich weder steuerfrei gebildetes Vermögen übertragen", noch hätten „die Nutzungen beim Steuerpflichtigen bereits der Besteuerung unterlegen. Im Gegenteil würde der Ansatz des Nutzungswerts als Einlage dazu führen, dass der auf der Nutzung beruhende und im Betrieb erwirtschaftete Gewinn der Besteuerung entzogen wird, obwohl selbst im Privatvermögen gezogene Nutzungen regelmäßig zu Einkünften aus Kapitalvermögen oder aus Vermietung und Verpachtung führen und der Besteuerung unterliegen."[78]

Mit dergleichen Begründung wird dann die Möglichkeit verworfen, dingliche Nutzungsrechte am Privatvermögen des Steuerpflichtigen oder unentgeltlich erlangte Nutzungsrechte an Vermögen von Angehörigen einzulegen. Zwar haben Nutzungsrechte nach Ansicht des Großen Senats die Qualität von Wirtschaftsgütern, jedoch könnte der Steuerpflichtige – indem er etwa an eigenen privat gehaltenen Wirtschaftsgütern für sich ein dingliches Nutzungsrecht begründet oder sich von Angehörigen an deren Wirtschaftsgütern ein Nutzungsrecht schenken lässt – erreichen, „daß die durch Realisierung des Nutzungsrechts erzielte Vermögensmehrung unbesteuert bleibt; dem Nutzungsertrag stände eine entsprechende Abschreibung auf das Nutzungsrecht gegenüber."[79] Dies ist nach Ansicht des Gerichts mit den Wertungen des Einkommensteuerrechts, wonach erzielte Nutzungen der Besteuerung zu unterwerfen sind, unvereinbar.[80]

---

77 BFH BStBl. II 1988, 348, (353 sub aa), Beschl. v. 26.10. 1987, GrS 2/86.

78 BFH BStBl. II 1988, 348, (353 sub aa), Beschl. v. 26.10. 1987, GrS 2/86.

79 BFH BStBl. II 1988, 348, (353 sub c), Beschl. v. 26.10. 1987, GrS 2/86.

80 BFH BStBl. II 1988, 348, (353 sub c), Beschl. v. 26.10. 1987, GrS 2/86.

Die Rechtsprechung des VIII. Senats, wonach unentgeltlich erlangte Nutzungsrechte an fremden Wirtschaftsgütern in ein Betriebsvermögen eingelegt werden können mit dem Ziel, quasi Drittaufwand auf das Wirtschaftsgut durch einen Teilwertabzug nach § 4 I 1 EStG geltend zu machen,[81] ist damit hinfällig. Offengelassen hatte der Große Senat im Beschluss 2/86, wie Drittaufwand auf Wirtschaftsgüter im Betriebsvermögen des Steuerpflichtigen zu beurteilen ist.[82] Als Betriebsausgaben absetzen kann der Steuerpflichtige allerdings eigenen Aufwand auf das Nutzungsrecht.[83] Doch das gehört nicht zur Thematik des Drittaufwands.

(4.) Die Problematik des Drittaufwands war dann Gegenstand des Beschlusses 2/97 des Großen Senats.[84] Die Entscheidung erging auf eine Vorlage des VI. Senats.[85]

In dem zugrunde liegenden Fall hatte ein Ehepaar mit gemeinschaftlichen Mitteln zwei Eigentumswohnungen erworben, die aber nicht in ihrem Miteigentum standen. Vielmehr gehörte die eine Wohnung alleine dem Mann, die andere alleine der Frau. Infolgedessen bezog der Große Senat die Anschaffungskosten des Mannes ausschließlich auf seine Wohnung, die Anschaffungskosten der Frau lediglich auf die ihr gehörende Wohnung. Sie hatte in der Wohnung des Mannes zu Berufszwecken ein Arbeitszimmer eingerichtet, bezog also mit Einsatz dieser Wohnung, für die alleine der Mann den Anschaffungsaufwand getragen hatte, Einkünfte. Es handelte sich insoweit fraglos um Drittaufwand, den die Ehefrau über Absetzungen als ihre Werbungskosten einkommensteuerlich verwerten wollte. Der Große Senat erteilte dem eine grundsätzliche Absage.

Der Beschluss führt dazu aus: „Aus dem Grundsatz der persönlichen Leistungsfähigkeit ergibt sich, daß der Steuerpflichtige die Aufwendungen i.S.d. § 9 Abs. 1 EStG persönlich tragen muß. Die Ermittlung der Einkünfte ist subjektbezogen. ... Die Einkünfte können aber nur dann Ausdruck der persönlichen Leistungsfähigkeit sein, wenn sich auch ihre Komponenten, d.h. die Einnahmen und Werbungskosten (§ 2 Abs. 2 Nr. 2 EStG) daran orientieren. Wie dem Steuerpflichtigen nur solche Einnahmen zuzurechnen sind, die seine persönliche Leistungsfähigkeit erhöhen, so sind entsprechend nur solche Aufwendungen als Werbungskosten zu berücksichtigen, die seine persönliche Leistungsfähigkeit mindern."[86]

---

81 BFH BStBl: II 1979, 401, (403), Urt. v. 31.10. 1978, VIII R 196/77; BFH BStBl. II 1981, 68, Urt. v. 20.11. 1980, IV R 117/79.

82 BFH BStBl. II 1988, 348, (353 sub cc und sub c a.E.), Beschl. v. 26.10. 1987, GrS 2/86.

83 BFH BStBl. II 1988, 348, (353 sub c), Beschl. v. 26.10. 1987, GrS 2/86.

84 BFH BStBl. II 1999, 782, Beschl. v. 23.8. 1999, GrS 2/97.

85 BFH BStBl. II 1997, Beschl. v. 25.11. 1996, VI R 8/90.

86 BFH BStBl. II 1999, 782, (785 sub b), Beschl. v. 23.8. 1999, GrS 2/97.

Allerdings gestattet der Bundesfinanzhof den Werbungskostenabzug ausdrücklich dann, wenn der Dritte mit Hilfe eines – wie es heißt – abgekürzten Zahlungsweges Aufwendungen auf das Wirtschaftsgut getätigt hat, mit dem der Steuerpflichtige Einkünfte erzielt. Das sind Fälle, in denen der Ehemann oder auch sonst ein nahe stehender Angehöriger die Zahlungspflicht aus einem Vertrag erfüllt, den der Steuerpflichtige etwa für Erhaltungsaufwendungen an seinem Haus geschlossen hat. Die Zahlung, die der Dritte dann auf eine Schuld des Steuerpflichtigen für diesen leistet, soll als eine Leistung des Steuerpflichtigen selbst gewertet werden und daher für diesen Werbungskosten begründen.[87] Dagegen hat der Große Senat eine klare Aussage zu dem so genannten abgekürzten Vertragsweg nicht gemacht, vielmehr ausdrücklich offen gelassen, wie es sich einkommensteuerlich damit verhält.[88]

2. Das Schrifttum zur mittelbaren Berücksichtigung eines Drittaufwands im Fall von Gewinneinkünften: Einlage von Nutzungen und Nutzungsrechten

Das Schrifttum hat die Rechtsprechung zur Einlage in ein Betriebsvermögen mit dem Ziel, dem Steuerpflichtigen einen Drittaufwand zu vermitteln, teils begleitet, teils angeregt, teils kritisiert. Es gibt nur wenige Themen im Einkommensteuerecht, die in den 70er und 80er Jahren des 20. Jahrhunderts so lebhaft diskutiert worden sind, wie dieses.[89] Zwar sind diese Schrifttumsäußerungen durch den Fortgang der Rechtsprechung später zum Teil überholt worden. Sie müssen aber hier zur Sprache kommen, weil sie Facetten der Problematik wiedergeben, die in der Judikatur nicht oder nicht hinreichend beleuchtet worden sind. Das gibt den Ausschlag dafür, das Schrifttum von den ersten Äußerungen zur Einlage von Nutzungen und Nutzungsrechten zu Wort kommen zu lassen.

a) Zur Einlage von Nutzungen in ein Betriebsvermögen

Der Bundesfinanzhof hat, wie oben bereits berichtet, nur in einer besonderen Situation eine Einlage von Nutzungen gestattet, um nämlich früheren Aufwand, den der Steuerpflichtige selbst in seinem Privatvermögen getätigt hatte, bei dessen späterer betrieblichen Nutzung einkommensteuerlich zu berücksichtigen.[90]

---

87 Bzw. für Betriebsausgaben: BFH/NV 2006, 1650–1651, Urt. v. 23.5. 2006, VI R 56/02 m.w.N.

88 BFH BStBl. II 1999, 782 (785 sub c) bb), Beschl. v. 23.8. 1999, GrS 2/97.

89 Dazu Jia Li, Nutzungen und Nutzungsrechte 2007.

90 BFH BStBl. II 1988, 348, (352/353 sub 1.b), Beschl. v. 26.10. 1987, GrS 2/86.

Das ist die so genannte Aufwandseinlage. Im übrigen hat das Gericht bei Nutzung fremder Wirtschaftsgüter eine Einlage von Nutzungen nie akzeptiert,[91] sondern nur die Einlage von Nutzungsrechten, bis auch dies vom Großen Senat im Beschluss 2/86[92] wesentlich eingeschränkt worden ist. Nur Nutzungsrechte, so lautete die Begründung dafür, seien Wirtschaftsgüter, nicht dagegen Nutzungen.

Mit Nutzungen, gemeint ist das reine Nutzenkönnen, die bloße Gebrauchsmöglichkeit, ohne eine entsprechende Berechtigung, also ohne die Grundlage eines Mietvertrages oder gar eines Nießbrauchs. Da eine solche faktische Gegebenheit mit der Inanspruchnahme schon verflogen ist, wird das Betriebsvermögen durch sie nicht erhöht. Eingelegt wird mit dem betrieblichen Gebrauch im Grunde also nichts. Der von § 4 I 1 EStG vorgeschriebene Abzug eines Teilwerts, den die Gebrauchsmöglichkeit durchaus haben kann, würde sich dagegen gewinnmindernd auswirken. Wegen dieser steuermindernden Wirkung hat das Schrifttum die Einlage auch von reinen Nutzungen verschiedentlich favorisiert.[93] In der Praxis der Steuerberatung war diese Gestaltung – schon lange bevor sich der Bundesfinanzhof mit ihr befasst hat – häufig anzutreffen.[94] Zwar können in ein Betriebsvermögen als Inbegriff der darin enthaltenen betrieblichen Wirtschaftsgüter eben nur Wirtschaftsgüter eingelegt werden (§ 4 I 7 EStG, früher § 4 I 5 EStG). Nutzungen müssten daher, um eingelegt werden zu können, Wirtschaftsgüter sein. Diese Voraussetzung wurde aber im Schrifttum von vielen Autoren wie selbstverständlich vorausgesetzt, nicht in Frage gestellt und schon gar nicht näher begründet. Denn das Gesetz selbst bezeichnet Nutzungen im Fall ihrer Entnahme aus einem Betriebsvermögen als Wirtschaftsgüter (§ 4 I 2 EStG), was darauf schließen lässt, dass man sie auch in ein Betriebsvermögen einlegen kann. So hat denn auch der 1. Senat des Bundesfinanzhofs bei Vorlage dieser Frage zum Großen Senat argumentiert.[95] Erst die Entscheidung des Großen Senats in dem daraufhin ergangenen Beschluss 2/86, dass Nutzungen keine Wirtschaftsgüter seien,[96] hat auch das früher anders lautende Schrifttum zum Umdenken veranlasst.

Zuvor erschien die so genannte Aufwandseinlage als ein eigenständiges Institut, das nicht nur in der von der Judikatur anerkannten Situation, sondern generell als Nutzungseinlage verwertbar ist. Verschiedene Autoren haben sich da-

---

91 Z.B. BFH BStBl. II 1980, 244, (246 sub 3.b) aa), Urt. v. 22.1. 1980, VIII R 74/77; und dann grundsätzlich: BFH BStBl. II 1988, 348, (352/353), Beschl. v. 26.10. 1987, GrS 2/86.

92 BFH BStBl. II 1988, 348, (353 sub c), Beschl. v. 26.10. 1987, GrS 2/86.

93 Dirk Meyer, DStR 1986, 18, (23); einschränkend Ley, DStR 1985, 261.

94 Dazu Beck, FR 1978, 281, (284 f sub IV.1.).

95 BFH BStBl. II 1987, 65, (66/67), Beschl. v. 20.8. 1986, I R 41/82.

96 BFH BStBl. II 1988, 348, (352, 353), Beschl. v. 26.10. 1987, GrS 2/86.

für ausgesprochen, so etwa Kramer,[97] und zwar ausdrücklich zu dem Zweck, mit Hilfe dieser Einlage Drittaufwand für den Steuerpflichtigen nutzbar zu machen. Kramer weist darauf hin, dass eine Einlage reiner Nutzungen, was insoweit zutrifft, das Betriebsvermögen eben nicht erhöht, so dass die Einlage nur den erwünschten Teilwertabzug nach sich zieht, was den laufenden Gewinn in Höhe etwa des Drittaufwands reduziert.[98] Wird dieser Teilwert dann auch noch nach den außerbetrieblich veranlassten Aufwendungen bestimmt,[99] dann läuft dies im Ergebnis darauf hinaus, dass dem Steuerpflichtigen zugute kommt, was an Abschreibungen vom genutzten Wirtschaftsgut dessen Eigentümer verloren geht.[100]

Noch im Jahre 1998 hat sich aus gleichen Gründen und mit gleicher Begründung Frye dafür ausgesprochen, dass Nutzungen in ein Betriebsvermögen eingelegt werden könnten und mit der Bezeichnung Nutzungseinlage zu aktivieren seien, um so zu einer Gewinnminderung in Höhe des angeblichen Teilwerts dieser Nutzungen (§ 4 I 1 EStG) zu kommen. Als Begründung führt er das gleiche Argument an, das den Ersten Senat des Bundesfinanzhofs zum Vorlagebeschluss an den Großen Senat veranlasst hatte, dass man nämlich Nutzungen auch müsse einlegen können, wenn man sie entnehmen kann.[101] Die abweichende Ansicht des Großen Senats im Beschluss 2/86[102] meint Frye mit Blick auf die vom Großen Senat sanktionierte Figur der Aufwandseinlage widerlegen zu können. Sie beweise laut Frye, dass man den Begriff des entnahmefähigen und des einlagefähigen Wirtschaftsguts einheitlich verstehen müsse und dass neben den bilanzierungsfähigen Wirtschaftsgütern auch schlichte Nutzungen anzuerkennen seien, „dass die Einlage von Nutzungen eine steuersystemmatische Notwendigkeit ist.“[103]

Kramers Vergleich, dass die Einlage von Nutzungen im Grunde nichts anderes sei als was man bei der Einlage eines kurzlebigen Wirtschaftsgutes beobachte, hat allerdings einen Haken. Während die Nutzungsmöglichkeit von vornherein keinen fassbaren Wert aufweist, besitzt ein Wirtschaftsgut, auch wenn es sich relativ schnell verbraucht, doch einen das Betriebsvermögen zunächst erhöhenden Wert.

Für Stadie ist – wie oben bereits berichtet – nur der wirtschaftliche Zusammenhang mit Einnahmen für die Befugnis, Absetzungen vornehmen zu können, maßgeblich. Um Gewinneinkünften zu erwirtschaften, muss das abnutzbare

97 Kramer, DB 1981, 1584, (1588).
98 Kramer, DB 1981, 1584, (1588).
99 Ley, DStR 1985, 261, (262).
100 Ley, DStR 1985, 261, (262).
101 BFH BStBl. II 1987, 65, Beschl. v. 20.8. 1986, I R 41/82.
102 BFH BStBl. II 1988, 348, (352, 353), Beschl. v. 26.10. 1987, GrS 2/86.
103 Frye, FR 1998, S. 973 (976, 977).

Wirtschaftsgut allerdings im Betriebsvermögen eingesetzt worden sein, gegebenenfalls – dann nämlich, wenn die Sache selbst dem Steuerpflichtigen nach § 39 AO nicht zuzurechnen ist – im Wege einer Einlage.[104] Die Möglichkeit, bei einer Nutzung fremder Wirtschaftsgüter die betreffenden Nutzungen in das Betriebsvermögen einzulegen, erscheint Stadie seinerzeit als unproblematisch.[105] Erst recht gilt dies für die Einlage von Nutzungsrechten.[106]

Gleichfalls noch vor der Entscheidung des Großen Senats 2/86 hat sich Nieland für die Einlagefähigkeit von Nutzungen eingesetzt.[107] Seine Annahme, dass mit Hilfe des Teilwertabzugs einer Einlage erreicht werden soll, „Wertsteigerungen des Betriebsvermögens aus der ertragsteuerlichen Bemessungsgrundlage auszuscheiden“,[108] ist richtig. Auch die Folgerung, die er daran anschließt, dass nämlich die Einlage einen Geldeswert haben muss, kann gleichfalls bestätigt werden. Es schließt sich dann die Überlegung an, dass es dennoch möglich sein muss, etwas einzulegen, was nicht aktiviert werden muss. Und daraus folgert Nieland, dass auch Nutzungen einlagefähig sind, dann jedenfalls, wenn sie auf dem Markt nur gegen Entgelt hätten erworben werden können. Nieland übernimmt damit die betreffende Ansicht des I. Senats des Bundesfinanzhofs, der dem Großen Senat die Frage, ob Nutzungen eingelegt werden können, zur Entscheidung vorgelegt hat.[109]

Mit ganz anderen Überlegungen hat Stadie die Möglichkeit einer Nutzungseinlage in ein Betriebsvermögen verfochten, und zwar gleichfalls dezidiert mit dem Ziel, auf diese Weise durch eine Teilwertabschreibung (§§ 4 I 1, 6 I Nr. 5 EStG) bei Nutzung fremder Wirtschaftsgüter Aufwendungen als Betriebsausgaben abziehen zu können, die nicht der Steuerpflichtige getätigt hat. Stadie schreibt dazu: „Der tiefere Sinn sowohl der Einlagefähigkeit von Nutzungsrechten als auch von Nutzungen (Aufwand) besteht darin, daß Aufwendungen nach dem System des Einkommensteuergesetzes grundsätzlich nicht von demjenigen abgezogen werden können, der sie verausgabt, sondern von demjenigen, mit dessen Einnahmen sie wirtschaftlich zusammenhängen.“[110]

Auch bei Biergans[111] und ebenso bei Dirk Meyer[112] findet sich diese Ansicht, nach der die Einkünfte losgelöst von ihrer persönlichen Zurechnung zum Steu-

---

104 Stadie, Zurechnung, S. 39.

105 Stadie, Zurechnung, S. 45 ff.

106 Stadie, Zurechnung, S. 41 ff.

107 Nieland, DB 1987, 706; desgleichen noch nach dem Beschluss 2/86 des Großen Senats: Frye, FR 98, 973 (977 linke Spalte).

108 Nieland, DB 1987, 706, (707, 711 sub 6.).

109 BFH BStBl. II 1987, 65, Beschl. v. 20.8. 1986, IR 41/82.

110 Stadie, DB 1984, 578, (579); ebenso schon Stadie, Zurechnung, S. 36, 38.

111 Biergans, FR 1984, 297, (304); Biergans, DStR 1989, 367, (370 ff, 373).

erpflichtigen zu ermitteln sind. Daraus folgt, dass Betriebsausgaben wie Werbungskosten, soweit sie durch die Einnahmen veranlasst worden sind, abgezogen werden müssen und erst die so ermittelten Einkünfte dem Steuerpflichtigen zugerechnet werden. Für diese Rechtsansicht gibt es keine personelle Zuordnung von Betriebsausgaben oder Werbungskosten, sondern nur eine sachliche, über die das Veranlassungsprinzip entscheidet. Hat ein Dritter den Aufwand getragen, so billigt Biergans dem Steuerpflichtigen eine Aufwandseinlage zu, um von deren Teilwert Absetzungen vornehmen zu können.[113]

Aus diesen Überlegungen folgt allgemein, dass ein Drittaufwand nicht nur mittelbar zugunsten des Steuerpflichtigen über Absetzungen zu berücksichtigen ist, sondern (wie unten Kapitel 2 dargestellt) auch unmittelbar.

Schon vor dem Beschluss 2/86 des Großen Senats[114] gab es aber im Schrifttum auch anders lautende bzw. differenzierende Ansichten. So vertrat Ley die These, dass Nutzungen zwar in ein Betriebsvermögen eingelegt werden könnten, aber nur dann, wenn das genutzte Wirtschaftsgut dem Steuerpflichtigen zuzurechnen ist, und nicht, wenn er ein fremdes Wirtschaftsgut nutzt.[115] Preißer lehnte mit bilanzsteuerlichen und auch mit buchtechnischen Überlegungen die Einlagefähigkeit von Nutzungen ab.[116]

Andere Autoren haben die Möglichkeit, Nutzungen in ein Betriebsvermögen einzulegen, aus grundsätzlichen Erwägungen verworfen. Die Begründung lautet nicht, dass eine rein faktische Gebrauchsmöglichkeit kein Wirtschaftsgut sei. Vielmehr wird das Ergebnis aus der Überlegung abgeleitet, dass nicht einmal Nutzungsrechte, wenn unentgeltlich erlangt, eingelegt werden könnten,[117] um wie viel weniger dann bloße Nutzungen, für die mangels einer Berechtigung auch keine Gegenleistung erbracht wird.

Groh hat in einem Aufsatz, den er nach der Entscheidung des Großen Senats 2/86[118] verfasst hat, noch einmal die Gründe des Gerichts und seine entsprechenden Überlegungen vorgetragen. Zusammenfassend heißt es bei ihm: „Daß Nutzungen keine Wirtschaftsgüter sind und daß es die „Aufwandseinlage“ nur für die eigenen Aufwendungen des Unternehmers gibt, gilt auch hier. Die Gewinnermittlung ist subjektbezogen; in sie gehen nur die dem Unternehmer er-

112 Dirk Meyer, DStR 1986, 18, (23).

113 Biergans, FR 1984, 297, (304).

114 BFH BStBl. II 1988, 348, Beschl. v. 26.10. 1987, GrS 2/86.

115 Ley, DStR 1985, 261.

116 Preißer, DStR 1985, 498, (503).

117 Knobbe-Keuk, StuW 1979, 305, (311).

118 BFH BStBl. II 1988, 348, Beschl. v. 26.10. 1987, GrS 2/86.

wachsenen, nicht aber an irgendeiner anderen Stelle entstandenen (externen) Aufwendungen ein.“[119]

b) Zur Einlage von Nutzungsrechten in ein Betriebsvermögen

Im Schrifttum waren die Ansichten zur Einlage von Nutzungsrechten geteilt. Die Autoren, die, wie oben ausgeführt, für die Einlagefähigkeit von Nutzungen eingetreten sind, haben dies konsequenterweise für Nutzungsrechte an fremden Wirtschaftsgütern entsprechend vertreten.

Demgegenüber finden sich noch vor dem umstürzend wirkenden Beschluss 2/86 des Großen Senats[120] Überlegungen, weshalb Nutzungsrechte nicht einlagefähig sind, wenn der Steuerpflichtige für sie kein Entgelt gezahlt hat. Das interessierte aber nur für Fälle, in denen über Absetzungen von einem in das Betriebsvermögen eingelegten Nutzungsrecht dem Steuerpflichtigen ein Drittaufwand vermittelt werden sollte. Für die Ansicht, die die Einlagefähigkeit unentgeltlich erlangter Nutzungsrechte verwirft, entfällt also zugleich diese Möglichkeit.

Für Knobbe-Keuk[121] folgt aus § 5 II EStG, dass unentgeltlich erworbene Nutzungsrechte nicht einlagefähig sind. § 5 II EStG untersagt die Aktivierung von Wirtschaftsgütern, die nicht abgeleitet von einem anderen entgeltlich erworben worden sind. Also, meint Knobbe-Keuk, könne ein unentgeltlich erworbenes Nutzungsrecht, selbst wenn es in ein Betriebsvermögen eingelegt werde, nicht aktiviert werden, so dass insoweit Absetzungen ausschieden. Absetzungen aber von einem nicht aktivierten Wirtschaftsgut, so lautet die conclusio Knobbe-Keuks, verlangten nach § 7 EStG Anschaffungs- oder Herstellungsaufwand, was es bei einem unentgeltlichem Erwerb nicht gibt.[122] Dazu wäre schon hier zu sagen, dass der Bundesfinanzhof der Regelung des § 6 I Nr. 5 EStG, also die Bewertung der Einlage mit dem Teilwert, Vorrang vor dem Aktivierungsverbot des § 5 II EStG eingeräumt hat.[123] Das ist auch richtig, weil die Aktivierung der Einlage andere Ziele als das Aktivierungsverbot nach § 5 II EStG verfolgt.[124] Es geht an dieser Stelle aber nicht darum die Stellungnahmen zum Für und Wider

119 Groh, DB 1988, 514, (518).

120 BFH BStBl. II 1988, 348, Beschl. v. 26.10. 1987, GrS 2/86.

121 Knobbe-Keuk, StuW 1979, 305, (311 sub 5.).

122 Knobbe-Keuk, StuW 1979, 305, (311 sub 5.).

123 BFH BStBl. II 1980, 244, (246 sub bb), Urt. v. 22.1. 1980, VIII R 74/77; bestätigt von BFH BStBl. II 1988, 348, (353 sub c), Beschl. v. 26.10. 1987, GrS 2/86; BFH BStBl. II 1989, 763, 765 sub b ss), Urt. V. 16.12. 1988, III R 113/85; dazu Costede, StuW 1995, 115, (120 ff).

124 Costede, StuW 1995, 115, (122 sub c).

ihrerseits zu bewerten, vielmehr erst nur darum, sie zu Gehör zu bringen, um die Basis für spätere Erkenntnisse zu gewinnen.

Auch Trzaskalik hat sich generell dagegen ausgesprochen, Nutzungen oder auch Nutzungsrechte in ein Betriebsvermögen einzulegen.[125] Für ihn ist dabei nicht die gegebene oder fehlende Qualität als ein Wirtschaftsgut entscheidend. Auch hält er es für unwesentlich, ob der Steuerpflichtige ein Entgelt hat für die Nutzungen aufbringen müssen oder nicht. In jedem Fall sei der Verbrauch des Wirtschaftsgutes zur Erzielung von Einnahmen ein Opfer, wie dies auch später von Costede,[126] von Ruppe[127] und Li[128] vertreten worden ist. Maßgeblich ist für Trzaskalik, ob das genutzte Wirtschaftsgut dem Steuerpflichtigen zuzurechnen ist oder nicht. Das ist ein ähnlicher Gedanke, wie ihn auch Ley geäußert hat.[129] Allerdings knüpft Trzaskalik ihn an eine andere Begründung an. Dürfe der Steuerpflichtige das genutzte Wirtschaftsgut nur aus abgeleitetem Recht nutzen, so komme es steuerlich nicht auf dessen Wert an, sondern nur auf ein für die Nutzungsüberlassung bezahltes Entgelt. Habe er das Nutzungsrecht ohne Gegenleistung erlangt, dann könne er daraus zwar Gewinn ziehen, es stelle für sich aber einkommensteuerlich keine Vermögenswert des Steuerpflichtigen dar. Deshalb müsse eine Einlage ausscheiden.[130]

Groh hat sich schon in einem Aufsatz aus dem Jahre 1982, also 5 Jahre vor dem Beschluss des Großen Senats 2/86[131], gegen die Einlage unentgeltlicher Nutzungsrechte geäußert.[132] Eines seiner Argumente lautet, dass zur Aktivierung eine gesicherte, rechtlich also nicht einseitig entziehbare Vermögensposition verlangt werden müsse. Das aber sei bei der unentgeltlichen Begründung eines Nutzungsrechts fraglich, da zur Rechtswirksamkeit nach § 518 I BGB eine notarielle Beurkundung geboten sei. In der Praxis würden Nutzungsüberlassungen aber regelmäßig nicht beurkundet.[133] Beruhe die Berechtigung lediglich auf einer Ehe, so falle es schwer, von einem Wirtschaftsgut zu sprechen.[134] Ferner stehe das Verbot einer Aktivierung schwebender Geschäfte entgegen.[135] Für wesentlich hält Groh jedoch die Überlegung, dass eine Aktivierung des unentgeltlichen

125 Trzaskalik, StuW 1983, 126.
126 Costede, StuW 1986, 44, (46).
127 Ruppe, in Schulze-Osterloh, Rechtsnachfolge im Steuerrecht, 1987, 45, (75/76).
128 Jia Li, Nutzungen und Nutzungsrechte im Einkommensteuerrecht, S. 144 ff., 44, (46).
129 Ley, DStR 1985, 261.
130 Trzaskalik, StuW 1983, 126, (132/133, N. 43: mit Berufung auf Uelner, StbJb. 1980/81, 392).
131 BFH BStBl. II 1988, 348, Beschl. v. 26.10. 1987, GrS 2/86.
132 Groh, BB 1982, 133.
133 Groh, BB 1982, 133, (137 sub 3.a).
134 Groh, BB 1982, 133, (137 sub 3.a).
135 Groh, BB 1982, 133, (137 sub 3.b).

Nutzungsrechts eben das verhindern würde, was steuerrechtlich geboten erscheint, nämlich den Gewinn aus der Nutzung zu erfassen.[136] Dieser Gedanke ist dann auch in die Begründung des Beschlusses eingegangen, mit der der Große Senat die Einlagefähigkeit von Nutzungsrechten eingeschränkt hat.[137] Groh, selbst Richter am Bundesfinanzhof, hat dem Großen Senat angehört und dessen Entscheidung zur Einlagefähigkeit von Nutzungen und Nutzungsrechten maßgeblich beeinflusst.

In einem späteren Beitrag hat er diese Entscheidung besprochen und mit Anmerkungen glossiert.[138] Groh betont den Einwand, den der Große Senat gegen die Aktivierung unentgeltlicher Nutzungsrechte erhoben hat, dass nämlich durch den Teilwertabzug etwas unversteuert bliebe, das der Besteuerung unterworfen werden müsste. Sowenig aber die Begründung des Großen Senats in ein stimmiges Konzept eingebunden ist, sowenig erscheint die Argumentation Grohs dogmatisch abgesichert. Es handelt sich vielmehr um ein griffweise gefasstes Resultat, das richtig sein kann, dessen Richtigkeit aber eben nicht belegt ist. Eher müsse man annehmen, dass hier nicht Nutzungsrechte, sondern reine Nutzungsmöglichkeiten vorlägen. Außerdem sei die Bewertung der Nutzungsrechte mit ihrem Teilwert problematisch, wenn richtigerweise nicht Rechte eingelegt, sondern nur Nutzungen gezogen werden.[139]

---

136 Groh, BB 1982, 133, (138 sub e).

137 BFH BStBl. II 1988, 348, (353), Beschl. v. 26.10. 1987, GrS 2/86.

138 Groh, DB 1988, 514.

139 Groh, BB 1982, 133, (137 sub 3.d).

Kapitel 2: Die unmittelbare Berücksichtigung von Drittaufwand

Sichtet man die Literatur zur unmittelbaren Berücksichtigung eines Drittaufwands, dann findet man drei grundverschiedene Positionen: Werbungskosten bzw. Betriebsausgaben werden dem Steuerpflichtigen nach Maßgabe entweder des „Kostentragungsprinzips", des „Zuwendungsprinzips" oder aber des „Veranlassungsprinzips" zugeordnet.[140]

I. Schrifttum zur unmittelbaren Berücksichtigung von Drittaufwand vor der Entscheidung 2/97 des Großen Senats

1. Das Kriterium des Kostentragungsprinzips

Nach dem Kostentragungsprinzip heißt persönliche Zuordnung von Werbungskosten oder Betriebsausgaben, dass nur derjenige sie geltend machen kann, der selbst die betreffenden Kosten getragen hat, dessen Vermögen durch die betreffenden Aufwendungen also gemindert worden ist. Diese Rechtsauffassung erschien früher als so selbstverständlich, dass sie gar nicht als allgemeines Prinzip erörtert wurde. Erst gegenüber dem Versuch, einen Drittaufwand geltend zu machen, wird sie artikuliert. So heißt es beispielsweise bei Ley: „Ist es, wie allgemein anerkannt, Zweck des Einkommensteuergesetzes, jeden Bürger nach Maßgabe seiner finanziellen und wirtschaftlichen Leistungsfähigkeit mit Steuern zu belasten, muss man bei einer gesetzeszweckorientierten Auslegung des § 4 Abs. 4 EStG und des § 9 EStG dahin gelangen, dass nur die vom Steuerpflichtigen getragenen Ausgaben überhaupt als Betriebsausgaben/Werbungskosten abzugsfähig sind, da nur die von ihm getragenen Ausgaben seine wirtschaftliche Leistungsfähigkeit mindern."[141]

Und bei Brandis liest man zum Kostentragungsprinzip: „Danach können Aufwendungen, die durch eine steuerbare oder existenzversorgende Tätigkeit des Steuerpflichtigen veranlasst sind, aber von einer anderen Person getragen

140 Weber-Grellet, StbJb 1995/96, 105, (139 ff); Seitz, FR 2006, 201, (202, 203, 205).

141 Ley, DStR 1986, 23, (24).

werden, beim Steuerpflichtigen nicht als Betriebsausgaben / Werbungskosten oder als abzugsfähige Privatausgaben angesetzt werden.“[142]

In der 1999 ergangenen Entscheidung des Großen Senats 2/97, in der der Bundesfinanzhof erstmalig die Problematik des Drittaufwands anspricht, insofern also eine Zäsur markiert, findet sich expressis verbis die Überlegung, dass das so genannte Kostentragungsprinzip dem Prinzip der Besteuerung nach der Leistungsfähigkeit folgt: „Aus dem Grundsatz der persönlichen Leistungsfähigkeit ergibt sich, daß der Steuerpflichtige die Aufwendungen i.S. des § 9 Abs. 1 EStG persönlich tragen muss. Die Ermittlung der Einkünfte ist subjektbezogen. ... Die Einkünfte können aber nur dann Ausdruck der persönlichen Leistungsfähigkeit sein, wenn sich auch ihre Komponenten, d.h. die Einnahmen und Werbungskosten (§ 2 Abs. 2 Nr. 2 EStG) daran orientieren. Wie dem Steuerpflichtigen nur solche Einnahmen zuzurechnen sind, die seine persönliche Leistungsfähigkeit erhöhen, so sind entsprechend nur solche Aufwendungen als Werbungskosten zu berücksichtigen, die seine persönliche Leistungsfähigkeit mindern.“[143]

Wann aber, so ist zu fragen, treffen den Steuerpflichtigen, der aus einer Mietsache Einkünfte zieht, die Kosten etwa für Reparaturen? Wird nur dann sein Vermögen belastet, wenn er es selbst erwirtschaftet hat? Oder ist es auch dann betroffen, wenn ihm die Mittel zum Bestreiten der Reparaturen unentgeltlich von dritter Seite zugewendet worden sind?

Weil solche Schenkungen in diesen Fällen regelmäßig von nahen Angehörigen stammen, wäre zu erwägen, ob § 12 Nr. 2 EStG einschlägig sein könnte. Lange Jahre war dies umstritten. Hat ein Grundstückseigentümer einem Angehörigen, zum Beispiel der Tochter, unentgeltlich ein Nießbrauchsrecht an seinem Grundstück eingeräumt, so wurde erwogen, ob die Einkünfte aus einer Vermietung des Grundstücks nicht weiterhin vom Grundstückseigentümer erzielt und im Sinne des § 12 Nr. 2 EStG freiwillig der Tochter zugewendet würden. Der VI. Senat des Bundesfinanzhofs, der so im Fall eines unentgeltlichen dinglichen Wohnrechts für die Eltern des Grundstückseigentümers entschieden hatte,[144] hat diese Ansicht allerdings später – es ging in dem zugrunde liegenden Fall um eine unentgeltliche Nießbrauchsbestellung – fallengelassen. Die Begründung lautete, dass die Einkünfte „ ... dem Nießbraucher unmittelbar aus seinem dinglichen Recht zufließen.“[145] Das heißt mit anderen Worten, dass die Herkunft der Mittel, mit deren Einsatz der Steuerpflichtige seine Einkünfte erwirtschaftet, für die per-

---

142 Brandis, StuW 1990, 57, (59).

143 BFH BStBl. II 1999, 782, (785 sub b), Beschl. v. 23.8. 1999, GrS 2/97.

144 BFH BStBl. III 1957, 207, (208), Urt. v. 8.2. 1957, 27/56 U.

145 BFH BStBl. III 1966, 584, (585), Urt. v. 6.7. 1966, VI 124/65.

sönliche Zurechnung als eben seine Einkünfte belanglos ist. Dies wird entsprechend auch auf die personelle Zuordnung von Betriebsausgaben und Werbungskosten übertragen. Hierfür ist es dann gleichfalls belanglos, woher die Mittel rühren, mit denen der Steuerpflichtige den betreffenden Aufwand bestreitet. Es handelt sich auch dann um Aufwand des Steuerpflichtigen, der für ihn Werbungskosten bzw. Betriebsausgaben begründet.[146] Der Satz, dass die Mittelherkunft für den Ausgabenabzug nicht bedeutsam sei, gilt als eherne Regel.[147]

Nur dann, wenn es der Dritte ist, der Vermögen, und zwar eigenes Vermögen einsetzt bzw. Aufwendungen aus eigenem Vermögen tätigt, kann also Drittaufwand in Betracht kommen.[148] Stehen dagegen die Mittel, mögen sie auch aus einer Schenkung von Angehörigen stammen, dem Steuerpflichtigen derart zu Gebote, dass er entscheiden kann, ob und wie er sie verwendet, dann ist bei entsprechender Verausgabung die persönliche Zuordnung als Betriebsausgaben oder Werbungskosten des Steuerpflichtigen keine Frage, auch nicht unter dem Gesichtspunkt des § 12 Nr. 2 EStG. Es geht nach einhelliger Ansicht dann nicht um einen irgendwie gearteten Drittaufwand.

2. Das Kriterium des Zuwendungsprinzips

Die Fallgestaltung, dass ein Dritter dem Steuerpflichtigen die Mittel zur Verausgabung als Werbungskosten oder Betriebsausgaben zukommen lässt, ist – weil die Zuordnung als Werbungskosten oder Betriebsausgaben des Steuerpflichtigen dann zweifelsfrei ist – auch stets zu einer Vergleichswertung mit Fällen eines Drittaufwands herangezogen worden.

Man hat gefragt, ob es denn erforderlich sei, dem Steuerpflichtigen die Mittel zu schenken, damit er sie daraufhin entsprechend einsetzt. Könnte nicht der Schenker sie unmittelbar selbst zu dem betreffenden Zweck verwenden, ohne dadurch die Steuerrechtslage zu ändern? Bei wirtschaftlicher Betrachtungsweise, so wird argumentiert,[149] müssten diese Fälle ebenso beurteilt werden, wie wenn der Steuerpflichtige die Reparaturarbeiten mit geschenkten Mitteln bezahlt. Die

146 Ausführlich Weber-Grellet, DB 1995, 2550, (2554 f, 2560) = StbJb 1995/96, 105, (142, 144 ff, 166).

147 BFH BStBl. II 2001, 785 (786/787 sub II 2.a), Urt. v. 4.9. 2000, IX R 22/97; BFH BStBl. II 2006, 623, (624 sub 1 a) aa), Urt. v. 15.11. 2005, IX R 25/03); http://www.bundesfinanz hof.de/www/index3.html; Urt. v. 11.11. 2008, IX R 27/08.

148 BFH BStBl. II 1999, 782, (785 sub c), Beschl. v. 23.8. 1999, GrS 2/97; Weber-Grellet, StbJb 1995/96, 105, (144).

149 Stuhrmann, FR 1980, 41, (42 sub 2.); Döllerer, StbJb 1984/85, 55, (64–67); siehe auch die Darstellung bei Biergans, FR 1984, 297, (298 r.Sp.).

Zuwendung an den Steuerpflichtigen soll danach über die Zuordnung als dessen Betriebsausgaben oder Werbungskosten entscheiden. In einem Urteil des IV. Senats des Bundesfinanzhofs aus dem Jahre 1965 heißt es dazu: „Aufwendungen für Instandsetzung und Instandhaltung eines Gebäudes können als Werbungskosten grundsätzlich nur vom Grundstückseigentümer, dem die entsprechenden Mieteinkünfte zufließen, geltend gemacht werden. Es kommt nicht darauf an, aus wessen Mitteln diese Aufwendungen stammen. Trägt sie ein Dritter, so sind darin Zuwendungen an den Grundstückseigentümer zu sehen."[150]

Mit Rücksicht darauf, dass es sich um Zuwendungen an den Steuerpflichtigen handelt, wird diesem der Drittaufwand als Werbungskosten zugeordnet, so als hätte mit Hilfe der Zuwendung er den Aufwand getragen.

Im Schrifttum hat sich bereits im Jahre 1984 Döllerer für eine solche Wertung ausgesprochen. Seine Überlegungen haben deshalb besonderes Gewicht gehabt, weil er seinerzeit zu den führenden Steuerrechtlern gehörte und als Vorsitzender des für Vermietungseinkünfte zuständigen VIII. Senats des Bundesfinanzhofs Einfluss auf die Rechtsprechung hatte.

Döllerer wertet aber sogar in Fällen, in denen man heute von einem abgekürzten Vertragsweg spricht, den Drittaufwand als Werbungskosten des Steuerpflichtigen. Zu dem Fall, dass der Dritte selbst den Werkvertrag über Reparaturen zugunsten des Steuerpflichtigen geschlossen hat, führt er aus: „Hier fällt es auf den ersten Blick schwer, einen Abfluss von Werbungskosten beim Nießbraucher zu erkennen. Aber ein Vergleich der Lage des Vermögens des Nießbrauchers nach Durchführung der Arbeiten und nach Bezahlung der Rechnung im Fall der dritten Gestaltung und in Fällen der ersten und zweiten Gestaltung zeigt, daß die Lage des Vermögens des Nießbrauchers in allen drei Fällen die gleiche ist. Auch bei der dritten Gestaltung hat daher die Feststellung einer Zuwendung des Eigentümers an den Nießbraucher zwangsläufig die Feststellung eines Abflusses des Wertes der Zuwendung aus dem Vermögen des Nießbrauchers zur Folge."[151]

Stuhrmann und Hutter kommen mit gleicher Überlegung zu dem Ergebnis, dass der Steuerpflichtige Zahlungen Dritter als Werbungskosten bzw. als Betriebsausgaben muss geltend machen können, wenn es sich um Zuwendungen des Dritten an ihn handelt. Bei wirtschaftlicher Betrachtungsweise soll dieser Fall ebenso behandelt werden, als hätte der Dritte ihm die Mittel geschenkt und

---

150 BFH BStBl. III 1965, 359, Urt. v. 1.4. 1965, IV 3/61 U, unter Berufung auf RFH RStBl. 1937, 898, Nr. 617, Urt. v. 10.2. 1937, VI A 111/37.

151 Döllerer, StbJb 1984/85, 55, (67).

er sie für die Reparaturen verwendet.[152] In seinem Beitrag „Zur steuerlichen Behandlung von Nutzungsrechten an vermieteten Grundstücken“[153] hat Hutter die drei zum Nießbrauch ergangenen Urteile des Bundesfinanzhofs vom 13. Mai 1980[154] kommentiert. Es geht ihm dabei in erster Linie um die seinerzeit viel diskutierte Frage, nach welchen Kriterien Einkünfte dem Steuerpflichtigen zuzurechnen sind. In diesem Zusammenhang kommt auch das Problem des Werbungskostenabzugs und der Absetzungen zur Sprache. Hutter vertritt die These, dass Kinder, denen die Eltern ein Grundstücksnießbrauchsrecht geschenkt haben, Reparaturaufwand der Eltern als Werbungskosten müssten abziehen können. Er begründet dies mit einer Vergleichswertung, nämlich mit dem Fall, dass die Eltern ihren Kindern die Mittel zum Bestreiten der Reparatur schenkten. Dann, so meint Hutter, handele es sich bei den Aufwendungen, auch wenn die Kinder sie mit geschenktem Geld bestreiten, fraglos um deren Werbungskosten. Ebenso aber müsse man auf der Grundlage einer wirtschaftlichen Betrachtungsweise urteilen, wenn die Eltern die Reparaturkosten unmittelbar begleichen.[155]

Unter Berufung auf die wirtschaftliche Betrachtungsweise vertritt Söhn dies gleichermaßen für den, wie man sagt, abgekürzten Zahlungsweg.[156] „Wenn (und weil) in der Zahlung des Dritten unmittelbar an den Empfänger wirtschaftlich eine Zuwendung an den Steuerpflichtigen liegt, ist die Aufwendung einkommensteuerrechtlich dem betrieblichen Vermögensbereich (Dispositionsbereich) des Steuerpflichtigen zuzurechnen. Die Drittaufwendung ist folglich wirtschaftlich und mithin steuerrechtlich eine eigene, betrieblich veranlasste Aufwendung des Steuerpflichtigen.“[157] Nach Söhn heißt dies, dass der Steuerpflichtige mit den Kosten, die der Dritte aufgewendet hat, belastet sei. Seiner Ansicht nach schließt der Kostentragungsgrundsatz Drittaufwendungen aus.[158]

Plückebaum und Rössler haben diese Thesen angegriffen. Sie denken bei ihrer Kritik an eine Situation, die der Bundesfinanzhof im Bruttonießbrauchsfall entschieden hat.[159] Hier hatten die Eltern ihren Kindern den Nießbrauch an ihrem Mietsgrundstück geschenkt. Um möglichst viel Vermögen erbschaftsteuerfrei auf die Kinder überzuleiten, hatten sich die Eltern verpflichtet, die Grundstücks-

---

152 Stuhrmann, FR 1980, 41, (42 sub 2. a.E.); Hutter, DStZ 1981, 47, (51/52); Söhn in Kirchhof/Söhn, EStG, § 4 Rn. E 199 f (Stand: 1993); mit eigener Begründung so auch Diemer, BB 1992, 36, (44 ff).

153 Hutter, DStR 1981, 47.

154 BFH BStBl. II 1981, 295 ff, Urt. v. 13.5. 1980, 8 R 63/79, 75/79 und 128/78.

155 Hutter, DStR 1981, 47, (51 f).

156 Söhn in Kirchhof/Söhn, EStG, § 4 Rn. E 196 f (Stand: 1993).

157 Söhn in Kirchhof/Söhn, EStG, § 4 Rn. E 200 (Stand: 1993).

158 Söhn in Kirchhof/Söhn, EStG, § 4 Rn. E 201 (Stand: 1993).

159 BFH BStBl. II 1981, 299, Urteil v. 13.5. 1980, VIII R 128/78.

lasten, insbesondere Reparaturaufwand zu tragen. Die Mietzinsen sollten den Kindern sozusagen brutto zukommen. In diesem Fall hat der VIII. Senat des Bundesfinanzhofs die seinerzeit als bahnbrechend empfundene, in Wahrheit aber tautologische Feststellung getroffen, dass die Einkünfte demjenigen zuzurechnen seien, der sie erzielt hat. Daran schließt sich die richtige Aussage an, dass Mietzinsen der Vermieter bezieht, dass es für die einkommenssteuerliche Zurechnung von Einkünften aus Vermietung und Verpachtung also darauf ankommt, wer als Vermieter fungiert, und dass dies bei einem Grundstücksnießbrauch der Nießbraucher ist.[160] Das bedeutete in dem zugrunde liegenden Fall, dass die Kinder und nicht die Eltern die Mieteinkünfte hatten, dass daher der Reparaturaufwand der Eltern für sie keine Werbungskosten darstellte.[161]

Littmanns Überlegungen zu der Problematik des Drittaufwands[162] sind noch wesentlich von der Vorstellung bestimmt, dass es eine Quelle gäbe, aus der die Einkünfte fließen. Das entsprach seinerzeit der wissenschaftlichen Terminologie und wurde nicht nur als begriffliche Umschreibung, sondern sogar als Grundlage für Schlussfolgerungen verstanden. Wenn die Einkünfte aber aus einer Quelle fließen, dann müssten nach Littmann Betriebsausgaben und Werbungskosten als das Resultat die Einkünfte zwangsläufig dem Steuerpflichtigen zugeordnet werden, dem auch die Einkünfte zuzurechnen sind. Und daraus folgt, dass es für Littmann nicht darauf ankommt, wer den als Werbungskosten oder Betriebsausgaben qualifizierten Aufwand getragen hat. Damit werden Grundgedanken des so genannten Veranlassungsprinzips angesprochen, wie noch zu zeigen ist (s.u. 3.).

3. Das Kriterium des Veranlassungsprinzips

Nach dem so genannten Veranlassungsprinzip werden Betriebsausgaben und Werbungskosten allein danach dem Steuerpflichtigen zugeordnet, ob sie durch dessen Einkünfte veranlasst worden sind. Wer den Aufwand getragen hat, ob der Steuerpflichtige oder ein Dritter, soll gleichgültig sein.

Ein Hauptvertreter dieser Auffassung ist Stadie. Liest man seine Ausführungen zur – wie es bei ihm heißt – „Zurechnung von Aufwendungen Dritter“, dann wird man zunächst mit einer reinen Wortinterpretation der gesetzlichen Bestimmungen konfrontiert.[163] Der Gesetzeswortlaut des § 4 Abs. 4 EStG zu Betriebs-

160 BFH BStBl. II 1981, 299, Urt. v. 13.5. 1980, VIII R 128/78.

161 BFH BStBl. II 1981, 299, (301 sub 2.), Urt. v. 13.5. 1980, VIII R 128/78.

162 Littmann, DB 1980, 1040, (1041).

163 Stadie, Zurechnung von Einkünften, S. 32, 33 ff.

ausgaben und des § 9 Abs. 1 Satz 1 EStG zu Werbungskosten besagt für Stadie nur, dass die betreffenden Aufwendungen durch die jeweilige Einkunftsart veranlasst worden sein müssen. Diese Veranlassung bedeutet bei ihm nicht reine Kausalität, sondern wird von Stadie als ein wirtschaftlicher Zusammenhang verstanden.[164] Und das heißt: „Die Zurechnung von Aufwendungen, d.h. die Berechtigung zur Absetzung hängt nicht davon ab, daß sie von demjenigen geleistet worden sind, dem sie zuzurechnen sind."[165] Denn – so lautet die Begründung Stadies: – „Weder § 4 Abs. 4 noch § 9 I verlangen, daß es sich um Aufwendungen ‚des Steuerpflichtigen' handelt. ... Für die Zurechnung von Aufwendungen ist demnach der Zusammenhang mit Einnahmen das alleinige Kriterium; d.h. Aufwendungen kann derjenige absetzen, mit dessen Einnahmen sie zusammenhängen bzw. durch dessen Tätigkeit sie veranlaßt sind. Nicht erforderlich ist, daß der Berechtigte die Ausgaben aufgrund eigener vertraglicher Verpflichtungen als ihr zivilrechtlicher Schuldner getragen hat und durch sie belastet war."[166]

Ob man aus den Worten der zitierten Vorschriften diese Folgerung herleiten kann, ist die Frage. Die Begründung Stadies, dass man nur so dem Nettoprinzip „als tragendem Grundsatz des Einkommensteuerrechts gerecht" wird, ist zweifelhaft. Denn dem Nettoprinzip würde man auch gerecht, wenn man allein den Aufwand, der den Steuerpflichtigen belastet, wie dies dem angeblichen Kostentragungsprinzip entspricht, zum Abzug zulässt. Anders verhielte es sich nur, wenn dieses angebliche Prinzip gebieten würde, dass sämtliche auf das Wirtschaftsgut getätigten Aufwendungen, gleichgültig von wem sie stammen, berücksichtigt werden müssen. Das aber ist die Frage und kann nicht zum Beweis für eben diese These verwendet werden.

Ähnlich wie Stadie argumentiert auch Biergans in seinen 1984 veröffentlichten „Überlegungen zur persönlichen Zurechnung von Betriebsausgaben und Werbungskosten".[167] Nach Biergans soll Drittaufwand als Werbungskosten oder Betriebsausgaben ebenso berücksichtigungsfähig sein, wie wenn der Steuerpflichtige selbst die Aufwendungen getätigt hätte. Dies leitet Biergans, übrigens auch insoweit mit Stadie übereinstimmend, aus einer reinen Wortinterpretation des Gesetzes her. Er zieht nämlich Schlussfolgerungen daraus, dass in § 2 I EStG zunächst von Einkünften die Rede ist und dass es erst im anschließenden Relativsatz heißt: „die der Steuerpflichtige erzielt."[168] Darin soll laut Biergans zum Ausdruck kommen, dass die Ermittlung der Einkünfte und deren Zurech-

164 Stadie, Zurechnung von Einkünften, S. 32.
165 Stadie, Zurechnung von Einkünften, S. 33.
166 Stadie, Zurechnung von Einkünften, S. 34.
167 Biergans, FR 1984, 297.
168 Biergans, FR 1984, 297, (304); wörtlich gleichlautend: Biergans DStR 1989, 367, 373 ff.

nung als die Einkünfte des Steuerpflichtigen zweierlei ist. Beide Fragen, erstens nämlich, welche Einkünfte erzielt worden sind, und zweitens, wer sie erzielt hat, sollen also getrennt zu beantworten sein. Die Einkünfte sollen rein „sachlich“ ermittelt werden. Für Werbungskosten im Fall von Überschusseinkünften beruft sich Biergans auf § 9 I 2 EStG. Für Betriebsausgaben folgert er es zum einen aus der Definition des Betriebsausgabenbegriffs in § 4 IV EStG, zum andern daraus, dass betriebliche Aufwendungen, die außerbetrieblich veranlasst worden sind, als Entnahmen zu werten sind, außerbetrieblich angefallener, aber betrieblich veranlasster Aufwand als Einlage.[169] Zusammengefasst heißt es bei ihm: „Erst wenn losgelöst von der Person des Steuerpflichtigen die Differenz zwischen den steuerbaren Einnahmen und den durch die Einnahmeerzielung veranlassten Ausgaben als ‚Einkünfte‘ ermittelt worden ist, erfolgt die personelle Zurechnung dieser auf wirtschaftlicher Tätigkeit basierenden Reinvermögensmehrung.“[170]

Auch Meyer stimmt dem Veranlassungsprinzip zu, wonach Drittaufwand Betriebsausgaben oder Werbungskosten des Steuerpflichtigen begründet, wenn er für Einnahmen des Steuerpflichtigen getätigt, also durch diese Einnahmen veranlasst wird.[171] Ebenso argumentiert Beiser. Auch seiner Ansicht nach ist Drittaufwand geschenkter Aufwand, den der Steuerpflichtige einkommensteuerlich müsse für sich beanspruchen können.[172]

4. Abweichende Rechtsansichten

Es gab aber noch vor der Zäsur, die der Beschluss 2/97 des Großen Senats darstellt, abweichende Ansichten, die sich der schematischen Einordnung in Vertreter der drei genannten Zuordnungsprinzipien entziehen. Es handelt sich um Thesen, die Jakob und Ruppe vertreten haben. Wie noch darzustellen ist, sind sie später dezidiert von Jia Li vertieft worden[173] und haben die vorliegende Arbeit maßgeblich beeinflusst.

Im Unterschied zu den Vertretern des Kostentragungsprinzips meint Jakob: „Kostentragung darf nicht in die Nähe einer ‚*Belastung*‘ mit den Kosten geschoben werden ...“[174] Er knüpft für diese Einsicht an das Prinzip an, nach dem Ein-

169 Biergans, FR 1984, 297, (305).

170 Biergans, FR 1984, 297, (305).

171 Dirk Meyer, DStR 1986, 18, (22 f), mit kritischer „Schlußbemerkung“ von Ley, DStR 1986, 23/24.

172 Beiser, StuW 1991, 136, (140/141).

173 Jia Li, StB 2007, 377.

174 Jakob, DStR 1987, 784, (786 sub 2.2.); gleichlautend: Jakob/Jüptner, FR 1988, 141, 147 sub b).

künfte dem Steuerpflichtigen zugerechnet werden. Das sei, wie Jakob im Anschluss an die mittlerweile herrschende Lehre ausführt, die Tätigkeit, die in den einzelnen Einkunftsarten vertypt ist. „Denn“, so heißt es als Begründung, „letztlich geht es dem Einkommensteuergesetz allein darum, die in der Person des Steuerpflichtigen zusammenfließende Leistungsfähigkeit ... zu erfassen“.[175] Für die personelle Zuordnung von Werbungskosten folgert Jakob daraus, dass sie sich danach richte, wer die wirtschaftliche Verfügungsmacht über die Zahlungsmittel hat, mit denen der Aufwand gedeckt wird.[176] Jakob beruft sich zur Stütze für seine Thesen also erstens auf das Kriterium, nach dem der jetzt herrschenden Ansicht zufolge Einkünfte zugerechnet werden. Der zweite rechtliche Aspekt soll in diesem Zusammenhang dann die wirtschaftliche Betrachtungsweise sein, mit deren Hilfe angegeben werden soll, wer es ist, der über die Zahlungsmittel für Werbungskosten bzw. Betriebsausgaben verfügen konnte und verfügt hat.[177] In einem mit Jüptner verfassten Aufsatz aus dem Jahre 1988 wird dieser Gedanke dann noch einmal paraphrasiert.[178]

Ähnlich lauten Ruppes Überlegungen: „Letztlich bedeutet dies, dass dem Stpfl. nur Aufwendungen zugerechnet werden können, die in seinem Dispositionsbereich standen, sei es auch nur dadurch, daß mit dem Dritten eine Vereinbarung getroffen wurde, der zufolge dieser die Aufwendungen für den Stpfl. trägt. Nur diese Lösung korrespondiert mit der Zurechnung auf der Einnahmenseite. Dort wird heute davon ausgegangen, daß die Einnahmen nicht demjenigen zuzurechnen sind, der sie letztlich erhält, sondern demjenigen, der sie erwirtschaftet hat, wofür die Dispositionsbefugnis über die Tätigkeit oder das Rechtsverhältnis als entscheidend angesehen wird. Übertragen auf die Ausgabenseite bedeutet dies, daß Aufwendungen nicht von demjenigen abzuziehen sind, der sie finanziert hat, sondern von demjenigen, der sie im Zuge seiner auf Einkünfteerzielung ausgerichteten Tätigkeit aufgewendet hat. Die Aufwendungen müssen sich im Dispositionsbereich des Stpfl. abspielen; seine Vermögenssphäre muß betroffen sein, mag auch durch Drittzuwendungen die Vermögensbelastung letztlich wieder ausgeglichen werden.“[179]

---

175 Jakob, DStR 1987, 784, (785 oben).

176 Jakob, DStR 1987, 784, (786 sub 2.2.).

177 Jakob, DStR 1987, 784, (787/788 sub 2.4.).

178 Jakob/Jüptner, FR 1988, 141, (146 ff).

179 Ruppe, in Schulze-Osterloh, Rechtsnachfolge im Steuerrecht, 1987, 45, (72/73).

II. Rechtsprechung zum Drittaufwand nach dem Beschluss des Großen Senats 2/97

Als Drittaufwand hat der Große Senat des Bundesfinanzhofs in zwei Beschlüssen eine Fallgestaltung beschrieben, in der „ein Dritter Kosten trägt, die durch die Einkunftserzielung des Steuerpflichtigen veranlaßt sind."[180] Im Beschluss 2/97,[181] auf den in dieser Arbeit schon mehrfach hingewiesen worden ist,[182] hat der Große Senat des Bundesfinanzhofs der Berücksichtigung eines solchen Drittaufwands eine – wie es schien eindeutige – Absage erteilt. Im Wortlaut, den hier sich noch einmal zu vergegenwärtigen sinnvoll erscheint, besagt sie: „Aus dem Grundsatz der persönlichen Leistungsfähigkeit ergibt sich, daß der Steuerpflichtige die Aufwendungen i.S. des § 9 Abs. 1 EStG persönlich tragen muß. Die Ermittlung der Einkünfte ist subjektbezogen. ... Die Einkünfte können aber nur dann Ausdruck der persönlichen Leistungsfähigkeit sein, wenn sich auch ihre Komponenten, d.h. die Einnahmen und Werbungskosten (§ 2 Abs. 2 Nr. 2 EStG) daran orientieren. Wie dem Steuerpflichtigen nur solche Einnahmen zuzurechnen sind, die seine persönliche Leistungsfähigkeit erhöhen, so sind entsprechend nur solche Aufwendungen als Werbungskosten zu berücksichtigen, die seine persönliche Leistungsfähigkeit mindern."[183]

Da es jedoch gleichgültig ist, woher die Mittel stammen, mit dessen Einsatz der Steuerpflichtige Einkünfte erzielt, spielt es auch keine Rolle, mit Hilfe welcher Mittel der Steuerpflichtige Werbungskosten oder Betriebsausgaben tätigt.[184] Das Schrifttum hat, wie oben (I.2.) ausgeführt worden ist, schon früh daran die Schlussfolgerung geknüpft, dass es wirtschaftlich betrachtet gleichgültig sein müsse, ob ein Dritter dem Steuerpflichtigen die Mittel zum Einsatz zuwendet oder ob er sie unmittelbar selbst für den Steuerpflichtigen einsetzt.[185]

Für eine Fallgestaltung, in der man von einem abgekürzten Zahlungsweg spricht, hat dies auch der Große Senat in dem Beschluss 2/97 anerkannt: „Aufwendungen eines Dritten können allerdings im Wege der sog. Abkürzung des Zahlungsweges als Aufwendungen des Steuerpflichtigen zu werten sein. .... (Das) bedeutet ... die Zuwendung eines Geldbetrages an den Steuerpflichtigen in

---

180 BFH BStBl. II 1995, 281, (284 oben sub C.I.), Beschl. v. 30.1. 1995, GrS 4/92; BFH BStBl. II 1999, 782, 785 sub c), Beschl. v. 23.8. 1999, GrS 2/97.

181 BFH BStBl. II 1999, 782, Beschl. v. 23.8. 1999, GrS 2/97.

182 S.o. Einführung sub (2.) und 1.Teil, Kapitel 1, III. 1. (4.).

183 BFH BStBl. II 1999, 782, (785 sub b), Beschl. v. 23.8. 1999, GrS 2/97.

184 BFH BStBl. II 2001, 785 (786/787 sub II 2.a), Urt. v. 4.9. 2000, IX R 22/97; BFH BStBl. II 2006, 623, (624 sub 1 a) aa), Urt. v. 15.11. 2005, IX R 25/03.

185 Stuhrmann, FR 1980, 41, (42 sub 2.); Döllerer, StbJb 1984/85, 55, (64–67); siehe auch die Darstellung bei Biergans, FR 1984, 297, (298 r.Sp.).

der Weise, daß der Zuwendende im Einvernehmen mit dem Steuerpflichtigen dessen Schuld tilgt (vgl. § 267 Abs. 1 BGB), statt ihm den Geldbetrag unmittelbar zu geben."[186]

Wie dagegen im Fall eines so genannten abgekürzten Vertragsweg zu entscheiden ist, hat der Große Senat ausdrücklich offen gelassen. So nennt man Fälle, in denen nicht der Steuerpflichtige selbst, sondern ein Dritter den Vertrag über die Leistungen abschließt und mit Zahlungen erfüllt, die, wenn der Steuerpflichtige sie erbracht hätte, Werbungskosten oder Betriebsausgaben wären.

Im Schrifttum ist von verschiedener Seite dafür plädiert worden, dass auch Drittzahlungen in solch einem abgekürzten Vertragsweg als Werbungskosten bzw. Betriebsausgaben des Steuerpflichtigen zu werten seien.[187] Dieser Ansicht hat sich der IX. Senat des Bundesfinanzhofs angeschlossen.[188]

Zunächst führt der Senat den oben dargestellten Beschluss 2/97 des Großen Senats mit dessen Worten ins Feld: „Da Einkünfte *subjektbezogen* ermittelt werden müssen (§ 2 Abs. 1 Satz1 i.V.m. § 1 Abs. 1 Satz 1 EStG), können nur solche Aufwendungen als Werbungskosten i.S.d. § 9 Abs. 1 EStG abgezogen werden, welche die persönliche Leistungsfähigkeit des Steuerpflichtigen mindern (ständige Rechtsprechung, vgl. Beschluss des Großen Senats des Bundesfinanzhofs – BFH – vom 23. August 1999 GrS 2/97, BFHE 189, 160, BStBl II 1999, 782 unter C.IV.1.b)."[189] Sodann aber fährt der IX. Senat fort: „Dabei ist die *Mittelherkunft* für den Ausgabenabzug *nicht bedeutsam* (BFH-Urteil vom 4. September 2000 IX R 22/97, BFHE 193, 112, BStBl. II 2001, 785 unter II. 2.a). So kann der Steuerpflichtige Aufwendungen selbst dann abziehen, wenn ein Dritter ihm den entsprechenden Betrag zuvor geschenkt hat, oder – statt ihm den Geldbetrag unmittelbar zu geben – in seinem Einvernehmen seine Schuld tilgt (vgl. § 267 I des Bürgerlichen Gesetzbuches – BGB –, BFH-Beschluss in BFHE 189, 160, BStBl II 1999, 782 unter C. IV.1. c aa, m.w.N.)".[190] Es folgt eine weit darüber hinaus reichende Aussage: „Die Aufwendungen sind aber nicht nur im Fall der Abkürzung des Zahlungswegs dem Steuerpflichtigen zurechenbar, sondern ebenso, wenn der Dritte im eigenen Namen für den Steuerpflichtigen einen Vertrag abschließt und auf Grund dessen auch selbst die geschuldete Zahlung leistet."[191]

---

186 BFH BStBl. II 1999, 782 (785 sub c) aa), Beschl. v. 23.8. 1999, GrS 2/97.

187 Stuhrmann, FR 1980, 41, (42 sub 2. a.E.); Hutter, DStZ 1981, 47, (51/52); Döllerer, StbJb 1984/85, 55, (67).

188 BFH BStBl. II 2006, 623, (624 sub 1 a) aa), Urt. vom 15.11. 2005, IX R 25/03.

189 BFH BStBl. II 2006, 623, (624 sub 1 a) aa), Urt. vom 15.11. 2005, IX R 25/03.

190 BFH BStBl. II 2006, 623, (624 sub 1 a) aa), Urt. vom 15.11. 2005, IX R 25/03.

191 BFH BStBl. II 2006, 623, (624 sub 1 a) bb), Urt. vom 15.11. 2005, IX R 25/03.

Dass diese Weiterung – wie unten noch auszuführen ist – im Schrifttum kritisiert worden ist, wird in einem späteren Urteil aus dem Jahre 2008 mit dem Satz abgetan, dass der Kritik nicht zu folgen sei.[192] Vielmehr meint der IX. Senat, der abgekürzte Vertragsweg begründe deshalb ebenso wie der abgekürzte Zahlungsweg Werbungskosten für den Steuerpflichtigen, weil diesem in beiden Fällen etwas zugewendet worden sei. Dazu heißt es in dem Urteil IX R 25/03: „Auch in diesem Fall des *abgekürzten Vertragswegs* wendet der Dritte dem Steuerpflichtigen Geld zu und bewirkt dadurch zugleich seine Entreicherung, indem er mit der Zahlung an den Leistenden den Vertrag erfüllt. Nach dem für das Steuerrecht maßgebenden wirtschaftlichen Gehalt eines solchen Dreiecksverhältnisses ist die Direktzahlung des Dritten dem Zahlungsumweg über den Steuerpflichtigen im Rahmen zweier zweiseitiger Rechtsbeziehungen gleich zu behandeln."[193] In dem Urteil IX R 45/07 wird diese Überlegung damit beschrieben, der Dritte wende „nach dem Zuwendungsgedanken dem Steuerpflichtigen Geld zu, indem er den in dessen Interesse geleisteten Betrag nicht zurückfordert und so das Vermögen des Steuerpflichtigen vermehrt."[194] Es folgt eine Fiktion, mit deren Hilfe der IX. Senat die Gleichwertigkeit des abgekürzten Vertragsweges mit dem abgekürzten Zahlungsweg dartun will: „Der Steuerpflichtige bestreitet mit dem derart zugewandten Betrag eigenen Aufwand; seine Leistungsfähigkeit ist dadurch gemindert."[195]

Dabei wird aber ein wesentlicher Unterschied beider Verfahrensarten verschwiegen: Beim abgekürzten Zahlungsweg verschafft die Schenkung seitens des Dritten dem Steuerpflichtigen die Mittel, eine von ihm bereits begründete Schuld zu tilgen. Seine Leistungsfähigkeit war bereits dadurch gemindert, dass er sich in einem ihn bindenden Vertrag zur Zahlung etwa von Reparaturkosten verpflichtet hat. Die Direktzahlung seitens des Dritten an den Gläubiger vermeidet nur eine sonst erforderliche Doppelzahlung vom Dritten an den Steuerpflichtigen und von diesem an seinen Gläubiger. Beim abgekürzten Vertragsweg besteht eine solche Verpflichtung des Steuerpflichtigen aber gerade nicht. Dass er mit Hilfe geschenkter Mittel eigenen Aufwand bestreite, wie der IX. Senat behauptet, ist also eine reine Fiktion. Von einer Minderung seiner Leistungsfähigkeit durch Reparaturkosten kann keine Rede sein.

Betrachtet man des weiteren die Fälle, über die einerseits der Große Senat laut Beschluss 2/97 und andererseits der IX. Senat in den Urteilen IX R 25/03 und

192 BFH BStBl. II 2008, 572, (573), Urt. v. 15.1. 2008, IX R 45/07.

193 BFH BStBl. II 2006, 623, (624 sub 1 a) bb), Urt. vom 15.11. 2005, IX R 25/03.

194 BFH BStBl. II 2008, 572, (573 unten), Urt. v. 15.1. 2008, IX R 45/07.

195 BFH BStBl. II 2008, 572, (573 unten), Urt. v. 15.1. 2008, IX R 45/07.

IX R 45/07 entschieden hat, dann sind die Urteile des IX. Senats dem Beschluss 2/97 des Großen Senat diametral entgegengesetzt:

Dem Urteil IX R 25/03 lag folgender Fall zugrunde: Der Kläger, der Einkünfte aus Vermietung und Verpachtung hatte, benötigte zur Erhaltung seines Mietshauses Reparaturen. Die Werkverträge mit den Handwerkern schloss aber nicht er ab, sondern sein Vater. Vertragspartner der Werkunternehmer war also der Vater selbst. Dieser bezahlte auch die auf seinen Namen lautenden und ihn verpflichtenden Rechnungen in eigenem Namen. Der Sohn machte den Aufwand bei seiner Einkommensteuerveranlagung als seine Werbungskosten geltend, was das Finanzamt ablehnte und auch das Finanzgericht verwarf. Der IX. Senat des Bundesfinanzhofs hob das finanzgerichtliche Urteil jedoch als rechtsfehlerhaft auf und verwies die Sache aus den geschilderten Gründen zurück. Die spätere Entscheidung IX R 45/07 vom Januar 2008 betrifft einen identischen Fall.[196] Wieder urteilt der IX. Senat, dass die Reparaturaufwendungen – hier der Mutter des Steuerpflichtigen – für diesen Werbungskosten begründeten.

In dem Fall, über den der Große Senat im Beschluss 2/97 entschieden hat, ging es nicht um Reparaturaufwendungen für ein Mietshaus des Steuerpflichtigen, sondern um Absetzungen, die die Steuerpflichtige in Anspruch nahm, weil der Ehemann mit dem Erwerb einer Eigentumswohnung Anschaffungskosten auch für ihr Arbeitszimmer in seiner Wohnung getätigt hatte. Dieser Unterschied ist aber nur ein äußerlicher. Er verflüchtigt sich, wenn man die Steuerrechtslage für den Fall betrachtet, dass die Steuerpflichtige die Anschaffungskosten für ihr Arbeitszimmer in der Wohnung ihres Ehemannes selbst getätigt hätte. Nach dem Beschluss des Großen Senats 1/97, vom selben Tag datiert wie der Beschluss 2/97, kann ein Steuerpflichtiger, der für ein Arbeitszimmer in der Wohnung eines Dritten Anschaffungskosten gezahlt hat, Absetzungen in Anspruch nehmen, unabhängig davon, dass die Wohnung nicht ihm, sondern dem Dritten zuzurechnen ist.[197] Wenn dagegen nicht der Steuerpflichtige, sondern der Dritte die Anschaffungskosten trägt, und zwar in Kenntnis, dass diese Anschaffungskosten zum Teil auf das Arbeitszimmer des Steuerpflichtigen entfallen, dann handelt es sich insoweit um Drittaufwand. Der Unterschied zu einem Drittaufwand im abgekürzten Vertragsweg besteht lediglich darin, dass die Anschaffungskosten für die Eigentumswohnung des Mannes der steuerpflichtigen Ehefrau nur zu einem Teil dienten, nämlich nur in Ansehung ihres Arbeitszimmers. Insoweit aber handelte es sich doch um Drittaufwand, den der Große Senat im Beschluss 2/97 als nicht berücksichtigungsfähig gewertet hat, weil nach Ansicht des Großen Senats in dieser Situation der Steuerpflichtige nicht belastet gewesen sei. In den Fällen,

196 BFH BStBl. II 2008, 572, Urt. v. 15.1. 2008, IX R 45/07.

197 BFH BStBl. II 1999, 778, Beschl. v. 23.8. 1999, GrS 1/97.

über die der IX. Senat entschieden hat, hätte nach der Vorgabe des Großen Senats ebenso geurteilt werden müssen. Denn dass es sich im Fall 2/97 des Großen Senats um Werbungskosten in Gestalt von Absetzungen gehandelt hatte, in den Fällen des IX. Senats schlicht um Werbungskosten, kann keine Rolle spielen. Stellt der Anschaffungsaufwand des Ehemannes, der jedenfalls anteilig dem Arbeitszimmer der Steuerpflichtigen diente, laut Beschluss 2/97 des Großen Senats bedeutungslosen Drittaufwand dar, dann gilt dies ebenso für den Aufwand zur Reparatur des Mietshauses des Steuerpflichtigen. Die Urteile des IX. Senats weichen also vom Beschluss des Großen Senats 2/97 ab. Daher wäre eine Vorlage an den Großen Senat geboten gewesen.[198]

Zu einer solchen Vorlage kann es immer noch kommen, weil einiges dafür spricht, dass die Rechtsauffassung des IX. Senats nicht von allen Richtern des Bundesfinanzhofs geteilt wird. Die Vorlagebeschlüsse des VI. Senats jedenfalls lassen erkennen, dass die Ansichten über Drittaufwand in diesem Senat durchaus geteilt waren.[199] Also könnte vom VI. Senat eine weitere Vorlage zum Großen Senat betreffend den Drittaufwand in Fällen eines abgekürzten Vertragswegs kommen. Wie der Große Senat diese Problematik lösen würde, kann nur gemutmaßt werden. Der Umstand, dass in dem Beschluss 2/97 diese Frage ausdrücklich offen gelassen worden ist, spricht dafür, dass die Mitglieder des Großen Senats seinerzeit insoweit geteilter Meinung gewesen sind.

Andere Senate des Bundesfinanzhofs vermeiden eine Vorlage an den Großen Senat mit Hilfe eines Verfahrens, das allen Gerichten, insbesondere im angelsächsischen Rechtskreis, geläufig ist: Man stellt in dem Fall, über den zu entscheiden ist, gegenüber dem von einem anderen Gericht bereits entschiedenen Fall einen angeblich wesentlichen Unterschied fest, der angeblich eine abweichende Beurteilung verlangt. So ist der X. Senat des Bundesfinanzhofs in einem Urteil aus dem Jahre 2008 verfahren.[200] Es ging – vereinfacht beschrieben – um Schuldzinsen für einen Kredit zum Erwerb eines Rentenbezugsrechts der Klägerin. Sie machte die Zinszahlungen als vorweggenommene Werbungskosten für die künftigen Renteneinkünfte geltend. Den Kredit allerdings hatte der Ehemann der Klägerin aufgenommen und darauf auch die Zinsen entrichtet. Der X. Senat verwies die Sache an das Finanzgericht zurück, weil nicht festgestellt worden sei, ob die Klägerin gegenüber dem Ehemann zum Ausgleich seiner Zinsleistungen verpflichtet war. Nur in diesem Fall nämlich, so lautet die Rechtsansicht des Senats, sei die Klägerin belastet und zum Werbungskostenabzug berechtigt. Die

198 Den Nichtanwendungserlass vom 9.8. 2006, BStBl. I 2006, 492, hat das Bundesministerium der Finanzen am 7.7. 2008 aufgehoben: BStBl. I 2008, 717.

199 BFH BStBl. II 1997, 208, (213).

200 BFH HFR 2009, 34 f, Urt. v. 25.6. 2008, X R 36/05 = DStR 2008, 2204 ff.

Judikatur des IX. Senats, die – wie oben beschrieben – auch im Fall des abgekürzten Vertragswegs Werbungskosten des Steuerpflichtigen anerkennt und zu der sich auch der X. Senat obiter dicendi bekennt, komme bei Kreditverhältnissen nicht in Betracht.[201] Zur Begründung wird ausgeführt: In den Fällen des IX. Senats ging die Leistung, die der Dritte vertraglich vereinbart hatte und auch vergütete, die Hausreparatur nämlich, direkt an den Steuerpflichtigen. Den Kredit zum Erwerb des Rentenbezugsrechtes erhielt dagegen der Ehemann und nicht die Klägerin. Sie erwarb vielmehr erst das Rentenbezugsrecht, das der Ehemann mit Mitteln seines Kredits bezahlte. Ob diese Differenzierung die rechtliche Unterscheidung rechtfertigt, die der X. Senat vornimmt und auf diese Weise eine Vorlage an den Großen Senat vermeidet, ob sie nicht vielmehr den Stempel der Rabulistik trägt, ist die Frage.

Mit einer anderen Begründung hat sich der IV. Senat einer Vorlage an den Großen Senat entzogen, mit dem Argument nämlich, dass der abgekürzte Vertragsweg nicht bei Dauerschuldverhältnissen Werbungskosten des Steuerpflichtigen begründe.[202] Die These, dass es nur bei Bargeschäften des täglichen Lebens der Fall sei, jedenfalls aber nicht bei Dauerschuldverhältnissen, stammt von Wassermeyer.[203] Eine Begründung hat er dafür allerdings nicht geliefert. Zwar trifft die Überlegung im Urteil des IV. Senats zu, dass nur bei einem Bargeschäft dem anderen Teil gleichgültig sei, wer nun sein Vertragspartner sei, der Dritte oder der Steuerpflichtige, dass es sich so aber nicht bei einem Dauerschuldverhältnis verhalte. Damit ist aber nicht dargetan, weshalb das Desinteresse an dem Vertragspartner eine Werbungskosten des Steuerpflichtigen begründende Belastung ergibt. Jedenfalls hat auch der IV. Senat, dem es darum ging, nicht mit der Figur des abgekürzten Vertragsweges zu arbeiten, auf diese Weise die Vorlage an den Großen Senat vermieden.

III. Schrifttum nach der Entscheidung des Großen Senats 2/97 zur unmittelbaren Berücksichtigung von Drittaufwand

Nach dem Beschluss des Großen Senats 2/97 und den sich anschließenden Urteilen des IX. und des X. wie des IV. Senats sind im Schrifttum weitere Beiträge

201 BFH HFR 2009, 34, (36), Urt. v. 25.6. 2008, X R 36/05.

202 BFH, BStBl. II 2000, 314, Urt. v. 24.2. 2000, IV R 75/98.

203 Wassermeyer, DB 1999, 2486.

zur Problematik des Drittaufwands erschienen.[204] Zum Teil handelt es sich lediglich um eine Wiedergabe der neueren Judikatur des Bundesfinanzhofs, insbesondere der Entscheidungen des Großen Senats 1, 2 und 3/97, mit Handreichungen für die Praxis der Steuerberatung. Zum Teil aber sind es auch umfangreichere Beiträge mit eigenständigen Gedanken zur Problematik des Drittaufwands. Sie für eine gründliche Analyse näher zu betrachten, erscheint hier geboten.

(1.) Im Jahre 2003, also Jahre nach dem Beschluss des Großen Senats 2/97,[205] aber noch vor den Urteilen des IX. Senats 25/03[206] und 45/07,[207] hat sich Schnorr mit der Abzugsfähigkeit von Drittaufwand beschäftigt.[208] Er geht dabei von dem Grundsatz aus, den der Große Senat im Beschluss 2/97 herausgestellt hat, dass nämlich gemäß der Besteuerung nach der Leistungsfähigkeit für die Ermittlung der Einkünfte nur die persönlichen Einnahmen, aber auch nur die persönlichen Aufwendungen des Steuerpflichtigen zu berücksichtigen seien.[209] Da das nach dem Kostentragungsprinzip nur Aufwendungen sind, die die persönliche Leistungsfähigkeit des Steuerpflichtigen mindern, lautet für Schnorr die Frage, wann es in den Zweifelsfällen um Aufwand allein des Dritten und wann es schon um Eigenaufwand des Steuerpflichtigen geht.

Schnorr verfolgt hierfür die verschiedensten Überlegungen, die in Rechtsprechung und Schrifttum zur Problematik des Drittaufwands angestellt werden. Darauf ist nicht näher einzugehen, weil hier nur die originären Thesen Schnorrs von Interesse sind. Sie lauten, dass Einnahmen und Ausgaben dem Steuerpflichtigen nach übereinstimmenden Kriterien zugewiesen werden müssten,[210] dass er deshalb etwas, das er einzunehmen im Stande sei, auch müsse ausgeben können. Daraus wird die eigenwillige Schlussfolgerung gezogen, dass Nutzungsmöglichkeiten, die ein Dritter dem Steuerpflichtigen unentgeltlich zuwendet und die dieser als Einnahme verbuchen kann, mit der Nutzung ausgegeben habe, und zwar als eigenen Aufwand.[211] Dieser Aufwand in Gestalt der Ingebrauchnahme bemisst sich für Schnorr nach dem Wert der Nutzungsmöglichkeit, der sich seinerseits danach bestimmt, was der Dritte verauslagt hat, um sie dem Steuerpflichtigen zuzuwenden. So gesehen ist der Drittaufwand für die Nutzungsmöglichkeit

---

204 Wassermeyer, DB 1999, 2486; Fischer, StbJb 1999/2000, 35; Wolff-Diepenbrock, DStZ 1999, 717; Söffing, BB 2000, 381; Gröpl, DStZ 2001, 65; Schnorr, StuW 2003, 222; Roth, DStZ 2006, 830; Haenicke, DStZ 2006, 793; Seitz, FR 2006, 201; Jia Li, StB 2007, 377.

205 BFH BStBl. II 1999, 782, Beschl. v. 23.8. 1999, GrS 2/97.

206 BFH BStBl. II 2006, 623, Urt. v. 15.11. 2005, IX R 25/03.

207 BFH BStBl. II 2008, 572, Urt. v. 15.1. 2008, IX R 45/07.

208 Schnorr, StuW 2003, 222.

209 Schnorr, StuW 2003, 222, (223 sub 3.).

210 Schnorr, StuW 2003, 222, (228).

211 Schnorr, StuW 2003, 222, (230 sub 1.).

mit deren Inanspruchnahme Eigenaufwand des Steuerpflichtigen. Um die Befugnis des Steuerpflichtigen zu Absetzungen zu begründen, muss Schnorr besondere Überlegungen anstellen. Er muss nämlich die Anschaffungs- oder Herstellungskosten, die der Dritte für sich getätigt hat, um das abnutzbare Wirtschaftsgut zu erwerben, umwidmen in einen Aufwand für die Nutzungsmöglichkeit des Steuerpflichtigen. Erst dies nämlich befähige den Steuerpflichtigen zu eigenem Aufwand durch die Nutzung. Das allerdings soll laut Schnorr möglich sein und den Steuerpflichtigen dann auch zu Absetzungen berechtigen.[212]

Der Beitrag von Schnorr wirft mehr Fragen auf als er Antworten gibt. Zuzugeben ist, dass empfangene Nutzungsmöglichkeiten Güter im Sinne des § 8 EStG sein können. Aber schon die Frage, wie es sich im Bereich der Gewinneinkünfte verhält, bleibt bei Schnorr offen. Zwar muss man nicht die Rechtsprechung des Großen Senats zur steuerrechtlichen Qualität von Nutzungen[213] unbedingt als der Weisheit letzten Schluss betrachten, sondern kann die verschiedentlich vertretene Ansicht, dass Nutzungen Wirtschaftsgüter sind,[214] teilen. Wie aber Nutzungen in einem Betriebsvermögen oder gar in einer Bilanz erfasst werden sollten, ist damit noch nicht gesagt. Immerhin aber könnte es ausreichen, wenn sich die Nutzungsmöglichkeit bei einer Betriebsveräußerung im Veräußerungsgewinn niederschlagen würde. Im Übrigen ist aber alles offen, was die Ausgabenseite betrifft. Denn der Schluss von Schnorr, dass man etwas, das man einnehmen kann, auch muss ausgeben können, wirkt auf den ersten Blick zwar nicht abwegig. Jedoch kann diese Schlussfolgerung nur dann überzeugen, wenn dieses „etwas“ für den Steuerpflichtigen auch verfügbar ist, wenn man es ihm steuerlich zurechnen kann. Es muss also nicht nur die Qualität eines Wirtschaftsgutes haben, sondern zudem ein Wirtschaftsgut eben des Steuerpflichtigen sein. Nur unter dieser Voraussetzung nämlich kann dessen Aufgabe zur Erzielung von Einkünften eine Belastung des Steuerpflichtigen sein, die es rechtfertigen könnte, ihm diesen Aufwand als Werbungskosten oder Betriebsausgaben zuzuordnen. Die Antworten auf all diese Fragen ist Schnorr schuldig geblieben.

(2.) Die Überlegungen, die Seitz angestellt hat, laufen in eine andere Richtung.[215] Seine These lautet, dass die Zuordnung von Aufwendungen nach dem Kostentragungsprinzip auf einer wirtschaftlichen Betrachtungsweise beruhe, die juristisch fundiert werden müsse. Das zutreffende juristische Kriterium sei die

212 Schnorr, StuW 2003, 222, (233 ff sub 6.).

213 BFH BStBl. II 1987, 348, Beschl. v. 9.7. 1986, GrS 2/86.

214 Costede, StuW 1995, 115.

215 Seitz, FR 2006, 201.

wirtschaftliche Verfügungsmacht des Steuerpflichtigen über die aufgewendeten Mittel.[216]

Seitz betrachtet unter diesem Gesichtspunkt das so genannte Zuwendungsprinzip, wonach ein Drittaufwand dann, wenn ihm eine Zuwendung des Dritten an den Steuerpflichtigen zugrunde liegt, als dessen Aufwand zu werten ist. Das aber, so Seitz, sei noch zu vage, um bestimmen zu können, was beim Steuerpflichtigen abzugsfähig ist.[217] Vielmehr müsse man ausgehen von der Besteuerung nach der Leistungsfähigkeit und sich verdeutlichen, dass Leistungsfähigkeit in der Fähigkeit besteht, Steuern aus dem gespeicherten Einkommen zahlen zu können. Dazu heißt es dann wörtlich weiter: „Dies setzt eine Verfügungsmacht über Güter in Geld und Geldeswert voraus. Dies wird auch dadurch deutlich, dass Erwerbsaufwendungen eine entsprechende finale Erwerbshandlung des Steuerpflichtigen vorausgeht. Diese aus Sicht des handelnden Steuerpflichtigen finale Handlung, die anschließend für den Mittelabfluß – bei wem auch immer – ursächlich ist, liegt in seinem Dispositionsbereich."[218]

Daraus wird abgeleitet, dass ein Drittaufwand im so genannten abgekürzten Zahlungsweg beim Steuerpflichtigen abzugsfähig ist, weil er durch seine Weisung, die Zahlung an einen seiner Gläubiger möge der Dritte im abgekürzten Verfahren ausführen, wirtschaftlich über die Drittmittel verfügt habe.[219] Dagegen lehnt Seitz die Berücksichtigung von Aufwendungen eines Dritten im abgekürzten Vertragsweg ab, weil hier nicht der Steuerpflichtige, sondern nur der Dritte über seinen Mitteleinsatz bestimmt.[220] Bei Bargeschäften des täglichen Lebens will Seitz dagegen aus Gründen der Praktikabilität eine Ausnahme zulassen, also den Drittaufwand wie Eigenaufwand des Steuerpflichtigen behandeln.[221]

Die Thesen von Seitz nähern sich – wie an anderer Stelle noch auszuführen ist – der hier vertretenen Ansicht. Seitz versucht, seine These mit Rückgriff auf den Grundsatz der Besteuerung nach der Leistungsfähigkeit zu begründen. Er versteht dieses Prinzip ganz so, wie die herrschende Lehre, nämlich als eine Besteuerung nach der Höhe des Einkommens, also nach der Zahlungsfähigkeit des Steuerpflichtigen. Dass sich der Einkommensteuertarif nach der Höhe des Einkommens richtet, dass sich die Einkommensteuer daran orientiert, steht außer Frage (§ 2 V EStG). Mit Hilfe der so definierten Leistungsfähigkeit kann jedoch nicht bestimmt werden, welche Einkünfte dem Steuerpflichtigen zu Einkommen

216 Seitz, FR 2006, 201, (204, 210 ff).

217 Seitz, FR 2006, 201, (204, 205).

218 Seitz, FR 2006, 201, (210 sub i).

219 Seitz, FR 2006, 201, (206).

220 Seitz, FR 2006, 201, (210 sub i). Auch Wolff-Diepenbrock hebt diesen Gesichtspunkt hervor, ohne allerdings eine eigene Stellungnahme zu artikulieren: DStZ 1999, 717, (722).

221 Seitz, FR 2006, 201, (212 sub C); ähnlich: Gröpl, DStZ 2001, 65, (67/68).

zugerechnet werden können und was alles einkommen- und damit steuermindernd abgezogen werden kann. Denn das Einkommen als das Ergebnis der Addition der Einkünfte und der Subtraktion der Abzugsposten besagt nicht, was als Einkünfte zu addieren und was berechtigterweise abgezogen werden darf. Folglich kann man einer Besteuerung nach der Zahlungsfähigkeit auch nicht entnehmen, ob und warum als Abzugsposten nur ein Aufwand von Mitteln in Betracht kommt, über die der Steuerpflichtige wirtschaftlich verfügen konnte.

Außerdem ist in Seitz' Gedankenführung eine gewisse Inkonsequenz zu vermerken: Unter der Voraussetzung, dass die Leistungsfähigkeit des Steuerpflichtigen in seiner Zahlungsfähigkeit liegt, müsste man zur Berücksichtigung eines von Dritten getätigten Aufwands verlangen, dass dadurch die Zahlungsfähigkeit des Steuerpflichtigen verringert worden ist. Dass der Steuerpflichtige wirtschaftlich über die vom Dritten eingesetzten Mittel verfügen konnte, dürfte nicht ausreichen.

(3.) Auch Jia Li argumentiert, um ihre Thesen zu belegen, mit dem Prinzip der Einkommenbesteuerung nach der Leistungsfähigkeit. Jedoch drückt sich für sie die einkommensteuerlich maßgebende Leistungsfähigkeit nicht nur in der Höhe des Einkommens aus, sondern – und dieser Aspekt ist wesentlich – vor allem in den Leistungen des Steuerpflichtigen, mit deren Hilfe er seine Einkünfte erwirtschaftet.[222] Das ist die von Costede vertretene Theorie, mit der er die Zurechnungsfrage beantwortet.[223] Sie entspricht im Ergebnis auch der herrschenden Lehre, die die Einkünfte demjenigen zurechnet, der sie auf Grund seiner Betätigung im wirtschaftlichen Verkehr – anders gesprochen also durch seine Leistungen – erwirtschaftet.[224] Allerdings wird dies nicht als Ausdruck der Besteuerung nach der Leistungsfähigkeit verstanden und deshalb im Grunde nicht stimmig fundiert.[225] Jia Li zieht daraus, dass die Besteuerung nach der Leistungsfähigkeit richtigerweise eine Besteuerung nach Maßgabe der Leistungen des Steuerpflichtigen ist, auch Konsequenzen für die Zuordnung der Werbungskosten und Betriebsausgaben. Es heißt dazu bei ihr: „Die Leistungskraft des Steuerpflichtigen wird in einkommensteuerlich relevanter Weise nur dadurch gemindert, dass er Wirtschaftsgüter für seine Einkünfte einsetzt, die ihm zuzurechnen waren, die nur er als Eigentümer nach § 39 I AO oder im Sinne von § 39 II AO für Einkünfte einsetzen und aufopfern konnte, aber auch anders für sich hätte auswerten können. Nur der Einsatz von Wirtschaftsgütern, die dem Steuerpflichtigen zuzurechnen sind, mit denen er also einkünftebegründende Leistungen erbringen und

222 Jia Li, StB 2007, S. 377 f.

223 Costede, Festgabe Felix, 1989, 17 f; Stbg 2007, 355 (357/358).

224 Tipke/Lang, Steuerrecht, § 9 Rn. 151.

225 Costede, Stbg 2007, 355, (357/358).

die er deshalb für Einkünfte opfern kann, stellt erfolgswirksame Betriebsausgaben oder Werbungskosten dar und dies auch nur dann, wenn es der Steuerpflichtige ist, der die Wirtschaftsgüter so für seine Einkünfte einsetzt. Sowenig dem Steuerpflichtigen Einnahmen, die ein anderer erwirtschaftet hat, zugerechnet werden dürfen, sowenig dürfen ihm Aufwendungen als Betriebsausgaben oder Werbungskosten zugeordnet werden, deren Einsatz als Opfer für seine Einkünfte nicht er bestimmt hat."[226] Danach kann der abgekürzte Zahlungsweg Aufwand des Steuerpflichtigen begründen, „sofern der Dritte hier bereit war, die betreffenden Zahlungsmittel dem Steuerpflichtigen zur Verfügung zu stellen und ihn über deren Verwendung entscheiden zu lassen."[227] Anders verhält es sich dagegen laut Jia Li beim abgekürzten Vertragsweg: „Der Steuerpflichtige opfert in solch einem Fall für seine Einkünfte keine Wirtschaftsgüter, die ihm zuzurechnen waren. Das Opfer sind Mittel, also Wirtschaftsgüter des Dritten."[228]

226 Li, Jia, StB 2007, 377, (380 sub IV.).
227 Li, Jia, StB 2007, 377, (381).
228 Li, Jia, StB 2007, 377, (381).

Kapitel 3: Transfer (früher) getätigten eigenen Aufwands zu Werbungskosten oder Betriebsausgaben

In welcher Beziehung Überschusseinkünfte und Werbungskosten bzw. Gewinneinkünfte und Betriebsausgaben zueinander stehen, ist in verschiedener Hinsicht problematisch. Die bisher behandelten Konstellationen betrafen die Frage, ob und wie Aufwendungen, die nicht der Steuerpflichtige, sondern die ein Dritter getätigt hat, dem Steuerpflichtigen als Werbungskosten oder Betriebsausgaben zugeordnet werden können. Im folgenden geht es nicht um diese, wohl aber um eine verwandte Problematik. Hier sind es nicht Aufwendungen eines Dritten, sondern solche des Steuerpflichtigen selbst, deren Zuordnung zweifelhaft ist. Der Zweifel wird hier dadurch geweckt, dass die betreffenden Aufwendungen des Steuerpflichtigen nicht oder nicht ohne weiteres auf die Einkünfte bezogen werden können, die er gegenwärtig erwirtschaftet und in deren Rahmen er die betreffenden Aufwendungen als Werbungskosten oder Betriebsausgaben geltend machen möchte

Zum Beispiel nutzt der Steuerpflichtige für betriebliche Zwecke ein bewegliches Wirtschaftsgut seines Privatvermögens, etwa einen PKW. Wenn nicht die betriebliche, sondern eine daneben bestehende private Nutzung überwiegt, bleibt das Auto nach der Rechtsprechung trotz der betrieblichen Nutzung weiterhin Privatvermögen.[229] Eine Aufteilung in zwei Wirtschaftsgüter, nämlich in eines, das anteilig als Betriebsvermögen und ein anderes, das anteilig als Privatvermögen gewertet wird, soll – anders als im Fall unbeweglichen Vermögens – bei beweglichen Wirtschaftsgütern ausgeschlossen sein.[230]

Da der Steuerpflichtige im Beispielsfall Gewinneinkünfte, etwa aus Gewerbebetrieb, hat, sind alle laufenden Aufwendungen für die betriebliche Nutzung des PKW, also z.B. Treibstoffkosten und anteilige Versicherungskosten fraglos Betriebsausgaben. Die Anschaffungs- bzw. Herstellungskosten, die an sich zu Absetzungen berechtigen würden, entfallen aber nicht auf Betriebs- sondern auf Privatvermögen. Die Frage lautet, ob und wie sie in Betriebsausgaben transferiert werden können. Dies hat die Rechtsprechung, wie hier darzustellen ist (I.) mit Hilfe der so genannten Aufwandseinlage zu bewerkstelligen versucht.

229 BFH BStBl. III 1964, 455, Urt. v. 13.3. 1964, IV 158/61, S. 455 (457).

230 BFH BStBl. III 1964, 455, Urt. V. 13.3.1964, IV 158/61, S. 455 (457).

In einer zweiten Konstellation geht es gleichfalls um eine Transferierung von Aufwendungen, die der Steuerpflichtige selbst getätigt hat. Es sind Anschaffungs- oder Herstellungskosten für ein betrieblich genutztes Wirtschaftsgut, von dem der Steuerpflichtige Betriebsausgaben begründende Absetzungen vornehmen durfte und vorgenommen hat. Überträgt er dann aber das Wirtschaftsgut unter dem Vorbehalt eines Rechts zur fortbestehenden betrieblichen Nutzung auf eine andere Person – es sind im realen Leben regelmäßig nahe Angehörige – so ist die Absetzung problematisch. Auch diese Fallgestaltung muss hier besprochen werden.

I. Überführung von (früher) im privaten Bereich getätigten eigenen Aufwendungen auf (spätere) Gewinneinkünfte (Aufwandseinlage)

In Fällen der so genannten Aufwandseinlage nutzt ein Steuerpflichtiger Wirtschaftgüter seines Privatvermögens betrieblich. Dadurch, dass ihm gestattet wird, Aufwand, den er auf dieses Wirtschaftsgut getätigt hat, in sein Betriebsvermögen einzulegen, wird über den Teilwertabzug der Einlage (§ 4 I 1 EStG) der einkommensteuerlich sonst verlorene Aufwand in die betriebliche Sphäre überführt:

(1.) In einem frühen Urteil des Bundesfinanzhofs aus dem Jahre 1964 heißt es, nachdem hervorgehoben worden ist, dass bewegliche Wirtschaftsgüter nur dann Betriebsvermögen bilden, wenn die betriebliche Nutzung überwiegt, dazu: „Sonst gehören sie zum notwendigen Privatvermögen, was indessen nicht ausschließt, dass die auf den betrieblichen Nutzungsanteil entfallenden Anschaffungskosten, verteilt auf die Zeit der tatsächlichen Nutzung, als Einlagen zu einer Gewinnminderung führen.“[231]

Dies ist die so genannte Aufwandseinlage.

(2.) In dem Beschluss 2/86 des Großen Senats des Bundesfinanzhofs wird der rechtliche Hintergrund dieser Figur noch tiefer ausgeleuchtet. Dazu sah sich das Gericht genötigt. Denn die Aufwandseinlage ist ersichtlich kein Wirtschaftsgut, ihre Einlage steht daher in deutlichem Widerspruch zu der Grundaussage, die der Große Senat mit dem Beschluss 2/86 getroffen hat. Sie lautet als Antwort auf die Frage, ob Nutzungen in ein Betriebsvermögen eingelegt werden können, dass Gegenstand einer Einlage nur Wirtschaftsgüter sein könnten. Weiter heißt es dann aber: „Von diesem sich aus den Eigenheiten des Vermögensvergleichs

231 BFH BStBl. III 1964, 455 (457 a.E.), Urt. v. 13.3.1964, IV 158/61.

nach § 4 Abs. 1 EStG ergebenden Begriff der Einlage kann das Steuerrecht allerdings auf Grund seiner besonderen Wertungen und der daraus entstandenen Regelungsbedürfnisse abweichen; dies kann zu einer Erweiterung, aber auch zu einer Begrenzung der Einlagemöglichkeit führen.“[232] Es folgt dann zunächst die Überlegung, dass die Bedingungen für eine Einlage erweitert werden müssten, dass nämlich nur steuerfrei gebildetes oder bereits versteuertes Vermögen in ein Betriebsvermögen eingelegt werden dürfte. So jedenfalls lautet die ersichtlich von Groh[233] beeinflusste Begründung, die sich darauf stützt, dass andernfalls Nutzungen der Besteuerung entzogen würden und dass dies dem Sinn der Einkommenbesteuerung zuwiderlaufen würde.

Demgegenüber gilt für die Aufwandseinlage: „Etwas anderes ergibt sich allerdings dann, wenn der Steuerpflichtige im Zusammenhang mit der Nutzung von eigenem betriebsfremden Vermögen Aufwendungen gehabt hat. Nach § 4 Abs. 4 EStG sind Betriebsausgaben alle Aufwendungen, die durch den Betrieb veranlasst sind. Derartige Aufwendungen können auch an Vermögen entstehen, das nicht in den Vermögensvergleich nach § 4 Abs. 1 EStG einbezogen ist. Sie müssen auch hier gewinnmindernd berücksichtigt werden. Dies kommt auch in § 5 Abs. 4 EStG a.F. zum Ausdruck; danach sind beim Vergleich des nach den Grundsätzen ordnungsmäßiger Buchführung ermittelten Betriebsvermögen auch die Vorschriften über die Betriebsausgaben zu beachten. Die Rechtsprechung hat daher schon immer die auf die betriebliche Nutzung von eigenem betriebsfremden Vermögen entfallenden Aufwendungen als Betriebsausgaben behandelt. ... Da betriebsfremdes Vermögen nicht in den Vermögensvergleich einbezogen wird, lassen sich diese Aufwendungen innerhalb des Bestandsvergleichs nach § 4 Abs. 1 Satz 1 EStG nur berücksichtigen, wenn hierfür eine Einlage abgesetzt wird.“[234]

Diese nicht leicht verständliche Passage soll besagen, dass Aufwendungen zur Anschaffung für ein betrieblich genutztes Wirtschaftsgut, weil sie eben Betriebsausgaben darstellen, den Gewinn mindern müssen. Das ließe sich im Rahmen der Gewinnermittlung durch Betriebsvermögensvergleich ohne weiteres dann erreichen, wenn das im Betrieb genutzte Wirtschaftsgut in das Betriebsvermögen eingelegt würde und von diesem Aktivum dann Absetzungen vorgenommen würden. Das aber ist dann nicht möglich, wenn es sich um ein bewegliches Wirtschaftsgut handelt, das nur zum Teil, aber nicht überwiegend, betrieblich genutzt wird. Bei beweglichen Wirtschaftsgütern soll es – wie oben schon hervorgehoben – nach einer für die Gerichte ehernen Judikatur nicht möglich

232 BFH BStBl. II 1987, 348, (352/353), Beschl. v. 26.10.1987, GrS 2/86.

233 Groh, BB 1982, 133 (138).

234 BFH BStBl. II 1987, 348, (353), Beschl. v. 26.10.1987, GrS 2/86.

sein, ein und dasselbe Objekt nach Maßgabe der Nutzung in verschiedene Wirtschaftsgüter aufzuteilen, also in ein Wirtschaftsgut des Betriebsvermögens und in ein Wirtschaftsgut des Privatvermögens. Wäre diese bei unbeweglichem Vermögen praktizierte Aufteilung auch bei beweglichen Wirtschaftsgütern statthaft und geboten, so ließe sich der im Betrieb genutzte Teil ohne weiteres in das Betriebsvermögen einlegen und über die Dauer der betrieblichen Nutzung abschreiben. Die Figur der Aufwandseinlage wäre entbehrlich. Da jedoch nach der praktizierten Rechtsprechung ein Wirtschaftsgut demgegenüber Privatvermögen bleibt, wenn es nur untergeordnet betrieblich, überwiegend dagegen privat genutzt wird, kann es – auch nicht anteilig – in das Betriebsvermögen eingelegt werden. Würde es erst jetzt angeschafft, so könnten die Anschaffungskosten in der Höhe, die sich auf die betriebliche Nutzung beziehen lässt, aus Betriebsmitteln bestritten werden. Als Betriebsausgaben würden sie dann das Betriebsvermögen und damit den Gewinn mindern. Sind sie dagegen in der hier betrachteten Situation schon früher im privaten Bereich angefallen, dann hilft, wenn eine Einlage des genutzten Anteils ausscheidet, eben nur noch die Hilfskonstruktion der Aufwandseinlage. Das meint der Beschluss 2/86 des Großen Senats mit der Wendung, das Steuerrecht könne „auf Grund seiner besonderen Wertungen und der daraus entstandenen Regelungsbedürfnisse von den Eigenheiten des Vermögensvergleichs nach § 4 Abs. 1 EStG ... abweichen".

Dogmatisch befriedigen kann diese vage Umschreibung nicht. Vielmehr wird deutlich, dass insoweit noch wesentliche Fragen des Einkommensteuerrechts zu klären sind. Dabei geht es um den Begriff des Wirtschaftsgutes, die Bedingungen einer Einlage und die Einbindung der Betriebsausgaben in die Gewinnermittlung im Betriebsvermögensvergleich, also um Grundfragen des Bilanzsteuerrechts.

II. Überführung von früher getätigten eigenen Aufwendungen für Wirtschaftsgüter, die später auf andere Personen übertragen worden sind, auf spätere Überschuss- oder Gewinneinkünfte

Dass die einkommensteuerliche Auswirkung früherer Aufwendungen später zweifelhaft sein kann, ist nicht nur bei der betrieblichen Nutzung von Privatvermögen des Steuerpflichtigen zu beobachten. Die gleiche Problematik zeigt sich auch dann, wenn der Steuerpflichtige Wirtschaftsgüter, mit denen er bislang für Überschusseinkünfte oder auch Gewinneinkünfte gewirtschaftet hat, auf eine andere Person überträgt, sich aber ein Nutzungsrecht vorbehält, um das Wirtschaftsgut weiterhin für Überschusseinkünfte bzw. für Gewinneinkünfte einzusetzen.

Nahe Angehörige wählen verschiedentlich, um Vermögen auf die nächste Generation überzuleiten, eine solche Fallgestaltung. Der Vater etwa überträgt unter Nießbrauchsvorbehalt sein Mietshaus oder ein Betriebsgrundstück auf den Sohn und zieht als Nießbraucher weiterhin die Mietzinsen ein bzw. nutzt das Grundstück, jetzt auf der Basis des Nießbrauchs, in seinem Betrieb. Laufende Aufwendungen stellen sich bei ihm fraglos als Werbungskosten oder Betriebsausgaben dar. Wie aber, so lautet die Frage, verhält es sich mit den Absetzungen vom Gebäude? Der Sohn kann sie in Ermangelung von Einkünften nicht vornehmen. Dem Vater ist das Gebäude nicht mehr zuzurechnen. Das hat früher zu der Annahme geführt, dass die Gebäudeabsetzungen ihm deshalb an sich auch versagt sein müssten. Dann wäre hier nicht ein Drittaufwand, sondern – laienhaft ausgedrückt – eigener Aufwand des Steuerpflichtigen bzw. wären Absetzungen einkommensteuerlich verloren.

(1.) In einem Urteil aus dem Jahre 1981 hat der Bundesfinanzhof die Absetzungsbefugnis einem Vorbehaltsnießbraucher, der die Kosten zur Anschaffung oder Herstellung der von ihm vermieteten Gebäude früher noch als Grundstückseigentümer getragen hat, weiterhin zugesprochen. Die Begründung dafür lautete beim VIII. Senat, der Steuerpflichtige nutze die noch als Eigentümer errichteten Gebäude „bei der hier gebotenen wirtschaftlichen Betrachtungsweise nicht auf Grund eines vom Erwerber abgeleiteten, sondern ununterbrochen auf Grund eigenen Rechts“.[235]

(2.) Anders verhielt es sich nach Ansicht des VIII. Senats, wenn nicht mit dinglicher Wirkung ein Nießbrauch, sondern nur ein schuldrechtliches Nutzungsrecht „vorbehalten“ worden ist. In dem zugrunde liegenden Fall sollte zwar ein Nießbrauchsrecht vorbehalten werden. Diese Berechtigung wurde aber nicht, wie es zivilrechtlich erforderlich ist, durch die Eintragung des Nießbrauchs im Grundbuch begründet. Die Parteien hielten sich jedoch an die Abmachung, so dass ein schuldrechtlich wirkendes Nutzungsrecht bestand. Allerdings kann sich der Grundstückseigentümer, der sein Grundstück überträgt, eine solche schuldrechtliche Position nicht wie einen dinglich wirkenden Nießbrauch vorbehalten. Er kann sie eben nur schuldrechtlich mit dem Erwerber des Grundstücks vereinbaren und insofern von ihm ableiten. Daher, so meint der VIII. Senat, setzt er nicht wie bei einem Nießbrauchsvorbehalt seine frühere Gebäudenutzung sozu-

235 BFH BStBl. II 1982, 380, Urt. v. 28.7. 1981, VIII R 35/79; bestätigt durch BFH BStBl. II 1984, 266, Urt. v. 11.10. 1983, VIII R 200/80.

sagen ununterbrochen fort, könne insofern also auch nicht das eigene Recht mit der Befugnis zu Absetzungen fortsetzen.[236]

Diese Erwägungen haben für die weitere Entwicklung dann keine Bedeutung mehr gehabt, weil – wie oben bereits dargestellt – der IX. Senat des Bundesfinanzhofs[237] und später der Große Senat im Beschluss 1/97[238] die Problematik ganz grundsätzlich auf einem anderen Wege gelöst haben. Bevor das noch einmal zur Sprache gebracht wird, ist die weitere Entwicklung der Nutzungsrechtsprechung, mit der man das hier behandelte Problem noch zu bewältigen versuchte, aufzuzeichnen.

(3.) Dafür ist ein Urteil des III. Senats aus dem Jahre 1988 zu referieren. Es ging gleichfalls um eine Schenkung unter Nießbrauchsvorbehalt.[239]

Der Steuerpflichtige hatte seinem Sohn ein Betriebsgrundstück geschenkt und insofern seinem Betriebsvermögens entnommen. Auf Grund eines Nießbrauchs, den er sich vorbehalten hatte, nutzte er das Grundstück weiterhin betrieblich. Darüber hatte der III. Senat im Dezember 1988 zu befinden, zu einem Zeitpunkt, zu dem der oben aufgeführte Beschluss 2/86 des Großen Senats[240] bereits vorlag. Nach diesem Beschluss, der für die weitere Judikatur des Bundesfinanzhofs nunmehr bindend war, kamen Nutzungen, aber auch unentgeltlich erlangte Nutzungsrechte für eine Einlage in ein Betriebsvermögen nicht mehr in Betracht. Das Urteil des III. Senats schließt daran an und folgert daraus, dass der steuerpflichtige Vater sein vorbehaltenes und daher unentgeltlich erlangtes Nießbrauchsrecht nicht in sein Betriebsvermögen habe einlegen können, dass deshalb ein Abzug vom Teilwert dieses Vorbehaltsnießbrauchs ausscheide. Dann aber knüpft der Senat an die Figur der Aufwandseinlage an, die der Große Senat im Beschluss 2/86 selbst als ein feststehendes Institut des Bilanzsteuerrechts erwähnt hatte.[241] Daraus leitet der III. Senat folgende Überlegung ab: Der Steuerpflichtige müsse im Falle einer betrieblichen Nutzung seines Privatvermögens Aufwendungen gewinnmindernd berücksichtigen können. Dann aber müsse entsprechendes auch für die betriebliche Nutzung früheren Betriebsvermögen gelten. Es heißt dazu wörtlich: „Eine entsprechende Berücksichtigung ist auch geboten, wenn er (soll heißen der Steuerpflichtige) sich bei der Übertragung eines Gegenstandes auf betriebsfremde Personen das Nutzungsrecht für betriebliche Zwecke vorbehält und in der vorgesehenen Weise ausübt. Hierzu rechnen neben den bei der Nutzung anfallenden laufenden Kosten insbesondere auch die ab-

236 BFH BStBl. II 1986, 327, (332), Urt. v. 30.7. 1985, VIII R 71/81.

237 BFH BStBl. II 1998, 431, (432 sub 1.a), Urt. v. 4.6. 1996, IX R 59/94.

238 BFH BStBl. II 1999, 778, (780 sub b), Beschl. v. 23.8. 1999, GrS 1/97.

239 BFH BStBl. II 1989, 763, (765 sub b), Urt. v. 16.12. 1988, III R 113/85.

240 BFH BStBl. II 1987, 348, Beschl. v. 26.10.1987, GrS 2/86.

241 BFH BStBl. II 1987, 348, (352/353), Beschl. v. 26.10.1987, GrS 2/86.

schreibbaren Anschaffungs- oder Herstellungskosten, die der Nutzungsberechtigte für den Gegenstand ursprünglich selbst getragen hat und die er auch während der Dauer der Nutzung im Wege der AfA unmittelbar gewinnmindernd geltend machen könnte, wenn nicht nur das Nutzungsrecht, sondern der betrieblich genutzte Gegenstand selbst zu seinem Betriebsvermögen gehören würde. Durch die fortdauernde betriebliche Nutzung des Gegenstandes bleibt die betriebliche Veranlassung der auf die Nutzungsdauer zu verteilenden Aufwendungen des Steuerpflichtigen für dessen Anschaffung oder Herstellung auch nach dem Verlust der Eigentümerstellung gewahrt."[242]

Aus späteren Wendungen des Urteils wird deutlich, dass der Steuerpflichtige in solch einer Situation wie im Fall einer Aufwandseinlage seine Aufwendungen in Form einer Nutzungseinlage verwenden kann, um davon Absetzungen vorzunehmen. Denn es heißt gleich im nachfolgenden Satz: „Im Hinblick auf die Abhängigkeit des Einlagewerts des Nutzungsrechts (sic!) von den eigenen betrieblich veranlaßten Aufwendungen des Nutzungsberechtigten können die jährlichen AfA-Beträge auf das Nutzungsrecht im Ergebnis nicht höher sein, als die AfA auf den genutzten Gegenstand selbst."[243]

Das Urteil hinterlässt einen zwiespältigen Eindruck. Der Leser erkennt, dass die Argumentation im Zickzack verläuft und widersprüchlich ist. Einerseits wird die Einlage des Vorbehaltsnießbrauchs – dem Beschluss des Großen Senats 2/86 gemäß – ausgeschlossen, über die Hintertür einer in Parallele zur Aufwandseinlage konstruierten Nutzungseinlage kommt sie wieder herein. Die Absetzungen sollen sich aber nicht nach Absetzungen vom Nutzungsrecht richten, sondern wiederum nach den normalen Gebäudeabsetzungen.

Davon einmal abgesehen, vermisst man eine stimmige Begründung dafür, weshalb denn der früher zur Anschaffung oder Herstellung des Gebäudes getätigte Aufwand jetzt, nachdem es dem Steuerpflichtigen gar nicht mehr zuzurechnen ist, bei ihm noch soll berücksichtigt werden. Das hängt zwar mit der Annahme zusammen, dass Absetzungen eben nicht den Wertschwund des Gebäudes angeben, sondern Aufwendungen verteilen sollen. Weswegen aber, so fragt sich der Leser, richten sie sich dann nach dem Gebäude, noch dazu, wenn dies einem anderen und nicht mehr dem Steuerpflichtigen gehört.

(4.) Während der VIII. Senat, wie oben berichtet, ein mit nur schuldrechtlicher Wirkung vorbehaltenes Nutzungsrecht nicht dem Vorbehaltsnießbrauch gleichgestellt hat, hat der X. Senat des Bundesfinanzhof umgekehrt entschieden und behandelt beide Rechte gleichartig.[244] Dafür hat der X. Senat die eben wie-

242 BFH BStBl. II 1989, 763, (765 sub bb a.E.), Urt. v. 16.12. 1988, III R 113/85.
243 BFH BStBl. II 1989, 763, (765/766 sub 3.), Urt. v. 16.12. 1988, III R 113/85.
244 BFH BStBl. II 1990, 368, Urt. v. 20.9. 1989, X R 140/87.

dergegebene Argumentation des III. Senats übernommen.[245] Man muss, um zum Kern des Falles vorzudringen, den sehr speziellen Sachverhalt etwas verkürzen. Der Kläger hatte auf einem Grundstück, das ihm mit seiner Ehefrau zu Miteigentum gehörte, mit eigenen Mitteln ein Gebäude errichtet, das die Eheleute zum Teil privat nutzten und das er im Übrigen für seinen Betrieb verwandte. Soweit dieser betrieblich genutzte Teil des Gebäudes auf den Miteigentumsanteil der Frau bezogen werden musste und deshalb nicht zu seinem Betriebsvermögen gehörte, galten die Grundsätze der Rechtsprechung zu Bauten auf fremden Grundstücken. Insoweit hatte der Steuerpflichtige, der auch diesen Gebäudeteil für seinen Betrieb nutzen durfte, diesen Vorteil „wie ein materielles Wirtschaftsgut" zu aktivieren.[246] Die darauf entfallenden Herstellungskosten wurden dadurch neutralisiert. Gewinnmindernd kamen insofern nur Absetzungen von diesem „materiellen Wirtschaftsgut" in Betracht. Dies war hier nicht weiter von Belang. Von Interesse war aber, dass der Kläger später seinen Miteigentumsanteil, was dessen Entnahme und auch die Entnahme des Miteigentums an dem Gebäude bedeutete, auf seine Frau übertrug, den Bau jedoch weiterhin insgesamt betrieblich nutzte. Das bedeutete für den X. Senat nach den finanzgerichtlichen Feststellungen, dass neben dem wie ein materielles Wirtschaftsgut zu aktivierenden Nutzungsvorteil ein weiteres, und zwar schuldrechtliches Nutzungsrecht des Klägers an dem jetzt verschenkten Miteigentumsanteil getreten war. Der X. Senat führt dazu aus: „Das Eigentum und das (vorbehaltene) Nutzungsrecht sind auch nicht teilweise identisch. Das Nutzungsrecht ist vielmehr im privaten Vermögensbereich des Klägers neu entstanden und ist Gegenstand einer Einlage."[247]

Aber auch hier führt das Gericht die Befugnis dazu und die sich daran anschließende Möglichkeit von Absetzungen auf den Anschaffungs- oder Herstellungsaufwand des Steuerpflichtigen zurück. Das wird zunächst für ein mit dinglicher Wirkung als Nießbrauch vorbehaltenes Nutzungsrecht ausgeführt und dann auf ein schuldrechtliches Nutzungsrecht übertragen. Es heißt dazu: „Entscheidend für die AfA-Berechtigung des Vorbehaltsnießbrauchers an einem Grundstück, das er zur Erzielung von Einkünften verwendet, ist der Umstand, daß er die Anschaffungs- und/oder Herstellungskosten des Gebäudes getragen hat. Der Vorbehaltsnießbraucher kann seine eigenen Aufwendungen, die im Zusammenhang mit dem betrieblich genutzten Grundstück stehen, durch Absetzung einer entsprechenden Einlage gewinnmindernd berücksichtigen ... Entsprechendes gilt nach Auffassung des erkennenden Senats für den steuerrechtlich

245 BFH BStBl. II 1990, 368, Urt. v. 20.9. 1989, X R 140/87.

246 BFH BStBl. II 1990, 368, (371 sub 3.b), Urt. v. 20.9. 1989, X R 140/87; BFH BStBl. II 1990, 368, (371 sub 3.a), Urt. v. 20.9. 1989, X R 140/87.

247 BFH BStBl. II 1990, 368, (371 sub 3.a), Urt. v. 20.9. 1989, X R 140/87.

und wirtschaftlich vergleichbaren Vorbehalt eines schuldrechtlichen Nutzungsrechts."[248]

Auch dieses Urteils des X. Senats wirkt ambivalent. Wenn das Gericht, wie eben zitiert, davon spricht, dass „Aufwendungen, die im Zusammenhang mit dem betrieblich genutzten Grundstück stehen, durch Absetzung einer entsprechenden Einlage" gewinnmindernd zu berücksichtigen seien,[249] denkt man an die Figur der Aufwandseinlage. Demgegenüber hat der X. Senat aber, ganz in der Nachfolge des oben referierten Urteils des III. Senats, betont, dass das vorbehaltene Nutzungsrecht eingelegt worden sei. Diese Ungereimtheiten resultieren aus der widersprüchlichen Annahme, dass Absetzungen vom Aufwand vorzunehmen seien. Das mit Hilfe dieses Aufwands angeschaffte Wirtschaftsgut hat daneben für sich gesehen keine Bedeutung mehr, wie dies später vom Bundesfinanzhof im Beschluss des Großen Senats 1/97 dann auch deutlich gesagt worden ist.[250]

(5.) Einen für die weitere Entwicklung wegweisenden Gedanken bringt der Große Senat des Bundesfinanzhofs dann im Beschluss 4/92. Das Gericht führt darin die Absetzungsbefugnis auf das Nettoprinzip des Einkommensteuerrechts zurück.[251]

Wieder ging es um Absetzungen, die der Steuerpflichtige, ein Arzt, wegen seiner Herstellungskosten für ein Gebäude vornehmen wollte, das er auf einem im Miteigentum von ihm und seiner Ehefrau stehenden Grundstück errichtet hatte. Der Große Senat stellt fest, dass der auf die Arztpraxis entfallende Gebäudeteil dem Ehemann entsprechend seinem Miteigentumsanteil nur zur Hälfte Betriebsvermögen bildet, begründet dann aber mit folgenden Überlegungen, dass der Arzt Absetzungen in Höhe der Herstellungskosten für das ganze Gebäude vornehmen darf. Dazu heißt es: „Das allen Einkunftsarten zugrunde liegende Nettoprinzip, demzufolge die erwerbswirtschaftlichen Aufwendungen von den steuerpflichtigen Einnahmen abgezogen werden (vgl. § 2 Abs. 2 i.V.m. §§ 4 ff. und 9 EStG), gebietet grundsätzlich den Abzug der vom Steuerpflichtigen zur Einkunftserzielung getätigten Aufwendungen auch dann, wenn und soweit diese Aufwendungen auf in fremdem Eigentum stehende Wirtschaftsgüter erbracht werden."[252]

Nachdem der Große Senat auf die vorangegangene, zum Teil oben bereits wiedergegebene Rechtsprechung verwiesen hat, heißt es weiter: „In den von der vorstehenden Rechtsprechung entschiedenen Fallgestaltungen geht es nicht um

248 BFH BStBl. II 1990, 368, (370 sub 2.a), Urt. v. 20.9. 1989, X R 140/87.
249 BFH BStBl. II 1990, 368, (371 sub 3.b), Urt. v. 20.9. 1989, X R 140/87.
250 BFH BStBl. II 1999, 778, (780 sub b), Beschl. v. 23.8. 1999, GrS 1/97.
251 BFH BStBl. II 1995, 281, Beschl. v. 30.1. 1995, GrS 4/92.
252 BFH BStBl. II 1995, 281, (284 sub III. pr.), Beschl. v. 30.1. 1995, GrS 4/92.

die steuerrechtlichen Folgen der Nutzung fremden Vermögens, sondern in erster Linie um die Abziehbarkeit von eigenem Aufwand, der durch die Einkunftserzielung veranlaßt ist. Zur Wahrung des Nettoprinzips sind daher eigene Aufwendungen in Fällen des vorbehaltenen Nutzungsrechts zum Betriebsausgaben- oder Werbungskostenabzug zugelassen worden. Lediglich aus bilanztechnischen Gründen ist der zu beurteilende Aufwand des Steuerpflichtigen ‚wie ein materielles Wirtschaftsgut' behandelt worden."[253]

Dass nach dem Beschluss einerseits ein Nutzungsvorteil soll aktiviert werden müssen, andererseits die Absetzungen aber auf das Gebäude bezogen werden und sich nach § 82i EStDV richten sollen,[254] also nicht nach der Nutzungsdauer des Nutzungsrechts, empfindet der Leser als einen gewissen Widerspruch.

(6.) Der IX. Senat des Bundesfinanzhofs hat die Berufung des Großen Senats auf das Nettoprinzip des Einkommensteuerrechts für Überschusseinkünfte übernommen.[255] Danach kann der Steuerpflichtige, der sein vermietetes Wohngrundstück unter dem Vorbehalt eines schuldrechtlichen Nutzungsrechts seinen Kindern geschenkt hat, weiterhin die Gebäudeabsetzungen vornehmen,[256] wenn er die Anschaffungs- oder Herstellungskosten für das Gebäude getragen hat. Dies folgt nach Auffassung des IX. Senats, wie nach dem Beschluss des Großen Senats 4/92, „aus dem allen Einkunftsarten zugrunde liegenden Nettoprinzip, daß ein Steuerpflichtiger zur eigenen Einkunftserzielung getätigte Aufwendungen auch dann abziehen kann, wenn und soweit er diese Aufwendungen für in fremdem Eigentum stehende Wirtschaftsgüter leistet."[257]

Eine andere Überlegung anderer Senate des Bundesfinanzhofs lautet, dass Ausgleichsansprüche des Steuerpflichtigen gegen den Miteigentümer wirtschaftliches Eigentum an dem auf fremdem Boden errichteten Bau begründen.[258]

Im Jahre 1999 erließ der Große Senat des Bundesfinanzhofs drei Beschlüsse[259] wiederum zu der geschilderten Problematik. Die ersten beiden Beschlüsse haben engen Bezug zu dieser Arbeit:

---

253 BFH BStBl. II 1995, 281, (284 sub III. pr.), Beschl. v. 30.1. 1995, GrS 4/92.

254 BFH BStBl. II 1995, 281, (285 sub V.), Beschl. v. 30.1. 1995, GrS 4/92.

255 BFH BStBl. II 1997, 121, Urt. v. 28.3. 1995, IX R 126/89.

256 Das hatte der VIII. Senat noch abgelehnt: BFH BStBl. II 1986, 327, (332), Urt. v. 30.7. 1985, VIII R 71/81.

257 BFH BStBl. II 1997, 121, (122 sub 1.), Urt. v. 28.3. 1995, IX R 126/89; bestätigt durch BFH BStBl. II 1996, 431, (432 sub 1.a), Urt. v. 4.6. 1996, IX R 59/94.

258 BFH BStBl. II 2002, 741, Urt. v. 14.5. 2002, VIII R 30/98; BFH BStBl. II 2002, 741, Urt. v. 14.5. 2002, VIII R 30/98; BFH BStBl. II 1997, 774, Urt. v. 11.6. 1997 XI R 77/96. Dagegen früher: BFH BStBl. II 1984, 202, (203 sub aa), Urt. v. 8.12. 1983, IV R 20/82; BFH BStBl. II 1989, 763, (764 sub 1.), Urt. v. 16.12. 1988, III R 113/85.

259 BFH BStBl. II 1999, 778–788, Beschl. v. 23.8. 1999, GrS 1,2 und 3/97.

(7.) Der Fall, um den es im Beschluss 1/97[260] des Großen Senats ging, liest sich wie eine Replik zum Sachverhalt im Beschluss 4/92. Die Klägerin hatte im Haus ihres Ehemannes ein Arbeitszimmer für ihre beruflichen Zwecke eingerichtet. Die Anschaffungskosten für das Haus hatte sie zum Teil mitgetragen. Der Große Senat knüpft mit seinen Überlegungen an die Ausführungen des Beschlusses 4/92 an und folgert daraus, dass der Aufwand der Frau als Werbungskosten zu werten und über Absetzungen zu berücksichtigen sei.[261] Dabei soll es keine Rolle spielen, von welchem Wirtschaftsgut diese Absetzungen vorzunehmen sind. Das ist für den Großen Senat belanglos, weil Absetzungen eben nicht mehr von Wirtschaftsgütern vorzunehmen sind. Dazu heißt es: „Voraussetzung für den Abzug als Werbungskosten (AfA) ist nicht, daß dem Steuerpflichtigen das Wirtschaftsgut, an dessen Anschaffungs- oder Herstellungskosten er sich beteiligt, als Eigentümer zuzurechnen ist. Ausschlaggebend ist vielmehr letztlich, ob der Steuerpflichtige Aufwendungen im beruflichen Interesse trägt. Der Große Senat hat die Rechtsprechung zum Bau auf fremdem Grund und Boden sowie zum Abzug von eigenem Aufwand des dinglich oder obligatorisch Nutzungsberechtigten sowie die Aussagen im Beschluß vom 26. Oktober 1987 GrS 2/86 dahin gewürdigt und bestätigt, daß es nicht um die Nutzung eigenen oder fremden Vermögens, sondern um die Abziehbarkeit von eigenem Aufwand geht, der durch die Einkunftserzielung veranlaßt ist. Dieser Aufwand muß ... zur Wahrung des Nettoprinzips ... auch dann abziehbar sein, wenn die Voraussetzungen eines bilanzierungsfähigen Wirtschaftsgutes nicht vorliegen. In diesen Fällen wird der Aufwand nur bilanztechnisch ‚wie ein materielles Wirtschaftsgut' behandelt. Das bedeutet, daß die Aufwendungen zwar nicht sofort als Betriebsausgaben oder Werbungskosten abziehbar sind, wohl aber, da sie ihrer Natur nach Herstellungs- oder Anschaffungskosten eines Gebäudes sind, nach den für Gebäude geltenden AfA-Regeln abgeschrieben werden können."[262]

260 BFH BStBl. II 1999, 778, Beschl. v. 23.8. 1999, GrS 1/97.

261 BFH BStBl. II 1999, 778, (780), Beschl. v. 23.8. 1999, GrS 1/97.

262 BFH BStBl. II 1999, 778, (780 sub b), Beschl. v. 23.8. 1999, GrS 1/97.

Teil 2:
Die für die persönliche Zuordnung von Betriebsausgaben und Werbungskosten maßgebenden Kriterien

Kapitel 1: Auf der Suche nach einem sachgerechten Fundamentalprinzip sozial gerechter Besteuerung[263]

Warum, so ist zu fragen, suchen wir die Lösung für rechtliche Probleme durch Rechtsgrundsätze oder Rechtsprinzipien zu erschließen? Dazu schreibt Tipke in seinem Werk ‚Die Steuerrechtsordnung': „Gerechtes Recht setzt Prinzipien oder Regeln oder allgemeine Maßstäbe voraus. ... Das Prinzip schafft ein allgemeines, einheitliches Maß. ... Prinzipienlosigkeit ist Willkür. Willkür ist das Gegenteil von Gerechtigkeit. Ohne Prinzipien fehlt der Gerechtigkeit die Grundlage. ... Gerecht handeln heißt: Prinzipien, Regeln oder allgemeinen Maßstäben folgen."[264]

Diese Aussagen wenden sich nicht nur an den Gesetzgeber. Sie gelten auch für die Rechtsanwendung. Recht muss so verstanden und angewendet werden, dass die Prinzipien, auf denen es ruht, sich entfalten. Es muss gerechtigkeitskonform verstanden und angewendet werden, nämlich nach Maßgabe der Prinzipien, die die Gerechtigkeit gebietet und die Gewähr für ein gerechtes Ergebnis leisten sollen. Daher muss, um die Problematik des Drittaufwands zu bewältigen, gefragt werden, nach welchen Grundsätzen Betriebsausgaben und Werbungskosten personell zugeordnet werden. Es müssen die Grundsätze sein, die ganz allgemein die Einkommenbesteuerung bestimmen. Nur ein solcher Gleichklang bietet Gewähr dafür, dass das Ergebnis richtig, dass es allgemeingültig und gerecht ist.

Der vorangegangene 1. Teil, der den Meinungsstand über die persönliche Zuordnung von Betriebsausgaben und Werbungskosten beschreibt, hat ergeben, dass die Antworten hierzu heterogen sind. Die zur Lösung jeweils angegebenen Kriterien differieren und lassen Zweifel offen, denen nachgegangen werden muss.

I. Das Nettoprinzip

Der Abzug von Betriebsausgaben und Werbungskosten, die Berücksichtigung von Sonderausgaben, von außergewöhnlichen Belastungen, von Entlastungsbeträgen und Ähnlichem wird auf das so genannte Nettoprinzip zurückgeführt. Es soll ausdrücken, dass die Einkommensteuer nur das Nettoeinkommen nach Ab-

263 So heißt es bei Tipke, Steuerrechtsordnung Bd. I § 9, 2.3. (S 479).
264 Tipke, Steuerrechtsordnung Bd. I § 7, 4.1., (S. 257 ff).

zug eben der betreffenden Aufwendungen erfassen will. Schon in die das Einkommen bildenden Einkünfte sind auch Belastungsfaktoren überschuss- bzw. gewinnmindernd einbezogen. Überschusseinkünfte werden nach § 2 Abs. 1 Satz 1 Nr. 1 EStG durch den Überschuss der Einnahmen über Werbungskosten gebildet. Für Gewinneinkünfte nach § 2 Abs. 1 Satz 1 Nr. 2 EStG bildet Gewinn nicht einfach jegliche Wertsteigerung; in den Bilanzgewinn gehen nach §§ 4 Abs. 1, 5 EStG auch Wertminderungen des Betriebsvermögens ein. Weiterhin wird nach § 2 Abs. 3 EStG die Summe der Einkünfte, wird nach § 2 Abs. 4 EStG der Gesamtbetrag der Einkünfte, wird nach § 2 Abs. 5 EStG das Einkommen um weitere Beträge gemindert und erst dieses Resultat der Einkommensteuer unterworfen. Sie wird eben netto bemessen.

Das Schrifttum hat dieses Phänomen schon immer als etwas Grundsätzliches verstanden und es dogmatisch entsprechend eingesetzt. Der Sitzungsbericht N des 57. Deutschen Juristentages hält dazu fest: „Das Nettoprinzip gehört zu den identitätskonstituierenden Merkmalen der Einkommensteuer. Als solches steht es nicht zur Disposition des Gesetzgebers.“[265]

Man unterscheidet zwischen einem objektiven und einem subjektiven Nettoprinzip.[266]

Mit dem Begriff „objektives Nettoprinzip“ soll die Wirkung des Nettoprinzips auf die Bildung schon der Einkünfte beschrieben werden, dass nämlich nicht etwa Bruttoeinnahmen als Einkünfte erfasst werden, dass stattdessen die Einkünfte sozusagen nur netto in das Einkommen eingehen, nämlich nach Abzug der Aufwendungen, die zur Erzielung der Einkünfte eingesetzt werden: Überschusseinkünfte sind die Einnahmen abzüglich der Werbungskosten (§ 2 II Nr. 2 EStG). Gewinn bildet nicht schon jedweder Betriebsvermögenszugang; vielmehr werden im Rahmen der Gewinnermittlung – die hier nicht formelhaft mit einem Satz umschrieben werden kann – auch Minderungen des Betriebsvermögens berücksichtigt.

Mit der Wendung „subjektives Nettoprinzip“ meint man die einkommensteuerliche Berücksichtigung von Aufwendungen nicht zur Erzielung der Einkünfte, sondern für andere Zwecke, für die der Steuerpflichtige seine Einkünfte verwendet, so etwa Sonderausgaben im Sinne des § 10 EStG.

Die Richtigkeit der These, dass Betriebsausgaben und Werbungskosten als sozusagen objektive Gegebenheiten Rücksichtnahme verdienen, wogegen sich im Unterschied dazu etwa Sonderausgaben als Berücksichtigung subjektiver Bedürfnisse darstellen, kann bezweifelt werden. Darüber muss an anderer Stelle nachgedacht werden. Hier werden die Begriffe des objektiven und des subjekti-

265 57. Deutscher Juristentag, 1988, Sitzungsbericht N, S. 214.

266 Tipke/Lang, Steuerrecht, § 9, Rn. 42.

ven Nettoprinzips unkritisch wiedergegeben, als übliche Umschreibungen ohne rechtliche Wertung. Hier interessiert vielmehr, ob und inwiefern es sich bei der Berücksichtigung der Aufwendungen im Sinne des objektiven wie des subjektiven Nettoprinzips um Konsequenzen eines rechtlichen, eines steuerrechtlichen Gebots handelt. Das hieße, dass das Nettoprinzip einen Grundsatz bezeichnen würde, aus dem man diese Folgerungen ableiten kann.[267]

Der Bundesfinanzhof hat sich in jüngerer Zeit in diesem Sinne geäußert. Danach versteht das Gericht das so genannte Nettoprinzip als einen das Einkommensteuerrecht prägenden Grundsatz. Es heißt im Beschluss des Großen Senats 4/92 zur Begründung einer Entscheidung, die in den Zusammenhang des hier untersuchten Drittaufwandes gehört: „Das allen Einkunftsarten zugrunde liegende Nettoprinzip, demzufolge die erwerbswirtschaftlichen Aufwendungen von den steuerpflichtigen Einnahmen abgezogen werden (vgl. § 2 Abs. 2 i.V.m. §§ 4 ff. und 9 EStG), gebietet grundsätzlich den Abzug der vom Steuerpflichtigen zur Einkunftserzielung getätigten Aufwendungen auch dann, wenn und soweit diese Aufwendungen auf in fremdem Eigentum stehende Wirtschaftsgüter erbracht werden.“[268]

Allerdings muss der Stellenwert dieser Aussage relativiert werden: Die Gerichtsentscheidung erweckt den Anschein, als sei es ein Gebot des Nettoprinzips, dass man Aufwendungen auf ein fremdes Wirtschaftsgut als Betriebsausgaben berücksichtigen müsse. Richtigerweise aber ergibt sich die Beurteilung, ob gewisse Aufwendungen die Qualität von Betriebsausgaben haben oder aber nicht Betriebsausgaben sind, nicht einfach aus dem Nettoprinzip. Wenn es sich aber so verhält, dass wir Betriebsausgaben vor uns haben, dann müssen sie – und dies kann man als Ausdruck des Nettoprinzips verstehen – grundsätzlich den Gewinn mindern, dies aber unabhängig davon, ob sie auf irgendwelche Wirtschaftsgüter oder zu anderen Zwecken verwendet werden und gleichgültig, wem das Wirtschaftsgut, für das sie verwendet worden sind, zuzurechnen ist. Dem Großen Senat ging es auch gar nicht darum, die Qualität der Aufwendungen als Betriebsausgaben herauszustellen. Vielmehr zielte das Gericht mit seiner Argumentation dahin, dass Aufwendungen, die sich als Herstellungsaufwand auf abnutzbare Wirtschaftsgüter darstellen, keinesfalls sofort in vollem Umfang gewinnmindernd wirken dürften, sondern nur im Rahmen von jährlichen Absetzungen. Das allerdings hat nichts mit einem Nettoprinzip zu tun, ist vielmehr dann selbstverständlich, wenn das betreffende abnutzbare Wirtschaftsgut dem Steuerpflichtigen zuzurechnen ist. Im Falle einer Gewinnbesteuerung hätte er das abnutzbare Wirtschaftsgut zu aktivieren, wodurch die Aufwendungen neutralisiert

267 Tipke/Lang, Steuerrecht, § 9 Rn. 54; einschränkend Schön, StuW 1995, 366, (368/369).
268 BFH BStBl. II 1995, 281, (284 sub III. pr.), Beschl. v. 30.1. 1995, GrS 4/92.

werden, so dass nur der Wertschwund infolge der Abnutzung den Gewinn mindert. Ist das Wirtschaftsgut, auf das der Aufwand entfallen ist, dagegen dem Steuerpflichtigen, der sie getätigt hat, nicht zuzurechnen, dann kann er es nicht aktivieren, hat keinen Gegenwert erlangt und müsste die Aufwendungen in vollem Umfang gewinnmindernd berücksichtigen dürfen. So hat der Große Senat des Bundesfinanzhofs aber nicht geurteilt, weil er die Funktion von Absetzungen anders deutet. Nach Ansicht des Gerichts dienen Absetzungen nicht dazu, den Wertschwund in einem Wirtschaftsgut des Steuerpflichtigen anzugeben; sie sollen vielmehr Aufwendungen auf die Jahre verteilen, in denen das Wirtschaftsgut genutzt wird. Das soll, so der Große Senat, auch gelten, wenn der Steuerpflichtige Aufwendungen zur Herstellung eines abnutzbaren Wirtschaftsgutes, das einem Dritten zuzurechnen ist, getätigt hat. Verhält es sich aber so, dann stellt das fremde Wirtschaftsgut für den Steuerpflichtigen keinen Gegenwert dar, der seine Aufwendungen neutralisiert. Es leuchtet dann aber nicht ein, weswegen die Betriebsausgaben seinen Gewinn nur nach Maßgabe jährlicher Absetzungen, verteilt auf die Nutzungsdauer des fremden Wirtschaftsgutes, mindern sollen. Diese Konsequenz hat keine Berechtigung. Die Annahme des Großen Senats lässt sich schon gar nicht mit dem Nettoprinzip belegen. Mit der Berufung darauf hat das Gericht nichts zugunsten des Steuerpflichtigen ausgesprochen, sondern zu seinen Lasten. Als ein Bekenntnis zu einem Grundsatz, der mit normbildender Kraft eine die Einkünfte, damit das Einkommen und letztlich die Einkommensteuer mindernde Berücksichtigung von Aufwendungen gebietet, kann die Entscheidung also nicht verstanden werden.

Fragt man, welchen dogmatischen Gewinn es bringt, die Berücksichtigung von Betriebsausgaben, und Werbungskosten, von Sonderausgaben und anderem auf ein objektives bzw. auf ein subjektives Nettoprinzip zurückzuführen, dann lautet die Antwort: Die Vorstellung, dass entsprechender Aufwand prinzipiell zu berücksichtigen ist, hat deshalb juristischen Wert, weil es den Rechtspolitiker wie den Rechtsdogmatiker davor bewahrt, die Regelungen des Einkommensteuerrechts als beliebig zu betrachten. Auf der anderen Seite muss man erkennen, dass der Begriff „Nettoprinzip“ die Vorstellung von einer Rechenoperation suggeriert. Es geht aber, wenn man – wie eben hervorgehoben – die rechtspolitische wie rechtsdogmatische Bedeutung eines Rechtsprinzips beschreibt, nicht um eine kalkulatorische Größe, sondern um eine rechtliche Wertung. Das macht der Begriff Nettoprinzip nicht deutlich. Die juristische Ableitung eines Ergebnisses aus einem Rechtsprinzip darf aber nicht als eine Rechnungsgröße beschrieben werden. Vielmehr muss deutlich werden, dass es um Werten und Abwägen geht. Nur Wertungen können das zur Bewältigung der hier untersuchten Problematik benötigte Prinzip beschreiben. Nur ein solches Prinzip, das die maßgeblichen Wertungen enthält, kann die Frage beantworten, welche Positionen berechtigterweise das Einkommen mindern, was danach alles als Betriebsausgaben oder als Werbungskosten des Steuerpflichtigen zu betrachten ist, ob insbesondere der hier interessierende Drittaufwand dahin gehört. Ein Nettoprinzip besagt nur, dass die Einkünfte, dass das Einkommen netto zu erfassen ist. Was aber alles im Einzelnen zum Abzug kommen muss, lässt sich daraus nicht erschließen. Zwar wird das Nettoprinzip durch das Veranlassungsprinzip ergänzt.[269] Ob aber die damit initiierte Kausalitätsbetrachtung die Problematik des Drittaufwands bewältigt, muss bezweifelt werden. Eine Kausalitätsformel liefert keine wertende Beurteilung, die dafür erforderlich wäre.

II. Das Leistungsfähigkeitsprinzip

Das Nettoprinzip wird als ein Unterprinzip des Leistungsfähigkeitsprinzips betrachtet.[270] Schon diese Kennzeichnung verdeutlicht, dass im Grunde nicht das Nettoprinzip, sondern dass die Besteuerung nach der Leistungsfähigkeit als das das Einkommensteuerrecht prägende Prinzip gilt. Den Steuerpflichtigen nach seiner Leistungsfähigkeit zu besteuern, wird aus dem Gleichheitsgebot des Art. 3 GG abgeleitet. Die Gleichheit der steuerlichen Erfassung ist danach keine Gleichheit nach Köpfen, bei der sich der einzelne Anteil aus dem Bruchteil ergibt, der angesichts der Anzahl der Steuerpflichtigen auf den einzelnen entfällt. Vielmehr wird die Einkommensteuer für jeden Steuerpflichtigen nach der in seinem Einkommen verkörperten steuerlichen Leistungsfähigkeit bemessen. Die Gleichheit der Besteuerung besteht also in der Gleichheit des Maßstabes, nach dem sich die Höhe der Einkommensteuerschuld richtet.

Da aber zu einer gerechten Verteilung der Steuerlast es auch gehört, Aufwendungen zu berücksichtigen, die die Leistungsfähigkeit mindern, gebietet das Leistungsfähigkeitsprinzip zugleich, dass Betriebsausgaben und Werbungskosten sowie Sonderausgaben und andere Aufwendungen die Höhe des Einkommens mitbestimmen, wie dies § 2 EStG normiert.

Das oben beschriebene objektive und subjektive Nettoprinzip stellt sich somit als eine Konsequenz des Prinzips der Besteuerung nach der Leistungsfähigkeit dar, und zwar nicht als eine Rechenoperation, sondern als das Ergebnis einer rechtlichen Wertung.

269 Tipke/Lang, Steuerrecht, § 9, Rn. 213 ff, 236 ff.

270 Tipke/Lang, Steuerrecht, § 9, Rn. 42, 54.

1. Das Leistungsfähigkeitsprinzip nach der steuerlichen Rechtfertigungslehre Tipkes

Der markanteste Vertreter der Lehre, nach der die Besteuerung nach der Leistungsfähigkeit das das Einkommensteuerrecht bestimmende Rechtsprinzip darstellt, ist Tipke. Das Leistungsfähigkeitsprinzip ist bei ihm eingebunden in seine steuerliche Rechtfertigungslehre. Diese Lehre fußt darauf, dass alles Recht der Gerechtigkeit verpflichtet ist. Deshalb muss Recht und folglich auch Steuerrecht, um akzeptiert werden zu können, nach Tipke gerechtfertigt sein bzw. sich rechtfertigen lassen. Es muss, so heißt es, auf sachgerechten Prinzipien beruhen. Diese Rechtsgrundsätze müssen die Rechtsetzung leiten. Das so gesetzte Recht muss dann mit Bezug auf die zugrunde liegenden Prinzipien verstanden und angewendet werden.[271]

Die Pflicht zur Finanzierung des Staates beizutragen, die Besteuerung also, ist mit der Entscheidung für ein Staatswesen notwendig verbunden. Insofern ist die Besteuerung des Einzelnen mit dessen Einbindung in die Gemeinschaft vorgegeben. Die Existenz eines Staatswesens rechtfertigt also die Besteuerung. Diese Sicht entspricht allgemeiner Meinung. Es ist auch ein Ausgangspunkt für Tipkes nachfolgende Überlegungen.[272]

Die Aufgaben, für die der Staat seine durch Besteuerung aufgebrachten Mittel einsetzt, sind zu verschiedenen Zeiten nach der jeweiligen Staatsidee verschieden gewesen. Für unseren freiheitlichen, demokratischen, sozialen Rechtsstaat stellen sich andere Aufgaben als etwa für ein feudales oder ein ständisches Staatswesen. So verlangt heute die Sozialpflichtigkeit der Gemeinschaft einen sozialen Einsatz auch der Steuermittel. Aber nicht nur die Zielrichtung der Staatsausgaben, auch die Steuerung der Staatseinnahmen durch Besteuerung wird durch die soziale Verpflichtung der Gemeinschaft mitbestimmt.

Deshalb auch lässt Tipke es nicht bei der grundsätzlichen Annahme bewenden, wonach Steuern für den Staat sein müssen. Die Gemeinwohlrechtfertigung genügt ihm nicht. Er verlangt darüber hinaus auch für die einzelnen Steuern eines pluralistischen Steuersystems eine Rechtfertigung und ebenso für deren jeweilige Bemessungsgrundlagen. Danach muss die Gesamtsteuerlast, die sich aus den Belastungen durch die einzelnen Steuern zusammensetzt, auf die Steuerpflichtigen sozial gerecht verteilt werden. „Die einzelnen Steuern und ihre Bemessungsgrundlagen müssen geeignet sein, zur gerechten Verteilung der Gesamtlast beizutragen. Eine einzelne Steuer rechtfertigen oder legitimieren heißt: begründen, dass sie im Verhältnis der Steuerpflichtigen zueinander gerecht ist;

271 Tipke, Steuerrechtsordnung Bd II § 11 1., (S. 569 ff).

272 Tipke, Steuerrechtsordnung Bd I § 1 1. mit Nachweisen N. 2–6., (S. 1 ff).

nur dann ist sie ‚gerechtfertigt'."[273] Mit dieser Überlegung gewinnt Tipke einen weiteren sachgesetzlichen Maßstab, nach dem er die Berechtigung einer einzelnen Steuerart bemisst, nämlich deren Eignung, zu einer gerechten Verteilung der Steuerlast beizutragen.

Da gerechtes Recht, um Willkür auszuschließen, allgemeingültig sein muss, muss es – wie Tipke schon eingangs betont hat[274] – Gerechtigkeitsprinzipien verpflichtet sein. Tipke sucht deshalb nach dem Fundamentalprinzip einer sozial gerechten Besteuerung.[275] Gerechtfertigt, so sagt er, sei die Einkommensteuer, „wenn ihre Bemessungsgrundlage geeignet ist, dem Prinzip gleichmäßiger Besteuerung zu entsprechen."[276] Das Einkommen, nach dem sich die Einkommensteuerschuld bemisst (§ 2 Abs. 5 Satz 1 EStG), ist eine die gleichmäßige Besteuerung gewährleistende Bemessungsgrundlage, was, wie Tipke hervorhebt,[277] nicht nur dem deutschen Standpunkt entspricht, sondern weltweit anerkannt ist.[278] Im Einkommen des Steuerpflichtigen kommt nach allgemeiner Meinung seine Leistungskraft zum Ausdruck, nämlich seine Fähigkeit, die Steuer von diesem Einkommen zu zahlen. In diesem Sinne ist die so verstandene Leistungsfähigkeit für Tipke die geeignete und deshalb gerechte Bemessungsgrundlage. Die Steuerpflichtigen werden danach insofern gleichmäßig belastet, als einkommensteuerlich für jeden die Höhe seines Einkommens und damit der gleiche Maßstab maßgebend ist. Kurz ausgedrückt: Gerechtfertigt ist die Bemessungsgrundlage der Einkommensteuer und damit die Einkommenbesteuerung als solche, weil sie sich nach der Leistungsfähigkeit des Steuerpflichtigen richtet.

Entsprechend wird das Leistungsfähigkeitsprinzips von der überwiegenden Meinung in Schrifttum und Rechtsprechung gewürdigt. Einkommensteuer-Reformkommissionen wie Regierungsbegründungen zu Gesetzesentwürfen berufen sich, wie Tipke hervorhebt, sowohl grundlegend wie auch im Detail auf das Leistungsfähigkeitsprinzip.[279]

Mit Leistungsfähigkeit meint man regelmäßig in erster Linie die sich im Einkommen ausdrückende Zahlungsfähigkeit des Steuerpflichtigen. Das Prinzip einer Besteuerung nach der Leistungsfähigkeit bedeutet daher Besteuerung nach

273 Tipke, Steuerrechtsordnung Bd II, § 11 1., (S. 569), § 11 2. (S. 576 ff).

274 Tipke, Steuerrechtsordnung Bd I § 7 4.1., (S. 257).

275 Tipke, Steuerrechtsordnung Bd I § 9 (S.479 ff).

276 Tipke, Steuerrechtsordnung Bd II § 12, 3. (S. 614); § 11, 2. (S. 576). (614 ff), 4. (S. 619 ff).

277 Tipke, Steuerrechtsordnung Bd II, § 12 4.1., (S. 619).

278 Nachweise bei Tipke, Steuerrechtsordnung Bd II, § 12 4.1., N. 54 und 55, (S. 619).

279 Tipke, Steuerrechtsordnung Bd II, § 12 4.1., (S. 620).

Maßgabe der Zahlungsfähigkeit.[280] Jedoch schlagen sich im Einkommen, das diese Zahlungsfähigkeit repräsentiert, nicht nur Positionen nieder, die die Leistungsfähigkeit stärken, sondern ebenfalls leistungsmindernde Faktoren. Ihre betreffende Bewertung und ihre entsprechende einkommensteuerliche Berücksichtigung wird als eine Konsequenz des Prinzips der Besteuerung nach der Leistungsfähigkeit verstanden.[281]

2. Die Theorie Kirchhofs von der staatlichen Partizipation am Einkommen des Steuerpflichtigen

Auch für Kirchhof spielt die Besteuerung nach der Leistungsfähigkeit eine zentrale Rolle. Er schreibt: „Das Leistungsfähigkeitsprinzip ist als bestimmende Vorgabe für die Entwicklung des Steuerrechts unverzichtbar ...“[282] Weiter heißt es: „Die Besteuerung nach der individuellen Leistungsfähigkeit bestimmt den Maßstab für die Besteuerungsgleichheit.“[283]

Dann aber führt Kirchhof anders als Tipke die Rechtfertigung des Einkommensteuerrechts nicht allein auf das Leistungsfähigkeitsprinzip zurück. Er legt vielmehr noch andere Überlegungen zugrunde: Seine Thesen zur Rechtfertigung der Einkommenbesteuerung hat Kirchhof auf der 24. Jahrestagung des steuerjuristischen Gesellschaft vorgetragen.[284] Er knüpft dabei an den Grundgedanken Tipkes, dass die Besteuerung durch den Staat gerechtfertigt werden müsse, an, schlägt dann aber einen anderen Weg ein. Tipke stützt sich zur Begründung der Steuerpflicht im Allgemeinen – wie oben ausgeführt – darauf, dass mit der Existenz des Staates auch dessen Finanzbedarf einhergeht, dass ein Staat ohne die Mittel, seine Aufgaben zu erfüllen, eben nicht existieren kann.[285] Dies also ist der Grund für die Steuerpflicht im Allgemeinen, nicht das Leistungsfähigkeitsprinzip. Das Prinzip der Besteuerung nach der Leistungsfähigkeit des Pflichtigen liefert für Tipke vielmehr die Rechtfertigung für den Maßstab, nach dem sich – die Steuerpflicht im Allgemeinen vorausgesetzt – die individuelle Steuerbelastung bemisst.[286] Demgegenüber hat Kirchhof beide Überlegungen miteinander

280 Kirchhof, StuW 1985, 319, (320 oben); Tipke, Steuerrechtsordnung Bd. I § 9, 2.3.1 (S. 480) mit dem Bemerken, auch er, der Verfasser, habe früher die Leistungsfähigkeit nur als Zahlungsfähigkeit verstanden.

281 Lang, Festschrift Kruse, 313, (320).

282 Kirchhof, StuW 1985, 319.

283 Kirchhof, StuW 1985, 319, (321).

284 Kirchhof in Ebling, Besteuerung von Einkommen, S. 9 (S. 14 f).

285 Tipke, Steuerrechtsordnung Bd I § 1 1. mit Nachweisen N. 2–6, (S. 1 ff).

286 Tipke, Steuerrechtsordnung Bd II, § 11 1., (S. 569), § 11 2. (S. 576 ff).

verknüpft. Er verbindet nämlich die Berechtigung des Staates zur Besteuerung im Allgemeinen mit der Theorie, dass die Einkommenbesteuerung die Leistungsfähigkeit des Steuerpflichtigen prinzipiell nur mit seinem Markteinkommen erfasst.[287]

Um dies verständlich zu machen, muss weiter ausgeholt werden: Die Überlegung, dass nur ein Einkommen, das der Steuerpflichtige am Markt erwirtschaftet hat, mit Einkommensteuer belegt werden darf, stammt – wie andernorts noch näher auszuführen ist – von Ruppe. Dabei ging es Ruppe darum, die Kriterien aufzudecken, nach denen die das Einkommen bildenden Einkünfte dem Steuerpflichtigen eben als seine Einkünfte zuzurechnen sind. In den 70er und 80er Jahren des 20. Jahrhunderts hat diese Problematik vor allem in Fällen von Nießbrauchsbestellungen Wissenschaft und Rechtspraxis beschäftigt und kontroverse Stellungnahmen ausgelöst. Die Frage lautete, ob die Erträgnisse aus einem Grundstück oder aus einem Kapital dem Nießbraucher zuzurechnen sind, der sie bezieht, oder ob der Nießbrauchsbesteller als seine Einkünfte die Erträgnisse des Nießbrauchers zu versteuern hat. Erst Ruppes Theorie hat diese Auseinandersetzung abgeschlossen und zu einer übereinstimmenden Rechtsansicht geführt. Danach werden die das Einkommen bildenden Einkünfte demjenigen zugerechnet, der sie durch seine Betätigung am Markt erwirtschaftet hat.[288]

Aus diesem Gedanken entwickelt Kirchhof eine ganz andere Theorie: Er versucht nämlich mit der Überlegung, dass der Steuerpflichtige sein Einkommen am Markt erworben hat, die Besteuerung vom Einkommen zu rechtfertigen. Erst der Staat habe – so meint Kirchhof – mit seiner Ordnung den Markt und damit das Betätigungsfeld des Steuerpflichtigen für wirtschaftlichen Erwerb geschaffen. Insofern ist es nicht allein die Leistungsfähigkeit des Steuerpflichtigen, die sein Einkommen begründet. Vielmehr hat der Staat nach Kirchhof Teil an dem vom Steuerpflichtigen am Markt erwirtschafteten Einkommen und sei deshalb sozusagen als stiller Teilhaber berechtigt, seinen Anteil durch die Besteuerung abzuschöpfen.[289]

Anders ausgedrückt heißt dies, dass das Einkommen nicht vom Steuerpflichtigen allein, sondern von ihm gemeinsam mit dem Staat erwirtschaftet worden sei, so dass es deshalb anteilig eben auch dem Staat zugerechnet werden müsse. Der die Einkommenbesteuerung allgemein rechtfertigende Grund wird also mit Überlegungen verbunden, die Ruppe zu einem anderen Zweck angestellt hat, nämlich für die persönliche Zurechnung der Einkünfte.

287 Kirchhof in Ebling, Besteuerung von Einkommen, S. 9 (S. 14).

288 Ruppe in Tipke, Übertragung von Einkunftsquellen, S. 7, (18).

289 Kirchhof in Ebling, Besteuerung von Einkommen, S. 9 (S. 14 f).

Die Überlegung, dass das Besteuerungsrecht des Staates in dem die Einkommenbesteuerung rechtfertigenden Prinzip zum Ausdruck kommen muss, trifft zu. Die Rückführung allein auf das Interesse des Steuerpflichtigen, nur nach seiner Leistungsfähigkeit mit Steuern belegt zu werden, ist zu einseitig. Das ist noch auszuführen. Die Argumentation Kirchhofs überzeugt aber dennoch nicht. Seine Thesen haben deshalb auch Widerspruch erfahren.[290] Tipke beanstandet, dass die Einkommensteuer nicht das Äquivalent für staatliche Leistungen, der Markt keine staatliche Veranstaltung sei. Die Freiheit zu wirtschaftlicher Entfaltung sei nicht erst vom Staat verliehen, sondern dem Menschen mit der vorgegebenen Freiheit als einem Naturrecht verbrieft. Bürger und Staat bildeten keine Erwerbsgemeinschaft, das Unternehmen sei keine halbstaatliche Einrichtung.

3. Kritik an die Rückführung des Einkommensteuerrechts auf das Leistungsfähigkeitsprinzip

Die Ansicht, dass die Besteuerung nach der Leistungsfähigkeit, wie oben beschrieben, als maßgebendes Rechtsprinzip das Einkommensteuerrecht bestimme, hat nicht nur Anhänger gefunden, sondern auch Kritiker.[291] Gassner/Lang stellen als Abschluss ihres eingehenden Gutachtens zum dogmatischen und rechtspolitischen Stellenwert des Leistungsfähigkeitsprinzips kategorisch fest, dass es als vage Ausformung eines allgemeinen Gerechtigkeitsgrundsatzes unter den vielen Prinzipien, die das Ertragsteuerrecht beeinflussen, keinen Platz zu beanspruchen habe.[292]

Dieses vernichtende Urteil stammt aus einer Einsicht, die Kruse folgendermaßen ausspricht: „Der Grundsatz der Besteuerung nach der Leistungsfähigkeit sagt nichts darüber aus, worin sich diese Leistungsfähigkeit äußert, nach welchen Maßstäben sie gemessen wird und welche Folgerungen aus der nachgewiesenen Leistungsfähigkeit gezogen werden müssen.“[293] Gemeint ist damit, dass sich keine dem Gesetz vorgegebenen, den Gesetzgeber bindenden Anhaltspunkte finden lassen, die diese Fragen eindeutig beantworten. Gassner/Lang verweisen dazu u.a. auf die Rechtsprechung des Bundesverfassungsgerichts. In verschiedenen Entscheidungen hat es zwar betont, es sei ein Gebot der Steuergerechtigkeit, dass die Besteuerung, dass insbesondere die Einkommensteuer nach der (wirt-

290 Wendt, DÖV 1988, 710, (715); Isensee, 57. Deutscher Juristentag 1988, Sitzungsbericht N, S. 36 f; Schön, StuW 1995, 366, 373); Tipke, Steuerrechtsordnung Bd II, § 12 4.1., (S. 620).

291 Walz, Steuergerechtigkeit, S. 116 ff; Gassner/Lang, Das Leistungsfähigkeitsprinzip, S. 7 ff.

292 Gassner/Lang, Das Leistungsfähigkeitsprinzip, 120.

293 Kruse, Steuerrecht (N. 1), S. 52.

schaftlichen) Leistungsfähigkeit ausgerichtet wird.[294] In einem Beschluss aus dem Jahre 1976 heißt es dann aber weiter: „Das Prinzip einer Besteuerung nach der Leistungsfähigkeit erweist sich allerdings, wenn daraus konkrete Schlüsse gezogen werden sollen, als vieldeutig ...“[295]

Jedoch hat das Bundesverfassungsgericht unter Berufung auf das Leistungsfähigkeitsprinzip auch eindeutigere Aussagen gemacht. Zur einkommensteuerlichen Berücksichtigung der Aufwendungen allein erziehender Mütter oder Väter für ihr Kind führt das Gericht aus: „Aus dem Prinzip der Besteuerung nach der Leistungsfähigkeit ergibt sich jedenfalls, dass auch solche Ausgaben einkommensteuerlich von Bedeutung sind, die außerhalb der Sphäre der Einkommenserzielung – also im privaten Bereich – anfallen und für den Steuerpflichtigen unvermeidbar sind. Die wirtschaftliche Belastung durch Unterhaltsverpflichtungen gegenüber Kindern ist ein besonderer, die Leistungsfähigkeit der Eltern beeinträchtigender Umstand. Diese unabweisbare Sonderbelastung darf der Gesetzgeber ohne Verstoß gegen die Steuergerechtigkeit nicht außer Acht lassen.[296]

Die Ausführungen des Bundesverfassungsgerichts werfen ein anderes Licht auf die Kritik an der Theorie von der Besteuerung nach der Leistungsfähigkeit. Die Einschätzung von Gassner/Lang, dass das Leistungsfähigkeitsprinzip rechtspolitisch und rechtsdogmatisch für das Steuerrecht wertlos sei, beruht auf übersteigerten Anforderungen an die Leistungsfähigkeit eines Prinzips. Als Prinzip begründet es gerade keine eindeutigen Ergebnisse, sondern gibt nur an, welcher Maßstab bei der rechtlichen Bewertung zugrunde zu legen ist. Allerdings könnte es sein, dass mit Leistungsfähigkeitsprinzip das Prinzip, nach dem sich die Einkommenbesteuerung richtet, unvollkommen beschrieben wird. Das geltende Einkommensteuerrecht jedenfalls lässt sich nicht durchgängig auf eine Besteuerung allein nach der Leistungsfähigkeit des Steuerpflichtigen zurückführen. Das zeigen schon die vielen Regelungen, die die Berücksichtigung bestimmter Aufwendungen, auch wenn es sich dabei fraglos um Betriebsausgaben oder Werbungskosten handelt, ausschließen. Zwar könnten das Ausnahmen vom Grundsatz sein, die sich aus jeweils unterschiedlichen Wertungen ergeben. Es könnte aber auch sein, dass das Prinzip, das die Einkommenbesteuerung bestimmt, nicht einseitig allein auf die Besteuerung nach der Leistungsfähigkeit des Steuer-

---

294 U.a. BVerfGE 43, 108, (119 ff); 82, 60, (86 f).

295 BVerfGE 43, 108, (119 ff): zur Berücksichtigung von Unterhaltsleistungen an Kinder. Zur Frage, ob und wie Aufwendungen einer berufstätigen Mutter zur Kinderbetreuung einkommensteuerlich zu berücksichtigen sind, heißt es in BVerfGE 47, 1, (24 ff): „Diese Aufwendungen mindern zwar die wirtschaftliche Leistungsfähigkeit. Der Gesetzgeber kann jedoch zur Wahrung der Steuergerechtigkeit der kinderbedingten Minderung der wirtschaftlichen Leistungsfähigkeit auf verschiedenen Wegen angemessen Rechnung tragen.“

296 BVerfGE 68, 143, (152 f).

pflichtigen ausgerichtet ist. Vielmehr liegt es nahe, dass in dieses gesuchte Prinzip auch der Zweck der Besteuerung, nämlich den Finanzbedarf des Staates zu decken, eingeschlossen werden muss. Das könnte ein Auslöser für die Überlegung Kirchhofs gewesen sein, der die Besteuerung vom Einkommen nicht allein auf die Leistungsfähigkeit des Steuerpflichtigen, sondern auch auf den Anteil zurückführen will, den der Staat daran hat. Richtigerweise ist jedoch die Notwendigkeit der Besteuerung und somit das Besteuerungsrecht mit der Existenz des Staats vorgegeben. Dass der Staat insofern am Einkommen einen Anteil haben muss, ist nicht auf einen aktiven staatlichen Anteil an der Bildung des Einkommens zurückzuführen. Vielmehr folgt die Berücksichtigung des staatlichen Anteils, den der Fiskus durch Besteuerung geltend macht, daraus, dass es ohne Finanzierung der staatlichen Aufgaben eben keinen Staat gibt.

III. Das für die Besteuerung vom Einkommen maßgebende Prinzip und die dogmatischen Konsequenzen

Richtigerweise stellt sich deshalb das Prinzip, nach dem sich das Einkommensteuerrecht richtet, anders dar, nämlich als eine Abwägung zwischen den gegenläufigen Interessen. Die Begründung hierfür ist grundsätzlicher Natur. Sie geht auf ein Axiom des Rechts zurück: Gerecht ist eine Norm, die zugunsten der Interessen einer Seite die andere Seite mit einer Sanktion belastet, nur, wenn auch deren Interessen angemessen berücksichtigt werden. Im Steuerrecht ist nach Maßgabe einer rechtlichen Wertung abzuwägen zwischen der Allgemeinheit, die der Staat repräsentiert, und dem Steuerpflichtigen auf der anderen Seite.[297] Die Besteuerung darf sich eben nicht nur an dem staatlichen Fiskalinteresse orientieren. Auch die gegenläufigen Belange des Steuerpflichtigen, der für das Steueraufkommen herangezogen wird, muss berücksichtigt werden. Die Rechtsordnung muss, um gerecht zu sein, eine solche angemessene Abwägung gewährleisten.

Die Abwägung berücksichtigt gegenläufige Interessen. Und deshalb rechtfertigt das eine Interesse nicht das andere. Vielmehr ist allein das Abwägungsergebnis gerechtfertigt, deshalb nämlich, weil es das Resultat nicht einer nur einseitigen Betrachtung ist, sondern eben abgewogen.

Dies muss immer wieder betont werden: Die Berücksichtigung der Belange des Steuerpflichtigen liefert nicht die Rechtfertigung dafür, ihn mit Steuer zu belasten. Eine solche Sichtweise verkennt, dass es um gegenläufige, um diametral entgegengesetzte Interessen geht. Das Fiskalinteresse, dem die Besteuerung

---

297 Costede, Stbg. 2007, 355, (356 ff).

dient, hat nichts zu tun mit dem Interesse des Steuerpflichtigen. Generell möchte er gar nicht belastet werden, wenn aber doch, dann jedenfalls nur unter angemessener Berücksichtigung seiner Belange. Der Zweck der Besteuerung ist also etwas anderes als die Beachtung der Belange des Steuerpflichtigen. Und die Berücksichtigung dieser Interessen verfolgt nicht das Ziel der Besteuerung, sondern schränkt sie ein.

Betrachtet man unter diesem Aspekt die Rechtfertigungslehre Tipkes, so erkennt man die Übereinstimmungen, aber auch die Unterschiede zu der hier vertretenen Theorie. Übereinstimmung besteht insofern als Tipke schreibt, es ginge ihm darum, wie die einzelnen Steuern gerecht auf die Steuerpflichtigen zu verteilen sind, die Bemessungsgrundlagen der Steuern müssten geeignet sein, eine gerechte Verteilung zu gewährleisten.[298] Damit nämlich ist gemeint, dass die Belastung des Steuerpflichtigen nur angemessen erscheint, wenn die Steuer ihn im Verhältnis zu den anderen Bürgern in gleicher Weise und nicht ungleich erfasst. Das gewährleistet im Einkommensteuerrecht die Beachtung der Leistungsfähigkeit eines jeden Steuerpflichtigen. Dagegen kann nicht der Ansicht von Tipke gefolgt werden, dass die Regelungen insbesondere des Einkommensteuerrechts aus dem Prinzip einer Besteuerung nach der Leistungsfähigkeit zu erklären seien. Denn dabei wird verkannt, dass die Normen des Einkommensteuergesetzes das Resultat einer Abwägung gegenläufiger Interessen sind. Eine Besteuerung zugunsten des Allgemeininteresses unter Beachtung der Leistungsfähigkeit des Steuerpflichtigen heißt gerade nicht, dass sich die Steuer stets nach dessen Leistungsfähigkeit richtet. Es kann durchaus sein, dass das Interesse des Steuerpflichtigen zurücktritt oder wenigstens geringer veranschlagt werden muss, wenn das staatliche Interesse in der besonderen Situation entsprechend überwiegt.[299]

Deshalb geht aber auch die verschiedentlich geäußerte Kritik fehl, die Nichtberücksichtigung gewisser Faktoren, die die Leistungsfähigkeit mindern bewiese deren Bedeutungslosigkeit für die Einkommensteuer. Dieses Phänomen belegt nicht, dass die Leistungsfähigkeit des Steuerpflichtigen generell bedeutungslos ist, sondern nur, dass in den verschiedenen Situationen ihr Gewicht gegenüber den Belangen des Staates unterschiedlich eingeschätzt werden kann. Das Verdikt von Gassner/Lang, dass die Besteuerung nach der Leistungsfähigkeit kein für das Steuerrecht maßgebliches Prinzip sei,[300] ist daher ebenso einseitig, wie die Vorstellung, dass das Einkommensteuerrecht in jeder Hinsicht einem solchen Prinzip verpflichtet sei. Das Prinzip, nach dem sich alles Steuerrecht und so auch

298 Tipke, Steuerrechtsordnung Bd II § 11 1., (S. 569 ff).

299 Costede, Stbg. 2007, 355, (356/357).

300 Gassner/Lang, Das Leistungsfähigkeitsprinzip, S. 120.

das Einkommensteuerrecht orientiert, ist das Prinzip der Abwägung. Wie danach das Abwägungsergebnis im Einzelnen aussieht, ist offen. Es kann in der einen Situation so, in der anderen anders sein.

Kapitel 2: Dogmatische Konsequenzen

Die Einsicht, dass alles Steuerrecht und daher auch das Einkommensteuerrecht, um angemessen und insofern gerecht zu sein, nicht einseitig nur einem Interesse verpflichtet ist, sondern zwischen den gegensätzlichen Interessen des Staates und des Steuerpflichtigen abzuwägen hat, mag den Leser zunächst ratlos lassen. Denn das Ergebnis dieser Abwägung ist, wie gesagt, prinzipiell offen. Dafür, wie die konträren Interessen jeweils zu gewichten sind, hat der Gesetzgeber keine zwingenden Vorgaben. Nur ist ihm Widerspruch und Inkonsequenz untersagt. Es kann auch sein, dass einzelne Wertungen aus gesellschaftlichen, politischen oder auch aus verfassungsrechtlichen Gründen jedenfalls zu einer bestimmten Zeit zwingend erscheinen und insofern bindend sind. Das ändert aber an der grundsätzlichen Wertungsfreiheit nichts. Ob z.B. einzelne Betriebsausgaben ganz oder von einer bestimmten Höhe an von der Berücksichtigung ausgeschlossen werden, ob gewisse Aufwendungen als Sonderausgaben abzugsfähig sind und in welchem Umfang, ist im Rahmen gesetzgeberischen Ermessens prinzipiell frei zu entscheiden. Dieser Gesichtspunkt ist auch bei Umsetzung des Gesetzes zu beachten, bei der Frage also, was nach der gesetzlichen Regelung und wie im einzelnen zu werten ist. Da auch der Akt der Rechtsanwendung nur selten eine reine Subsumtion im Sinne eines logischen Schlusses darstellt, vielmehr häufig eine Wertungsentscheidung ist, wiederholt sich die Abwägung, deren Ergebnis prinzipiell offen ist, auch hier.

Und doch ist die Erkenntnis, dass dem Steuerrecht im Allgemeinen und dem Einkommensteuerrecht im Besonderen dieses Abwägungsprinzip zugrunde liegt bedeutsam, nicht nur rechtstheoretisch und rechtspolitisch, sondern auch rechtsdogmatisch.[301] Die Einsicht, dass die Suche nach einem Zauberwort, welches uns aller Zweifel enthebt, unsinnig ist, hat nicht nur diese negative Aussage. Die darin enthaltene Erkenntnis, dass wir das gesuchte Ergebnis durch Werten und Abwägen ermitteln müssen, liefert einen wertvollen rechtsdogmatischen Ansatz und stellt zugleich die Verantwortung des Juristen heraus. Im Übrigen ist die Aussage, dass gegenüber dem fiskalischen Interesse an der Besteuerung, hier an der Besteuerung vom Einkommen, die Leistungsfähigkeit des Steuerpflichtigen angemessen zu berücksichtigen ist, erst der Ausgangspunkt weiterer Überlegun-

301 Dazu und zum Folgenden: Costede, Stbg 2007, 355 ff.

gen. Leistungsfähigkeit zu bestimmen und zu messen, ist nämlich durchaus facettenreich.

I. Die Leistungsfähigkeit als die im Einkommen repräsentierte Zahlungsfähigkeit

Für die herrschende Lehre ist die Leistungsfähigkeit des Steuerpflichtigen in seinem Einkommen verkörpert. Das Einkommen drückt seine Zahlungsfähigkeit aus. Daher wird als Leistungsfähigkeit in erster Linie die Zahlungsfähigkeit verstanden.[302] Höheres Einkommen weist größere Leistungsfähigkeit aus, geringeres Einkommen geringere Leistungsfähigkeit. Dass sich die Höhe der Einkommensteuerschuld nach der Höhe des Einkommens richtet, erscheint als ein angemessenes und insofern gerechtes Abwägungsergebnis.

Mehr als diese Einsicht lässt sich allerdings der vom Einkommen repräsentierten Zahlungsfähigkeit nicht entnehmen. Insbesondere kann sie nicht darüber Aufschluss geben, welche Faktoren alle in die Ermittlung des Einkommens einzufließen haben. Weder besagt die im Einkommen verkörperte Zahlungsfähigkeit, weshalb es die Zahlungsfähigkeit *des Steuerpflichtigen*, inwiefern es also *sein* Einkommen ist, noch wie es dazu gekommen ist. Konkret gesprochen: Aus der als Zahlungsfähigkeit des Steuerpflichtigen verstandenen Leistungsfähigkeit kann man nicht entnehmen, warum ihm und nicht jemand anderem die zum Einkommen addierten Einkünfte zuzurechnen sind. Ebenso wenig lässt sich auf der Basis dieses Verständnisses begründen, ob und warum die die Einkünfte reduzierenden Betriebsausgaben bzw. Werbungskosten eben solche des Steuerpflichtigen sind. Kurz zusammengefasst: Das Verständnis, dass einkommensteuerlich relevante Leistungsfähigkeit des Steuerpflichtigen in seiner vom Einkommen repräsentierten Zahlungsfähigkeit zu sehen ist, liefert keine Hilfe, die Problematik der vorliegenden Arbeit zu bewältigen.

---

302 Kirchhof, StuW 1985, 319, (320 oben); Tipke, Steuerrechtsordnung Bd. I § 9, 2.3.1 (S. 480) mit dem Bemerken, auch er, der Verfasser habe früher die Leistungsfähigkeit nur als Zahlungsfähigkeit verstanden.

II. Die in den Leistungen des Steuerpflichtigen enthaltene Leistungsfähigkeit

1. Die Lehre von der persönlichen Zurechnung der Einkünfte nach Maßgabe der Leistungen des Steuerpflichtigen

Costede hat schon vor 20 Jahren die Theorie aufgestellt, dass im Einkommensteuerrecht nicht allein die im Einkommen zu Tage tretende Leistungsfähigkeit im Sinne von Zahlungsfähigkeit bedeutsam ist, dass es vielmehr die Leistungen sind, in denen sich einkommensteuerlich maßgebliche Leistungskraft ausdrückt.[303] Die Einkünfte sind danach nur der Gegenwert eben der Leistungen des Steuerpflichtigen oder – anders ausgedrückt – seiner wirtschaftlichen Betätigung. Costede hat anhand verschiedener Beispiele aufzuzeigen gesucht, dass der Bundesfinanzhof schon lange Jahre mit entsprechenden Überlegungen Einkünfte personell zugerechnet hat. Er verweist auf die Rechtsprechung zur Angemessenheit der Gewinnverteilung in Familienpersonengesellschaften[304] sowie zur Anerkennung einer Mitunternehmerschaft[305] und einer Familienpersonengesellschaft.[306]

2. Die Entwicklungsgeschichte der Lehre von der Zurechnung der Einkünfte

Diese im Jahre 1989 vorgetragenen Thesen sind seinerzeit aber nicht aufgegriffen worden. Man hielt die lange Jahre umstrittene Frage, nach welchen Kriterien die Einkünfte dem Steuerpflichtigen zuzurechnen sind bzw. – anders ausgedrückt – wann und weshalb es sich um Einkünfte eben des Steuerpflichtigen handelt und nicht um Einkünfte eines anderen, zu dieser Zeit bereits für entschieden. Die vormals sehr kontroverse Diskussion hatte ein Ende gefunden mit der Theorie, dass es die Betätigung am Markt ist, an der sich die Zurechnung der Einkünfte orientiert. Nach einem oft zitierten[307] Satz Ruppes hat – wie bereits oben hervorgehoben – die Einkünfte derjenige, der „die Möglichkeit hat, Markt-

303 Costede, Festgabe Felix, 17, (21 ff).

304 Costede, Festgabe Felix, 17, (27, 28/29), mit Hinweis auf BFH BStBl. II 1973, 5, GrS 4/71 v. 29.5. 1972.

305 Costede, Festgabe Felix, 17, (27, 30–32), mit Hinweis z.B. auf BFH BStBl. II 1979, 405, (407/408).

306 Costede, Festgabe Felix, 17, (27, 32/33), mit Hinweis auf z.B. BFH BStBl. II 1984, 751, (761 f sub 3.), GrS 4/82 v. 25.6. 1984.

307 Tipke/Lang, Steuerrecht § 9 N. 2.

chancen zu nutzen, Leistungen zu variieren, im Extremfall auch zu verweigern, indem er seine Tätigkeit einstellt, Kapital zurückzieht, Mietverhältnisse kündigt etc.“[308]

Das sind nur andere Worte für die Kriterien, die nach Costede für die Zurechnung der Einkünfte maßgeblich sind, nämlich Zurechnung nach Maßgabe der Leistungen des Steuerpflichtigen. Allerdings wird im Schrifttum diese Parallele nicht gesehen. Die Entwicklung hin zu dem heutigen Meinungsstand ist auch über Umwege verlaufen. Es scheint sinnvoll, das im Folgenden in der geboten Kürze nachzuzeichnen:

a) *Die frühe Judikatur zur Zurechnung von Einkünften beim Grundstücksnießbrauch*

Es waren vor allem Nießbrauchsgestaltungen, die die Gerichte veranlasst haben, sich mit der persönlichen Zurechnung von Einkünften zu beschäftigen.

In einem frühen Urteil des Bundesfinanzhofs aus dem Jahre 1951 befasst sich das Gericht zum ersten Mal mit dieser Frage.[309] Es ging um den Nießbrauch, den die Tochter ihrem Vater an einem Mietwohngrundstück eingeräumt hatte. Das Finanzamt hatte die Mieteinkünfte der Tochter zugerechnet. Dagegen hielt der IV. Senat des Bundesfinanzhofs die Zurechnung zum Vater für geboten. Die Anwendung des § 12 Nr. 2 EStG lehnt der Senat mit der Begründung ab, dass der Tochter „keine Einnahmen aus dem Mietwohngrundstück zugeflossen sind, also auch keine Verwendung von Einkommen in Betracht kommt.“[310]

In späteren Urteilen hat der Bundesfinanzhof jedoch, wenn der Nießbrauch unentgeltlich zugunsten unterhaltsberechtigter Personen bestellt war, die Einkünfte nach § 12 Nr. 2 EStG beim Nießbrauchsbesteller erfasst. Das braucht hier nicht weiter verfolgt zu werden, weil diese Rechtsprechung schließlich aufgegeben worden ist. Die Begründung lautete, dass die Einkünfte, wenn ein Nießbrauch – und sei er auch unentgeltlich – bestellt worden, „nicht lediglich obligatorisch ‚verlagert‘ werden, sondern ... dem Nießbraucher unmittelbar aus seinem dinglichen Recht zufließen.“[311] Das aber, so meint das Gericht, seien keine Zuwendungen im Sinne von § 12 Nr. 2 EStG. Für Fälle eines nur schuldrechtlich wirkenden Nutzungsrechts war die Rechtslage noch lange Zeit umstritten. Noch

308 Ruppe in Tipke, Übertragung von Einkunftsquellen, 7, (18).

309 BFH BStBl. III 1951, 87, Urt. v. 2. 1951, IV 149/50 U.

310 BFH BStBl. III 1951, 87, (88), Urt. v. 2. 1951, IV 149/50 U. Zur Analyse des Urteils Schellenberger, DStR 1981, 395, (396 sub 1.).

311 BFH BStBl. III 1966, 584, (585), Urt. v. 6.7. 1966, VI 124/65.

1983 will die Finanzverwaltung laut damaligem Nießbrauchserlass einem nur obligatorisch Nutzungsberechtigten keine originären Einkünfte zurechnen.[312]

b) Quoten- und Wertpapiernießbrauch

Ein Urteil des IV. Senats des Bundesfinanzhofs aus dem Jahre 1976 zum so genannten Quotennießbrauch am Gewinnstammrecht eines gewerblich oder freiberuflich tätigen Personengesellschafters kam jedoch zu einem ganz anderen Ergebnis.[313] In dem zugrunde liegenden Fall hatte der Vater seinen zwei minderjährigen Kindern durch Schenkungsvertrag in Höhe von je 5% einen – wie es heißt – „Quotennießbrauch am Gewinnstammrecht seines Gesellschaftsanteils" eingeräumt. Es handelte sich um eine Rechtsanwaltssozietät. Nach Ansicht des IV. Senats hatten jedoch nicht die beiden Nießbraucher, sondern hatte nach wie vor der Vater die freiberuflichen Einkünfte. Das leitet das Gericht aus einer Parallele zur Vorausabtretung künftiger Zinsansprüche ab, die nach gefestigter Judikatur nichts daran ändert, dass die betreffenden Kapitaleinkünfte nach wie vor dem Altgläubiger zuzurechnen sind.

Bestätigt wurde dieses Quotennießbrauchsurteil für den Fall eines unentgeltlich an Wertpapieren bestellten Nießbrauchs durch eine Entscheidung des VIII. Senats des Bundesfinanzhofs ebenfalls aus dem Jahre 1976. Der VIII. Senat bemühte gleichfalls die Argumentation des IV. Senats zum Quotennießbrauch, dass nämlich in diesen Fällen die Rechtslage der einer Vorausabtretung gleiche, so dass dem Wertpapiernießbraucher keine eigenen Einkünfte zukämen.[314] Zwar hatte der VI. Senat des Bundesfinanzhofs früher anders geurteilt und im Fall eines Nießbrauchs an Aktien und verzinslichen Darlehensforderungen Einkünfte des Nießbrauchers angenommen.[315] Der VIII. Senat, auf den die Zuständigkeit übergegangen war, konnte diese Rechtsprechung aber ohne Anrufung des Großen Senats aufgeben.

---

312 BMF v. 23.11. 1983, BStBl. I 1983, 508; dazu Plückebaum, FR 1984, 496, 497.

313 BFH BStBl. II 1976, 592, (593 ff), Urt. v. 15. 1976, IV R 83/75. Dazu Fichtelmann, FR 1977, 244 ff.

314 BFH BStBl. II 1977, 115, (116 f), Urt. v. 14.12. 1976, VIII R 146/73.

315 BFH BFHE 86, 674, Urt. v. 6.7. 1966 VI 111/65, und BStBl. III 1968, 260, Urt. v. 24.11. 1967, VI R 274/66.

c) Schrifttum zur Zurechnungsproblematik in Nießbrauchsfällen

Das Schrifttum begrüßte die oben skizzierte Rechtsprechung zum Grundstücksnießbrauch als eine Hinwendung zu der häufig vertretenen These vom „Primat des Zivilrechts für das Steuerrecht".[316]

Söffing, ein dezidierter Vertreter dieser These meinte, dass die steuerrechtliche Betrachtung grundsätzlich der zivilrechtlichen folgen müsse.[317] Das gebiete die „Einheit der Rechtsordnung". Das soll heißen, dass das Steuerrecht die Wertungen und Zuordnungen des Zivilrechts übernehmen müsse. Mit anderen Worten bedeutet dies, dass die Einkünfte demjenigen zuzurechnen sind, der die Gelder, die bei ihm so erfasst werden, bezogen hat.

Die insoweit abweichenden Urteile zum Quoten- und zum Wertpapiernießbrauch wurden vom Schrifttum teils kritisiert, teils befürwortet. Die Argumentation war jedoch deutlich zivilrechtlich bestimmt. Die seinerzeit als maßgeblich angesehene Fragestellung lautete, ob die Bestellung eines Nießbrauchs an Wertpapieren bzw. an dem Gewinnrecht in einer Personengesellschaft wie eine Abtretung künftiger Erträgnisse zu werten sei. Das hat Söffing geleugnet,[318] während Ludwig Schmidt die Rechtsauffassung des Bundesfinanzhofs verfochten hat.[319] Die Einzelheiten brauchen hier nicht näher beleuchtet werden, weil die Zeit über diese vom Bürgerlichen Recht geprägten Argumente hinweggegangen ist.

d) Die Nießbrauchsurteile des Bundesfinanzhofs vom 13. Mai 1980

Die Nießbrauchsrechtsprechung, die – wie der vorangegangene Bericht zeigt – nicht gradlinig, sondern laut einer kritischen Anmerkung, im Zickzackkurs verlaufen ist,[320] hat der VIII. Senat des Bundesfinanzhofs im Jahre 1981 mit drei Urteilen zumindest vorläufig abgeschlossen.[321] Die Einzelheiten brauchen hier nicht ausgeführt zu werden. Bahnbrechend hat für das Schrifttum eine Aussage

---

316 Böttcher, StbJb 1968/69, 136; Horst Vogel, BB 1977, 1090; Söffing, in Tipke, Übertragung von Einkunftsquellen, 125, (127); Fichtelmann, FR 1977, 244; (246). Kritisch Kruse, AG 1980, 216, (2179).

317 Söffing, in Tipke, Übertragung von Einkunftsquellen, 125, (127/128 f).

318 Söffing, in Tipke, Übertragung von Einkunftsquellen, 125 ff; JbFSt 1977/78, 301, (333 ff).

319 Ludwig Schmidt, FR 1977, 457 ff; Uelner, StBKongR 1977, 105, (116 ff); Kruse, AG 1980, 216, (219 f).

320 Schellenberger, DStR 1981, 395 sub A.I. unter Berufung auf Uelner, StbJb 1980/81, 404. Auch Söffing, DStZ 1981, 199, bemängelt, dass „auf dem Gebiet der steuerrechtlichen Behandlung des Nießbrauchs immer noch Rechtsunsicherheit" bestünde.

321 BFH BStBl. II 1981, 295, Urt. v. 13.5. 1980, VIII R, 63/79; BFH BStBl. II 1981, 297, Urt. v. 13.5. 1980, VIII R, 75/79; BFH BStBl. II 1981, 299, Urt. v. 13.5. 1980, VIII R 128/78.

des Senats gewirkt, die sich bei näherer Betrachtung eigentlich als eine schlichte Tautologie herausstellt. Es heißt in allen drei Urteilen übereinstimmend: „Ob nach einer Nießbrauchsbestellung dem Nießbraucher oder weiterhin dem Eigentümer (Nießbrauchsbesteller) die Einkünfte zuzurechnen sind, hängt davon ab, wer von beiden den Tatbestand der Einkunftserzielung i.S.d. Einkommensteuergesetzes (EStG) erfüllt. Mit dieser Formulierung hat der Gesetzgeber zum Ausdruck gebracht, daß er die Einkünfte demjenigen zurechnen will, der sie erzielt."

Das ist an sich eine Binsenweisheit und nicht geeignet, eine stichhaltige Begründung dafür zu liefern, wem nun welche Einkünfte zuzurechnen sind. Das nämlich ist nur möglich, wenn man weiß, worin der Tatbestand der Einkunftserzielung i.S.d. Einkommensteuergesetzes, wie der VIII. Senat es ausgedrückt hat, besteht. Aber nach welchen Kriterien Einkünfte personell zuzurechnen sind, ist ja gerade die Frage. Trotz dieser nur scheinbaren Klarheit der Urteilsaussagen sind die Urteile im Schrifttum wie eine Offenbarung aufgefasst und entsprechend übernommen worden, weil der VIII. Senat dann mit einer verständlichen und letztlich auch überzeugenden Feststellung abschließt. Es heißt dort, dass „den Tatbestand des § 21 Abs. 1 Nr. 1 EStG erfüllt ..., wer ein Gebäude oder einen Gebäudeteil vermietet."[322] Das Vermieten ist also der Tatbestand, durch den der Vermieter die Einkünfte aus Vermietung und Verpachtung erzielt.

e) Fazit

Im Schrifttum sind diese Urteile überwiegend zustimmend aufgenommen worden.[323] Man hat sie als eine Bestätigung der Thesen aufgefasst, die im Jahre 1977 Ruppe auf der Tagung der Deutschen Steuerjuristischen Gesellschaft über die „Übertragung von Einkunftsquellen im Steuerrecht" vorgetragen hat. Danach sind, wie schon oben[324] beschrieben, die Einkünfte demjenigen zuzurechnen, der „die Möglichkeit hat, Marktchancen zu nutzen, Leistungen zu variieren, im Extremfall auch zu verweigern, indem er seine Tätigkeit einstellt, Kapital zurückzieht, Mietverhältnisse kündigt etc."[325]

Wie meinungsbildend diese Thesen gewirkt haben, erkennt man an den nachfolgenden Veröffentlichungen des Schrifttums, das diese Gedanken adaptiert

---

322 BFH BStBl. II 1981, 295, (296 sub 2.), Urt. v. 15. 1980, VIII R, 63/79. Im Fall einer Personengesellschaft müssen die Gesellschafter in ihrer gesamthänderischen Verbundenheit als Vermieter agieren: BFH BStl. II 1986, 792, Urt. v. 15.4. 1986, IX R 69/81.

323 Bordewin, DStR 1981, 519 sub I.1.; Plückebaum, FR 1981, 181, (182 f); Hutter, DStR 1981, 47; Rößler, DStZ 1981, 274.

324 Teil 2, Kapitel 1 II. 2.

325 Ruppe in Tipke, Übertragung von Einkunftsquellen, 7, (18).

hat.[326] Aber nicht nur die Wissenschaft, auch die Finanzverwaltung hat sich im Gefolge der beschriebenen Nießbrauchsurteile des Bundesfinanzhofs dieser Sicht angeschlossen und dabei wörtlich die Gedanken Ruppes übernommen. Es heißt in den Nießbrauchserlassen aus den Jahren 1983 und 1984: „Die einkommensteuerliche Zurechnung von Einkünften erfordert, dass der Steuerpflichtige, bei dem sie erfasst werden sollen, in seiner Person die gesetzlichen Voraussetzungen der jeweiligen Einkunftsart nach § 2 Abs. 1 in Verbindung mit den §§ 13 bis 24 EStG erfüllt. Der Steuerpflichtige muss also die ihm zuzurechnenden Einkünfte erwirtschaften, indem er selbst oder durch eine Hilfsperson wirtschaftliche Chancen nutzt, Leistungen erbringt, ändert oder verweigert, wobei ihn Erfolg oder Misserfolg dieses Handelns treffen (= Bewirtschaftungs- und Dispositionsbefugnis im eigenen Namen und auf eigenes Risiko). So erzielt Einkünfte i.S.d. § 21 EStG derjenige, der mit den Rechten und Pflichten eines Vermieters Sachen und Rechte i.S.d. § 21 Abs. 1 EStG an andere zur Nutzung gegen Entgelt überlässt ...“[327]

Allerdings hat Ruppe seine Annahme, dass es die Betätigung am Markt sei, nach der Einkünfte zugerechnet würden, nicht bündig belegt. Seine Begründung gewinnt er induktiv aus der Beobachtung, dass sich für ihn die meisten Einkunftsquellen – wie man seinerzeit argumentierte – darstellten als eine „entgeltliche Verwertung von Leistungen (Wirtschaftsgütern oder Dienstleistungen) am Markt“.[328] Einkunftsquelle soll danach der Umsatz von Leistungen am Markt sein. In diesem Satz werden zwei inkommensurable Größen miteinander verknüpft: das Agieren des Steuerpflichtigen und die Vorstellung von einer die Einkünfte fördernden, von der Person des Steuerpflichtigen also abgelösten Einrichtung. Es kann aber nur entweder das eine oder das andere geben, keine Gleichsetzung. Das ist aber nur eine äußerliche Kritik, die deswegen beiseite bleiben kann, weil in der Folgezeit der Begriff der Einkunftsquelle, der lange Zeit die wissenschaftliche Diskussion bestimmt hat, fallen gelassen worden ist. Es gibt für ihn, wie der Vorwurf besagt, dass Ruppe zwei unvereinbare Größen miteinander verbunden habe, auch keinen Bedarf. Schwerer wiegt der Einwand,[329] dass Ruppe eben keinen Beleg für seine zentrale These liefert, dass es einkommensteuerlich für die Zurechnung von Einkünften nicht auf die Verfügung über die Geldmittel, sondern darauf ankommt, durch wessen Leistungen die betreffenden Mittel erwirtschaftet worden sind. Demgegenüber könnte man

326 Philipowski, StuW 1979, 113; Stadie, Zurechnung, 23; Bordewin, DStR 1981, 519 (sub I.1.); Biergans/ Stockinger, FR 1982, 25, (31 ff); Jakob/Jüptner, FR 1988, 141, (144); Wendt, DöV 1988, 710, (714 ff); Tipke/Lang, Steuerrecht, § 9, Rn. 150 ff.

327 BMF v. 23.11. 1983, BStBl. I 1983, 508, und v. 15.11. 1984, BStBl. I 1984, 561.

328 Ruppe in Tipke, Übertragung von Einkunftsquellen, 7, (18).

329 Costede, Stbg 2007, 355, (357).

aber doch ebenso gut – wie dies lange Jahre vertreten worden ist – annehmen, die Einkünfte seien dem zuzurechnen, der über die bezogenen Erträgnisse verfügen kann. Dass es auf diese Verfügungsmacht gerade nicht ankommt, dass die Einkünfte vielmehr nach der Betätigung am Markt zuzurechnen sind, hat Ruppe nicht begründet, sondern nur behauptet.

An dieser Stelle ist an die das vorangegangene Kapitel einleitenden Sätze Tipkes zu erinnern: „Gerechtes Recht setzt Prinzipien oder Regeln oder allgemeine Maßstäbe voraus. ... Das Prinzip schafft ein allgemeines, einheitliches Maß. ... Prinzipienlosigkeit ist Willkür. Willkür ist das Gegenteil von Gerechtigkeit. Ohne Prinzipien fehlt der Gerechtigkeit die Grundlage. ... Gerecht handeln heißt: Prinzipien, Regeln oder allgemeinen Maßstäben folgen.“[330]

Die Begründung für die so bedeutsame These, nach welchen Kriterien Einkünfte personell zugerechnet werden, darf nicht nur aus einer – wie von Ruppe induktiv gegriffenen – Plausibilitätserwägung gewonnen werden. Vielmehr muss diese These belegt werden durch Rückführung auf das Prinzip, nach dem die Einkommenbesteuerung ausgerichtet ist. Das ist das Prinzip der Abwägung zwischen den gegenläufigen Interessen des Fiskus und des Steuerpflichtigen, der an einer Berücksichtigung seiner Leistungsfähigkeit interessiert ist.[331]

Bei der Frage, wem welche Einkünfte zuzurechnen sind, spielt nicht die im Einkommen als Zahlungsfähigkeit ausgewiesene Leistungsfähigkeit eine Rolle. Denn die Zurechnung der Einkünfte geht der Bildung von Einkommen voraus. Einkommen ergibt sich nach der Systematik des Einkommensteuergesetzes erst aus der Addition der Einkünfte. In dieser Weise addieren lassen sich aber Einkünfte nur des Steuerpflichtigen. Welche dies sind, kann also nicht aus seiner Zahlungsfähigkeit folgen, sondern nur umgekehrt. Die Leistungskraft, die für die Zurechnungsproblematik interessiert, liegt vielmehr in den Leistungen des Steuerpflichtigen.[332] So jedenfalls verhält es sich bei den Einkünften, die der Steuerpflichtige erwirtschaften muss. Das sind sämtliche Gewinneinkünfte und von den Überschusseinkünften die aus nichtselbständiger Tätigkeit, aus Kapitalvermögen sowie aus Vermietung und Verpachtung. Über die Zurechnung dieser Einkünfte entscheidet nicht die Zahlungsfähigkeit, sondern vielmehr die Leistungskraft, die in den Leistungen des Steuerpflichtigen zu Tage tritt. Dass der Steuerpflichtige das, was sich als das Substrat eben seiner Leistungen darstellt, der Einkommensteuer unterwerfen muss, ist bei Abwägung seiner Belange gegenüber den Interessen des Fiskus angemessen. Es ist deshalb nicht zu beanstanden und insofern einkommensteuerlich berechtigt.

---

330 Tipke, Steuerrechtsordnung Bd I § 7, 4.1., (S. 257 ff).

331 Costede, Stbg 2007, 355, (356 ff).

332 Costede, Festgabe Felix 1989, 17, (27 ff).

Im Fall z.B. von Vermietungs- und Verpachtungseinkünften kommt es daher nicht darauf an, wer die Mietzinsen bezieht, sondern wer sich als Vermieter betätigt hat. Die Mietzinsen sind der Ertrag eben dieser Betätigung. Ob der Vermieter sie nun auch bezieht, wie das der Regelfall ist, ob er sie im Wege einer Vorausabtretung weggegeben hat, ob er sie für dies oder jenes und wie er sie verwendet, ist für die Zurechnung der Einkünfte gleichgültig. Sie, die Leistungen, sind die originären Merkmale der Leistungskraft, nicht der dafür erlangte Gegenwert, den man einem anderen nach dem Erwerb im Zuge einer so genannten Einkommensverwendung oder bereits vor dem Erwerb im Wege einer Vorausabtretung weggeben kann.

III. Folgerungen zur Bestimmung der Kriterien für die Zuordnung von Betriebsausgaben und Werbungskosten

Um den Maßstab zu ermitteln, der über die persönliche Zuordnung von Betriebsausgaben und Werbungskosten entscheidet, soll eine parallele Fragestellung betrachtet werden, die Frage nämlich, wonach sich die Zugehörigkeit von Wirtschaftsgütern zu einem Betriebsvermögen bemisst. Dass es dabei um eine parallele Problematik geht, erschließt sich mit den Rechtsfolgen, die die Zugehörigkeit eines Wirtschaftsgutes zu einem Betriebsvermögen nach sich zieht: Gehört ein Wirtschaftsgut zu einem Betriebsvermögen, dann heißt dies, dass es zur Gewinnermittlung in den Bestandsvergleich einbezogen wird. Es reiht sich damit in die positiven oder auch negativen Faktoren ein, die Gewinn wie auch Verlust bestimmen.

1. Bedingungen der Widmung eines Wirtschaftsgutes zu Betriebsvermögen

Die Zugehörigkeit zu Betriebsvermögen kommt dem Wirtschaftsgut nicht per Zufall zu. Vielmehr ist dafür eine Widmung zu Betriebsvermögen erforderlich, die der Betriebsinhaber vorgenommen haben muss. Betrachtet man die Formeln, mit denen die Eigenschaft als notwendiges oder als gewillkürtes Betriebsvermögen beschrieben wird, dann tritt dies nicht sofort sichtbar hervor. Denn die Begriffsbestimmung, die die Rechtsprechung seit jeher verwendet und die das Schrifttum so übernommen hat,[333] lautet passivisch. Danach werden zum so genannten notwendigen Betriebsvermögen Wirtschaftsgüter dann gezählt, wenn sie

333 BFH v. 23.7.75 I R 6/73, BStBl. II 1976, 179; v. 30.4.75 I R 111/73, BStBl. II 1975, 582; Woerner, StBJB 1974/75, 322, 328 ff; Wassermeyer in Söhn, 1980, 315.

„dem Betrieb in dem Sinne unmittelbar dienen, dass sie objektiv erkennbar zum unmittelbaren Einsatz im Betrieb bestimmt sind."[334] Zum so genannten gewillkürten Betriebsvermögen rechnet man Wirtschaftsgüter, wenn sie – ohne schon notwendiges Betriebsvermögen zu bilden – „objektiv dazu geeignet und erkennbar dazu bestimmt sind, den Betrieb zu fördern."[335] Vergegenwärtigt man sich jedoch, wer denn und wodurch er über den unmittelbaren Einsatz notwendigen Betriebsvermögens im Betrieb bzw. über dessen „Förderung" durch gewillkürtes Betriebsvermögens „bestimmt", dann nähert man sich dem hier gesuchten Kriterium. Es ist der Betriebsinhaber, also der Unternehmer mit seiner Entscheidung, dieses oder jenes Wirtschaftsgut betrieblich zu nutzen bzw. eben als Betriebsvermögen in den Büchern zu vermerken.

Dass die Nutzung sich im Falle notwendigen Betriebsvermögens „objektiv erkennbar" als „unmittelbarer Einsatz im Betrieb"[336] darstellt, ist eine rechtliche Wertung durch den Juristen. Das Faktum des Einsatzes selbst ist dagegen das Resultat einer bewussten Entscheidung des Unternehmers.[337] Ebenso ist es im Falle gewillkürten Betriebsvermögens eine Wertung des Rechts, welche Wirtschaftsgüter „objektiv geeignet und bestimmt sind, den Betrieb zu fördern". Die gewillkürte Aufnahme in die Bücher ist dagegen wiederum der Entscheidungsakt des Unternehmers.

2. Die Rückführung der Widmungskriterien auf die berücksichtigten Interessen

Dass in diesem Sinne seit Jahren geurteilt worden ist, reicht für die Berechtigung dieser Gesichtspunkte nicht aus. Ob und warum sie berechtigt sind, ergibt sich erst, wenn man die Beziehung zwischen ihrer Funktion und dem Prinzip gerechter Besteuerung herstellt. Dies ist, wie oben beschrieben, das Prinzip der Interessenabwägung zwischen den Belangen des Steuerpflichtigen und denen des Steuerfiskus. Da die Einbindung eines Wirtschaftsgutes in ein Betriebsvermögen Konsequenzen bis hin zur Höhe der Steuerschuld hat, muss sie, damit nämlich diese Rechtsfolgen angemessen sind, dem genannten Prinzip entsprechen. Dies lässt sich in der Tat, wie Costede es für die Begriffsbestimmung des gewillkürten Betriebsvermögens dargetan hat,[338] belegen. Nach Costede drückt sich in dem Erfordernis eines bewussten Willensaktes, nämlich der Aufnahme in die

334 Z.B. in jüngerer Zeit: BFH, BStBl. II 1997, 399, (402 sub a), XI R 1/96.

335 Z.B. in jüngerer Zeit: BFH, BStBl. II 1997, 399, (402 sub b), XI R 1/96.

336 Z.B. in jüngerer Zeit: BFH, BStBl. II 1997, 399, (402 sub b), XI R 1/96.

337 Akte seiner Mitarbeiter werden rechtlich ihm zugerechnet.

338 Dazu und zum folgenden: Costede, StB 2007, 355, (360).

Bücher als gewillkürtes Betriebsvermögen, das Interesse des Steuerpflichtigen aus, dem es darauf ankommt, dass bei der Besteuerung seine Leistungsfähigkeit berücksichtigt wird. Das heißt zugleich, dass als Betriebsvermögen nur solche Wirtschaftsgüter Einfluss auf sein einkommensteuerliches Schicksal haben dürfen, die ihm zuzurechnen sind, und zwar mit Wirkung für die Gewinnbesteuerung nur, wenn er das Wirtschaftsgut bewusst zum Zwecke der Gewinnerwirtschaftung eingesetzt hat. Soweit das Interesse des Steuerpflichtigen. Das fiskalische Interesse, das bei der Interessenabwägung stets zu beachten ist, wird durch die Bedingung berücksichtigt, dass nur Wirtschaftsgüter, die objektiv geeignet sind, den Betrieb zu fördern, als gewillkürtes Betriebsvermögen in Frage kommen. Hierdurch wird dem Interesse des Fiskus Rechnung getragen, Steuereinnahmen nicht dadurch zu verlieren, dass der Steuerpflichtige wahllos und ohne Bezug zu seinem Unternehmen verlustbringende Wirtschaftsgüter in die Bücher aufnimmt.[339] Wird also ein Wirtschaftsgut vom Unternehmer gewillkürt in Verbindung mit seinem Betrieb gebracht, dann muss das fiskalische Interesse, wie beschrieben, berücksichtigt werden.

Diese Interessenabwägung, die die Dogmatik des Einkommensteuerrechts bestimmt, lässt sich auch in der Definition notwendigen Betriebsvermögens nachweisen. Das Interesse des Fiskus kommt dadurch zur Geltung, dass jedes Wirtschaftsgut, das dem Steuerpflichtigen zuzurechnen ist und mit dem er, um Gewinn zu erzielen, im Betrieb wirtschaftet, erfasst wird. Die Beachtung des fiskalischen Interesses in der Begriffsbildung beschäftigt uns an dieser Stelle nicht weiter, wohl aber die einkommensteuerliche Bedeutung, die der Entscheidungsakt des Steuerpflichtigen hat. Das Interesse des Steuerpflichtigen tritt darin hervor, dass nur ein Wirtschaftsgut seine Einkommensteuerschuld beeinflussen darf, das ihm zuzurechnen ist und das er der Gewinnerzielung im Betrieb – regelmäßig durch faktische Nutzung – gewidmet hat. Nur ein solches Wirtschaftsgut darf Einfluss auf seinen Gewinn und Verlust haben, das ihm zurechenbar ist und das er mit positiver wie mit negativer Auswirkung zur Gewinnerzielung im Betrieb bestimmt.

a) Die steuerliche Zurechnung von Wirtschaftsgütern

Unter welchen Voraussetzungen Wirtschaftsgüter dem Steuerpflichtigen zuzurechnen sind, sagt § 39 AO. Die beiden Absätze dieser Norm nennen jedoch nicht die abstrakten Zurechnungskriterien sondern beschreiben stattdessen Situa-

339 Daß ein Wirtschaftsgut selbst nicht gewinn-, sondern nur verlustbringend ist, spielt keine Rolle, wenn der Unternehmer es als notwendiges Betriebsvermögen im Betrieb benötigt, wie etwa ein Kraftfahrzeug.

tionen, deren rechtlicher Hintergrund erst erschlossen werden muss. Die Zurechnung eines Wirtschaftsgutes hat Einfluss auf die Besteuerung. Bei Gewinneinkünften werden dadurch Gewinn und Verlust und wird damit das Einkommen, bei Überschusseinkünften werden dadurch jedenfalls Absetzungen und wird somit gleichfalls das Einkommen mitbestimmt. Folglich müssen die Voraussetzungen der Zurechnung, damit diese Rechtsfolgen angemessen sind, Bezug zu diesen rechtlichen Konsequenzen haben. Das wird, wenn man § 39 AO mit seinen beiden Absätzen liest, nicht unmittelbar deutlich. Man erkennt aber den Bezug der Zurechnung zu den einkommensteuerlichen Konsequenzen, wenn man sich folgendes vergegenwärtigt: Die Zurechnung eines Wirtschaftsgutes zum Eigentümer ist einkommensteuerlich dann berechtigt, wenn er das Wirtschaftsgut zur Erzielung von Einkünften einsetzen kann und wenn er dessen Wert für sich so oder auch auf anderen Weise, etwa durch eine Veräußerung, realisieren kann. Normalerweise hat der Eigentümer diese Möglichkeiten. In den Fällen des § 39 II Nr. 1 AO hat sie aber nicht der Eigentümer sondern der Treugeber oder der Sicherungsgeber oder der wirtschaftliche Eigentümer, der unter Ausschluss des zivilrechtlichen Eigentümers das Wirtschaftsgut über seine ganze Nutzungsdauer für sich auswerten kann. So lauten deshalb die Kriterien der steuerlichen Zurechnung, die berechtigt sind, weil gerechterweise eine Gewinnerhöhung durch Wertzuwachs zum Beispiel nur demjenigen zugerechnet werden darf, der imstande ist, den betreffenden Wert für sich zu erschließen und der das Recht hat, das Wirtschaftsgut für Einkünfte, hier zur Erzielung von Gewinn, einzusetzen. Absetzungen darf, wie noch auszuführen ist, gerechterweise nur der beanspruchen, der durch den Wertschwund des abnutzbaren Wirtschaftsgutes belastet wird. Und das ist der Fall, wenn der Steuerpflichtige befugt ist, das Wirtschaftsgut entweder so oder auch auf andere Weise für sich auszuwerten.

Zusammengefasst ergibt sich für die Kriterien steuerlicher Zurechnung nach § 39 AO 1., dass der Steuerpflichtige das Wirtschaftsgut für seine Einkünfte muss einsetzen können, und 2., dass er dessen Wert auch auf andere Weise für sich ausmünzen könnte.

b) Die Zurechnung zu Betriebsvermögen des Steuerpflichtigen im Besonderen

Nach dem vorangegangenen wird auch deutlich, in welchem Zusammenhang die Bedingungen der Betriebszugehörigkeit zur allgemeinen Zurechnung eines Wirtschaftsgutes stehen. Wenn eine Bedingung der allgemeinen Zurechnung eines Wirtschaftsgutes lautet, dass der Steuerpflichtige es für seine Einkünfte muss einsetzen können, dann leuchtet ein, dass der Einsatz für Gewinneinkünfte, die Betriebszugehörigkeit also, auf einer entsprechenden Entscheidung des Steuerpflichtigen basieren muss. Das ist eben dessen Widmungsakt, der bei notwendigem Betriebsvermögen bereits in der tatsächlichen Nutzung des Wirtschaftsgutes im Betrieb zu sehen ist, bei gewillkürtem Betriebsvermögen in der willentlichen Aufnahme des Wirtschaftsgutes in den Büchern.

3. Schlussfolgerungen für die Kriterien, die über die personelle Zuordnung von Betriebsausgaben und Werbungskosten entscheiden

Die Erkenntnis, dass es sich so verhält wie beschrieben, vermittelt eine allgemeingültige Erkenntnis: Das Kriterium, wonach dem Steuerpflichtigen Betriebsausgaben oder Werbungskosten zuzuordnen sind, ist der bewusste Einsatz eines Wirtschaftsgutes zur Erzielung der Einkünfte. Zum einen muss das Wirtschaftsgut ihm zuzurechnen sein; zum andern muss der Steuerpflichtige entschieden haben, dieses Wirtschaftsguts für Einkünfte einzusetzen. Das muss nicht heißen, dass er es für die Einkünfte verbraucht, aufgibt bzw. opfert. Auch wenn das dem Betrieb gewidmete Wirtschaftsgut nach Vorstellung des Unternehmers als dauerndes Anlagegut gedacht war, aber durch einen Unglücksfall verloren geht, handelt es sich wegen des Widmungsaktes um ein – wenn auch ungewolltes – Opfer des Steuerpflichtigen für seine Einkünfte.

So wie Einkünfte dem Steuerpflichtigen nach Maßgabe seiner Leistungen zugerechnet werden, mit denen er seine Einkünfte erwirtschaftet, so werden ihm Werbungskosten und Betriebsausgaben nach Maßgabe seines Einsatzes von Wirtschaftsgütern zugeordnet, die er der Erwirtschaftung dieser Einkünfte widmet.

IV. Zur vergleichenden Analyse mit anderen Theorien

Ähnliche oder sogar identische Gedanken sind, wie sich schon im 1. Teil gezeigt hat, auch von anderer Seite geäußert worden. Zur Begründung wird ebenfalls darauf hingewiesen, dass der Maßstab für eine Zurechnung der Einkünfte und der Maßstab zur Zuordnung von Werbungskosten und Betriebsausgaben sich entsprechen müssten.

Der Beschluss 2/97 des Großen Senats des Bundesfinanzhofs hatte hervorgehoben: „Die Einkünfte können aber nur dann Ausdruck der persönlichen Leistungsfähigkeit sein, wenn sich auch ihre Komponenten, d.h. die Einnahmen und Werbungskosten daran orientieren. Wie dem Steuerpflichtigen nur solche Einnahmen zuzurechnen sind, die seine persönliche Leistungsfähigkeit erhöhen, so sind entsprechend nur solche Aufwendungen als Werbungskosten zu berücksichtigen, die seine persönliche Leistungsfähigkeit mindern."[340] Diese wiederum passivisch artikulierte Aussage bezeichnet aber nicht hinreichend deutlich, worin denn die Entsprechung zwischen der Zurechnung von Einnahmen und der Zuordnung von Werbungskosten besteht. Daher sind an diesen Beschluss, wie oben im 1. Teil ausgeführt worden ist, sowohl vom Schrifttum wie auch von der späteren Rechtsprechung die verschiedensten Folgerungen geknüpft worden.

Präziser sind demgegenüber die Überlegungen, die – noch vor dem Beschluss des Großen Senats 2/97 – Jakob und Ruppe geäußert haben. Wenn, so hat Jakob ausgeführt, dem Steuerpflichtigen Einkünfte nach Maßgabe seiner Tätigkeit zugerechnet würden,[341] dann sei es konsequent, ihm Werbungskosten und Betriebsausgaben nach Maßgabe seiner Verfügungsmacht über die für die Aufwendungen eingesetzten Mittel zuzuordnen.[342] Und Ruppe formuliert unter Berufung darauf, dass Einnahmen demjenigen zugerechnet werden, der sie erwirtschaftet hat, ganz ähnlich: „Letztlich bedeutet dies, daß dem Stpfl. nur Aufwendungen zugerechnet werden können, die in seinem Dispositionsbereich standen, ...".[343]

Allerdings liefern weder Ruppe noch Jakob einen Beleg dafür, weshalb denn Einkünfte demjenigen zuzurechnen sind, der die sie tragenden Leistungen erbracht hat. Wie oben (Teil 2, Kapitel 2, II.) ausgeführt worden ist, hat Ruppe, auf den diese Lehre zurückgeht, nicht an dem Leistungsfähigkeitsprinzip angeknüpft. Er hat sich nur auf die Beobachtung berufen, dass „das verbindende Element der (meisten) Einkunftsquellen des Einkommensteuergesetzes tatsächlich die Teilnahme am Marktgeschehen, der Umsatz von Leistungen ist, ..."[344] Ein zwingendes Argument ist dies nicht. Es fehlt die Einbindung in das die Einkommenbesteuerung leitende Prinzip.

Das gilt auch für die Überlegungen von Seitz, wenngleich sich gerade Seitz darum bemüht hat, aus dem die Einkommenbesteuerung bestimmenden Prinzip seine These abzuleiten, dass die wirtschaftliche Verfügungsmacht des Steuerpflichtigen über die aufgewendeten Mittel das gesuchte Kriterium für die personelle Zuordnung von Betriebsausgaben und Werbungskosten sei.[345] Aber diese Beweisführung leidet an zwei Mängeln. Das die Einkommenbesteuerung bestimmende Prinzip ist nicht eine Besteuerung nach der Leistungsfähigkeit. Die Einkommenbesteuerung folgt vielmehr dem Prinzip einer Interessenabwägung, wobei zwar Rücksicht zu nehmen ist auf die Leistungsfähigkeit des Steuerpflichtigen, aber auch auf das fiskalische Interesse. Vor allem aber können dogmati-

---

340 BFH BStBl. II 1999/782, (785 sub b), Beschl. v. 23.8. 1999, GrS 2/97.

341 Jakob, DStR 1987, 784, (785 oben).

342 Jakob, DStR 1987, 784, (786 sub 2.2.).

343 Ruppe, in Schulze-Osterloh, Rechtsnachfolge im Steuerrecht, 1987, 45, (72/73).

344 Ruppe in Tipke, Übertragung von Einkunftsquellen, 7 (18).

345 Seitz, FR 2006, 201, (204, 210 ff).

sche Folgerungen nicht aus dem Umstand abgeleitet werden, dass sich die Einkommensteuerschuld nach der Höhe des Einkommens richtet. Denn dies ist das Resultat verschiedener Faktoren, die ihrerseits nicht daraus hergeleitet werden können, dass sie rechnerisch in dieses Resultat eingegangen sind.

Jedoch findet sich die Einsicht, die hier aus der Überlegung, gewonnen worden ist, nach welchen Gesichtspunkten Wirtschaftsgüter dem Steuerpflichtigen zu Betriebsvermögen zugerechnet werden, auch in dem Beitrag von Jia Li zur Problematik des Drittaufwands. Sie schreibt: „Die Leistungskraft des Steuerpflichtigen wird in einkommensteuerlich relevanter Weise nur dadurch gemindert, dass er Wirtschaftsgüter für seine Einkünfte einsetzt und dadurch gegebenenfalls opfert, die ihm zuzurechnen waren, die nur er als Eigentümer nach § 39 I AO oder im Sinne von § 39 II AO für Einkünfte einsetzen und aufopfern konnte, aber auch anders für sich hätte auswerten können. Nur der Einsatz von Wirtschaftsgütern, die dem Steuerpflichtigen zuzurechnen sind, mit denen er also einkünftebegründende Leistungen erbringen und die er deshalb für Einkünfte opfern kann, stellt erfolgswirksame Betriebsausgaben oder Werbungskosten dar und dies auch nur dann, wenn es der Steuerpflichtige ist, der die Wirtschaftsgüter so für seine Einkünfte einsetzt. Sowenig dem Steuerpflichtigen Einnahmen, die ein anderer erwirtschaftet hat, zugerechnet werden dürfen, sowenig dürfen ihm Aufwendungen als Betriebsausgaben oder Werbungskosten zugeordnet werden, deren Einsatz als Opfer für seine Einkünfte nicht er bestimmt hat.“

Erst diese Aussage präzisiert den Satz im Beschluss 2/97 des Großen Senats „Wie dem Steuerpflichtigen nur solche Einnahmen zuzurechnen sind, die seine persönliche Leistungsfähigkeit erhöhen, so sind entsprechend nur solche Aufwendungen als Werbungskosten zu berücksichtigen, die seine persönliche Leistungsfähigkeit mindern.“[346] Die persönliche Leistungsfähigkeit mindern eben nur Aufwendungen, mit denen der Steuerpflichtige Wirtschaftsgüter, die ihm zuzurechnen sind, für seine Einkünfte eingesetzt hat.

Das reine Veranlassungsprinzip, das laut Biergans[347] oder auch nach Ansicht von Stadie[348] den Ausschlag dafür geben soll, welche Aufwendungen der Steuerpflichtige als Werbungskosten oder Betriebsausgaben geltend machen kann, kann als Begründung nicht überzeugen. Es fußt auf einer lediglich instrumentalen Sichtweise, nicht auf einem wertenden Verständnis des Einkommensteuerrechts. Infolgedessen kann es aber einer gerechtigkeitskonformen Interpretation, zu der der Jurist aufgerufen ist, nicht dienen.

346 BFH BStBl. II 1999/782, (785 sub b), Beschl. v. 23.8. 1999, GrS 2/97.

347 Biergans, FR 1984, 297, (305).

348 Stadie, Zurechnung von Einkünften, S. 34.

Auch eine Argumentation mit Hilfe des so genannten Zuwendungsprinzips kann den gesuchten Schlüssel nicht liefern. Wie eine Zuwendung, die den Steuerpflichtigen bereichert, begründen soll, dass sie damit seine Leistungsfähigkeit mindert, lässt sich nicht nachvollziehbar erklären.

Kapitel 3: Kann der Steuerpflichtige mit Hilfe von Absetzungen mittelbar Drittaufwand geltend machen?

Wie im 1. Teil der Arbeit beschrieben worden ist, hat man lange Jahre dem Steuerpflichtigen Drittaufwand mit Hilfe von Absetzungen als Werbungskosten oder Betriebsausgaben zu vermitteln versucht. Dies ging einher mit der Vorstellung, dass ein Nutzungsrecht, das ein Dritter an einem ihm zuzurechnenden Wirtschaftsgut dem Steuerpflichtigen überlässt, diesem Absetzungen erlauben könnte. Hatte der Steuerpflichtigen dafür kein Entgelt gezahlt, dann entfielen im Bereich von Überschusseinkünften Absetzungen allerdings, weil sie nach herrschender Ansicht Anschaffungskosten voraussetzen. Im Bereich der Gewinneinkünfte dagegen konnte die Einlage eines Nutzungsrechts, auch wenn der Steuerpflichtige es unentgeltlich erlangt hatte, die Absetzungsbefugnis begründen.

Verschiedene Entscheidungen des Bundesfinanzhofs haben – wie oben geschildert (Teil 1, Kap. 1) – dieser in der Praxis vielfach eingesetzten Gestaltung ein Ende bereitet. Dies war zum einen der Beschluss 2/86 des Großen Senats, worin das Gericht der Einlage unentgeltlich erlangter Nutzungsrechte in ein Betriebsvermögen eine Absage erteilt hat.[349] Zum zweiten waren es Urteile, zuletzt ein Urteil des IX. Senats, wonach Absetzungen der Aufwandverteilung dienen, daher vom getätigten Aufwand vorzunehmen sind und nicht geltend gemacht werden können, wenn der Steuerpflichtige keine Aufwendungen hat aufbringen müssen.[350] Und schließlich ist der Beschluss 1/97 des Großen Senats des Bundesfinanzhofs zu nennen, wonach eigener Aufwand, der durch Einkünfte veranlasst ist, in jedem Falle geltend gemacht werden kann, aber nur durch Absetzungen, wenn er auf ein abnutzbares Wirtschaftsgut entfällt, auch wenn dieses einem Dritten und nicht dem Steuerpflichtigen zuzurechnen ist.[351]

Für die Praxis waren mit diesen Entscheidungen die Weichen neu gestellt und das Thema einer mittelbaren Berücksichtigung von Drittaufwand abgetan. Hier dagegen müssen die aufgeworfenen Fragen erneut durchdacht werden. Davon entbindet auch eine langjährige Judikatur nicht. Also muss erstens, um das Ob-

349 BFH BStBl. II 1988, 348, (353 sub aa), Beschl. v. 26.10. 1987, GrS 2/86.

350 BFH BStBl. II 2006, 754, Urt. v. 26.4. 2006, IX R 24/04. In dem zugrunde liegenden Fall wurden Absetzungen von einem Ferienhaus, das der Steuerpflichtige bei einem Preisausschreiben gewonnen hatte, in Ermangelung von Anschaffungs- oder Herstellungskosten versagt.

351 BFH BStBl. II 1999, 778, (780 sub b), Beschl. v. 23.8. 1999, GrS 1/97.

jekt der Absetzungen bestimmen zu können, die Funktion der Absetzungsbefugnis ermittelt werden. Zweitens müssen die Bedingungen für eine Einlage von Nutzungsrechten geklärt werden.

I. Zur Funktion der Absetzungsbefugnis

Dass mit Hilfe der Absetzungen nicht der Wertschwund des abnutzbaren und sich abnutzenden Wirtschaftsgutes angegeben werden soll, dass es vielmehr nur darum geht, die Anschaffungs- oder Herstellungskosten auf die Dauer der Nutzung zu verteilen, entspricht jetzt der dezidierten Ansicht des Bundesfinanzhofs.[352] Dem folgt die heute ganz herrschende Lehre.[353] Nur wenige haben sich dagegen ausgesprochen.[354]

Mehr als den reinen Gesetzestext des § 7 EStG kann die so lautende herrschende Lehre aber nicht ins Feld führen. Wenn mit Absetzungen gar nicht der Wertschwund im abnutzbaren Wirtschaftsgut berücksichtigt werden soll, dann ist es unerklärlich, weswegen Anschaffungskosten, die auf ein abnutzbares Wirtschaftsgut entfallen, nur über Absetzungen geltend gemacht werden können und nicht sofort in vollem Umfang. Inwiefern, so ist zu fragen, kommt es für die Dauer der Absetzungen auf die Nutzungsdauer des Wirtschaftsgutes an, wenn nicht dieses Wirtschaftsgut für die Absetzungen maßgeblich ist, sondern der Anschaffungs- oder Herstellungsaufwand. Zwar hat bei Privatvermögen dieser Aufwand keine Werbungskostenqualität. Werbungskosten sind hier laut § 9 Nr. 7 EStG nur die Absetzungen. Aber den Sinn dessen hat man nicht erfasst, wenn man sich mit diesem Wortlaut begnügt. Der Hintergrund dafür, dass Anschaffungskosten auf ein Wirtschaftsgut des Privatvermögens keine Werbungskostenqualität haben, ist nicht, dass sie nicht dem Erwerb der Einnahmen dienten. Der Grund ist vielmehr, dass das angeschaffte Wirtschaftsgut des Privatvermögens nicht aktiviert wird und so den Abfluss der Anschaffungskosten neutralisieren kann, wie dies bei Betriebsvermögen der Fall ist. In Ermangelung dieser Neutralisierungsmöglichkeit muss der Werbungskostencharakter der Anschaffungskosten – um das gleiche Resultat zu erzeugen wie im Fall einer Aktivierung – geleugnet werden. Das aber bedeutet nicht, dass deshalb der Aufwand der Anschaffungskosten abnutzbar wäre, so dass es davon Absetzungen gäbe.

---

352 BFH BStBl. II 2006, 754, Urt. v. 26.4. 2006, IX R 24/04.

353 Wassermeyer, FR 1983, 157, (163); Prinz, FR 1986, 397, (409); Jakob/Wittmann, FR 1988, 540, (544 ff).

354 Knobbe-Keuk, DB 1985, 144, (146); Costede, StuW 1986, 44; Dirk Meyer, DD 1986, 986, (987).

Die Absetzungen werden vielmehr auch im privaten Bereich von Überschusseinkünften richtigerweise vom abnutzbaren Wirtschaftsgut vorgenommen. Das Opfer dieses Wirtschaftsgutes für die Einkünfte begründet die Befugnis zu Absetzungen,[355] wenn das Wirtschaftsgut zur Erzielung von Einkünften eingesetzt wird und sich dabei verbraucht.

Die Erkenntnis, dass Absetzungen das Opfer des Steuerpflichtigen berücksichtigen sollen, dass sie daher mit dem – durch Absetzungen pauschaliert bemessenen – jährlichen Wertschwund des eingesetzten Wirtschaftsgutes einhergehen, hat erhebliche Konsequenzen. Costede hat darauf hingewiesen, dass der Wertschwund, den ein abnutzbares Wirtschaftsgut durch den Gebrauch für Einkünfte erleidet, auch zu verzeichnen ist, wenn der Steuerpflichtige das Wirtschaftsgut unentgeltlich erlangt hat.[356] Die Absetzungsbefugnis darf daher nicht, wie dies herrschender Lehre entspricht,[357] davon abhängig gemacht werden, dass der Steuerpflichtige das abnutzbare Wirtschaftsgut entgeltlich erworben hat. Eine weitere Folgerung lautet, daß der Steuerpflichtige die Befugnis zu Absetzungen nur hat, wenn das abnutzbare Wirtschaftsgut ihm zuzurechnen ist, wenn also der Wertschwund ihn trifft. Die Minderung seiner Leistungsfähigkeit eben durch den Wertverlust muss im Rahmen einer gerechten Besteuerung berücksichtigt werden. Gemindert ist die Leistungsfähigkeit des Steuerpflichtigen jedoch nur, wenn der Wertschwund ihn belastet. Und das ist nur der Fall, wenn das abnutzbare, sich abnutzende Wirtschaftsgut ihm zuzurechnen ist.

Demgegenüber ignoriert die neuere Rechtsprechung des Bundesfinanzhofs, die der Große Senat im Beschluss 1/97[358] artikuliert hat,[359] diesen Sinnzusammenhang und verkehrt die Rechtslage geradezu ins Gegenteil. Nach dieser Judikatur sollen Anschaffungskosten für ein abnutzbares Wirtschaftsgut auch dann, wenn es nicht dem Steuerpflichtigen, sondern einem Dritten zuzurechnen ist, nur über Absetzungen als Werbungskosten geltend gemacht werden können. Der Leser des Beschlusses mag zunächst den Eindruck haben, als spreche das Gericht eine Wohltat aus, wenn es in dem Beschluss heißt: „Im Hinblick auf das Nettoprinzip darf die Berücksichtigung beruflich veranlasster Aufwendungen nicht daran scheitern, dass sie im Zusammenhang mit der Anschaffung oder Herstellung eines Wirtschaftsguts stehen, das dem Steuerpflichtigen nicht gehört.“[360] Das Gericht stellt jedoch die wahren Zusammenhänge damit auf den Kopf. Denn beruflich veranlasste Aufwendungen müssen, wenn nicht aus-

355 Costede, StuW 1986, 44, (46 rechte Sp.).

356 Costede, StuW 1986, 44, (46 ff).

357 BFH BStBl. II 2006, 754, Urt. v. 26.4. 2006, IX R 24/04.

358 Im Schrifttum schon früher vertreten, z.B. von Stadie, Zurechnung.

359 BFH BStBl. II 1999, 778, (780 sub b), Beschl. v. 23.8. 1999, GrS 1/97.

360 BFH BStBl. II 1999, 778, (780 rechte Sp. oben).

nahmsweise etwas dagegen spricht, als Werbungskosten oder Betriebsausgaben einkünfte- und damit steuerschuldmindernd berücksichtigt werden, und zwar an sich in vollem Umfang in dem Jahr, in dem sie getätigt worden sind. Nur dann, wenn sie auf ein Wirtschaftsgut entfallen, das dem Steuerpflichtigen zuzurechnen ist, verhält es sich anders. Denn der Wert dieses Wirtschaftsgutes gleicht, wenn er dem Steuerpflichtigen zukommt, dessen Aufwand aus. Beim Erwerb von Privatvermögen wird dann die Werbungskostenqualität der Anschaffungskosten geleugnet. Bei einem Erwerb zu Betriebsvermögen werden die Betriebsausgaben für die Anschaffung durch die Aktivierung des Wirtschaftsgutes neutralisiert. Handelt es sich um ein abnutzbares Wirtschaftsgut, dann gibt es, dem Wertverlust folgend, Absetzungen. Diese in sich stimmige Sachlogik wird verdreht, wenn der Steuerpflichtige Anschaffungskosten für ein Wirtschaftsgut, das ihm gar nicht zurechenbar ist, nur über Absetzungen als Werbungskosten soll geltend machen können. Denn ihn berührt weder der Wert, noch der Wertschwund des Wirtschaftsgutes. Und die Kosten der Anschaffung belasten ihn im Jahr der Verauslagung in voller Höhe und nicht nur jährlich mit dem Anteil einer Verteilung dieser Kosten auf die Nutzungsdauer des fremden Wirtschaftsgutes.

Vollends fragwürdig wird die These von der Kostenverteilungsfunktion der Absetzungen, wenn man die Rechtslage im Fall von Gewinneinkünften betrachtet.[361] Da Gewinn und Verlust im Prinzip durch Bewertung des Betriebsvermögens ermittelt werden, hat eine Aufwandsverteilung keinen Sinn. Denn nicht der Aufwand interessiert für den Gewinn, sondern der Wert des Betriebsvermögens, der durch den Aufwand nicht beeinflusst wird, wenn das angeschaffte Wirtschaftsgut aktiviert und die Betriebsausgabe insofern neutralisiert wird. Dass der Wertschwund, der infolge der Abnutzung eintritt, den Wert des Betriebsvermögens betrifft, wenn das abnutzbare Wirtschaftsgut zum Betriebsvermögen gehört, ist demgegenüber wiederum folgerichtig. Gehört es aber nicht zum Betriebsvermögen, dann müssten Aufwendungen für die Anschaffung oder Herstellung nicht erst über Absetzungen, sondern sofort in vollem Umfang erfolgswirksam den Gewinn mindern, es sei denn, der Steuerpflichtige hat einen anderen Gegenwert, etwa ein Nutzungsrecht, zu Betriebsvermögen erworben, auf das sich sein Aufwand beziehen lässt. Wie im 1. Teil geschildert worden ist, hat die Rechtsprechung viele Jahre so geurteilt. Neuerdings aber geht der Bundesfinanzhof einen anderen Weg und hält es für möglich und geboten, den reinen Aufwand zu aktivieren, wenn das Wirtschaftsgut, für dessen Erwerb der Steuerpflichtige die Aufwendungen getätigt hat, ihm nicht zuzurechnen ist.[362] Mit dem geltenden Bilanzsteuerrecht ist eine Aktivierung von etwas, das sich

361 Costede, StuW 1985, 44, (45).

362 BFH BStBl. II 1999, 778, (780 sub b), Beschl. v. 23.8. 1999, GrS 1/97.

nicht im Betriebsvermögen befindet, sondern gerade weggegeben worden ist, allerdings nicht in Einklang zu bringen.

Jakob/Wittmann versuchen jedoch dies mit der These, „daß sich hinter der Bilanzierung von Wirtschaftsgütern ertragsteuerlich weniger die Bilanzierung von Vermögensgegenständen als mehr die Bilanzierung von Kosten verbirgt, was an anderer Stelle bereits mit dem Bild des Betriebsvermögens als ‚geronnener' Betriebsausgaben umschrieben wurde. Oder anders gewendet: Bei der Gewinnermittlung durch Bestandsvergleich werden mit Anschaffung oder Herstellung verausgabte Betriebsausgaben durch Aktivierung im Betriebsvermögen, dessen Wert zur Gewinnermittlung verglichen wird, gleichsam mediatisiert oder ‚gespeichert' und erst im Rahmen der Bewertung mittels AfA periodengerecht erfolgswirksam."[363]

Betriebswirtschaftlicher Betrachtungsweise, die zu erfassen sucht, wofür Betriebsausgaben verauslagt worden sind, mag diese Sicht entsprechen. Der vom EStG vorgeschriebenen Gewinnermittlung, die durch Vergleich der Werte des Betriebsvermögens eine bilanzielle Wertsteigerung als Gewinn erfassen soll, wird sie aber nicht gerecht. Die laut Beschluss 1/97 des Großen Senats gebotene Aktivierung des Aufwands, den der Steuerpflichtige zur Nutzung eines fremden Wirtschaftsgutes getätigt hat, ist nur ein technischer Kunstgriff. Die Pflicht zur Aktivierung rührt nicht davon her, dass der Steuerpflichtige Betriebsausgaben aufgewendet hat. Verhielte es sich so, dann gäbe es nie erfolgswirksame Betriebsausgaben, weil sie durch die Aktivierung des Aufwands stets neutralisiert würden. Es ist vielmehr der Umstand, dass der Steuerpflichtige diese Betriebsausgaben hier getätigt hat, um das fremde Wirtschaftsgut nutzen zu können. Es handelt sich um Aufwand zum Zwecke der Nutzung. Und zwar ist es keine schlichte Gebrauchsmöglichkeit ohne ein entsprechendes Recht. Vielmehr werden Anschaffungs- oder Herstellungskosten, die der Steuerpflichtige für ein fremdes Wirtschaftsgut aufwendet, um es nutzen zu können, fraglos stets auf ein entsprechendes Nutzungsrecht bezogen sein. Der Große Senat hat dies im Beschluss 1/97 mit Rücksicht auf den Beschluss 2/86, wonach die Aktivierung von Nutzungsrechten weithin ausgeschlossen sein soll, überspielt. Mit der Aktivierung des Aufwands von dem dann nur Absetzungen gestattet sein sollen, will das Gericht die Aktivierung des Nutzungsrechts vermeiden, auf das der Steuerpflichtige richtigerweise seine Betriebsausgaben getätigt hat.

Dies beleuchtet auch ein Urteil des III. Senat des Bundesfinanzhofs aus dem Jahre 1988.[364] In dem zugrunde liegenden Fall hatte der Unternehmer ein Betriebsgrundstück seinem Sohn geschenkt. Er wollte das Grundstück aber noch

363 Jakob/Wittmann, FR 1988, 540, (546 linke Sp.).

364 BFH BStBl. II 1989, 763, (765 sub b), Urt. v. 16.12. 1988, III R 113/85.

betrieblich nutzen und hatte sich deshalb den Nießbrauch vorbehalten. Es ging vor Gericht um die Absetzungsbefugnis. Der III. Senat schließt seine Erwägungen hierzu an den Beschluss 2/86 des Großen Senats an und führt dazu aus: Nutzungsrechte seien grundsätzlich für eine Einlage geeignet; nur dürfte nicht der auf einer Nutzung beruhende, im Betrieb erwirtschaftete Gewinn der Besteuerung entzogen werden, wie dies bei einer Einlage von unentgeltlich erlangten Nutzungsrechten der Fall wäre. Weiter heißt es dazu: Dagegen „sind zumindest die eigenen Aufwendungen des Steuerpflichtigen, die an betriebsfremdem Vermögen entstehen, das für betriebliche Zwecke genutzt wird, im Vermögensvergleich durch Absetzung einer entsprechenden Einlage gewinnmindernd zu berücksichtigen ..."[365]

Dies scheint sich zu decken mit der später vom Großen Senat im Beschluss 1/97 geäußerten Ansicht, dass der Anschaffungs- oder Herstellungsaufwand zu aktivieren und dann abzuschreiben sei. Zudem verweist der III. Senat in diesem Zusammenhang noch auf die Figur der Aufwandseinlage, die dazu dient, frühere Aufwendungen auf Privatvermögen, das dann später betrieblich genutzt wird, gewinnmindernd gelten zu machen. Der III. Senat knüpft daran an und führt aus: „Eine entsprechende Berücksichtigung ist auch geboten, wenn er (gemeint ist: der Steuerpflichtige) sich bei der Übertragung eines Gegenstandes auf betriebsfremde Personen das Nutzungsrecht für betriebliche Zwecke vorbehält und in der vorgesehenen Weise ausübt. Hierzu rechnen neben den bei der Nutzung anfallenden laufenden Kosten insbesondere auch die abschreibbaren Anschaffungs- oder Herstellungskosten, die der Nutzungsberechtigte für den Gegenstand ursprünglich selbst getragen hat und die er auch während der Dauer der Nutzung im Wege der AfA unmittelbar gewinnmindernd geltend machen könnte, wenn nicht nur das Nutzungsrecht, sondern der betrieblich genutzte Gegenstand selbst zu seinem Betriebsvermögen gehören würde. Durch die fortdauernde betriebliche Nutzung des Gegenstandes bleibt die betriebliche Veranlassung der auf die Nutzungsdauer zu verteilenden Aufwendungen des Steuerpflichtigen für dessen Anschaffung oder Herstellung auch nach dem Verlust der Eigentümerstellung gewahrt."[366]

Allerdings fährt der III. Senat dann so fort, dass man annehmen muss, das Gericht lasse hier nicht die Aktivierung des früher getätigten Aufwands zu, sondern gestatte doch die Einlage eines Nutzungsrechts, wenn es nämlich heißt: „Im Hinblick auf die Abhängigkeit des Einlagewerts des Nutzungsrechts von den eigenen betrieblich veranlassten Aufwendungen des Nutzungsberechtigten können

365 BFH BStBl. II 1989, 763, (765 sub bb), Urt. v. 16.12. 1988, III R 113/85.
366 BFH BStBl. II 1989, 763, (765 sub bb), Urt. v. 16.12. 1988, III R 113/85.

die jährlichen AfA-Beträge auf das Nutzungsrecht im Ergebnis nicht höher sein, als die AfA auf den genutzten Gegenstand selbst.“[367]

Offenbar denkt der III. Senat dabei eben doch an Absetzungen vom Nutzungsrecht. Nach alledem muss im Folgenden die Frage, wie es sich mit Nutzungen und Nutzungsrechten verhält und ob sie in ein Betriebsvermögen eingelegt werden können, geklärt werden.

II. Zur Einlage von Nutzungen und Nutzungsrechten im Fall von Gewinneinkünften

Der Bundesfinanzhof hat Einlagen von Nutzungen nie, wohl aber eine Einlage von Nutzungsrechten gestattet, und zwar vor dem Beschluss 2/86 des Großen Senats auch von unentgeltlich erlangten Nutzungsrechten.[368]

1. Die Einlage von Nutzungen

Nutzungen, so hat der Große Senat entschieden, seien keine Wirtschaftsgüter, schon deshalb könnten Nutzungen nicht in ein Betriebsvermögen eingelegt werden.[369] Demgegenüber hatte der I. Senat des Bundesfinanzhofs in seinem Vorlagebeschluss an den Großen Senat die gegenteilige Auffassung vertreten.[370] Costede hat dazu ausgeführt, dass die These des I. Senats, Nutzungen seien Wirtschaftsgüter, richtig gewesen, die Ansicht des Großen Senats, sie seien nur Eigenschaften der genutzten Wirtschaftsgüter, dagegen falsch sei. Hingegen sei die Schlussfolgerung des I. Senats, Nutzungen könnten in ein Betriebsvermögen eingelegt werden, falsch und die gegenteilige Annahme des Großen Senats richtig.[371]

Um sich Klarheit in dieser verworrenen Lage zu verschaffen, muss man sich die Funktion des Begriffs Wirtschaftsgut im System des Einkommensteuerrechts vergegenwärtigen. Der Begriff taucht zum ersten Mal im EStG von 1934 auf. Für den Bereich der Überschusseinkünfte spricht das Gesetz in § 8 EStG von Gütern. Ob die Begriffe Gut und Wirtschaftsgut identisch sind oder ob sie eine unterschiedliche Bedeutung haben, ist die Frage. Die amtliche Begründung zum

---

367 BFH BStBl. II 1989, 763, (765/766 sub 3.), Urt. v. 16.12. 1988, III R 113/85.

368 S.o. Teil 1, Kap. 1, III.1.

369 BFH BStBl. II 1988, 348, (352 sub 1 a) aa), Beschl. v. 26.10. 1987, GrS 2/86.

370 BFH BStBl. II 1987, 65, Beschl. v. 20.8. 1986, I R 41/82.

371 StuW 1995, 115 (122, 123).

EStG 1934 sprach, um den Zeitpunkt des Zuflusses nach § 11 EStG zu erläutern, noch einheitlich auch für die Überschusseinkünfte von Wirtschaftsgütern.[372] Dagegen hat der Große Senat des Bundesfinanzhofs im Beschluss 2/86 dies abgelehnt, und zwar deshalb, weil das Gericht meint, jedwede Vermögensvorteile könnten Güter im Sinne des § 8 EStG sein, Wirtschaftsgüter dagegen nur aktivierbare Positionen.[373] In der gebräuchlichen Definition des Begriffs Wirtschaftsgut findet man daher konsequenterweise die Bedingungen einer Aktivierung wieder. Die Definition, die noch vom Reichsfinanzhof stammt und in unveränderter Form bis heute vom Bundesfinanzhof fortgeführt worden ist, lautet: „Es besteht ... für einen kaufmännische Bücher führenden Gewerbetreibenden wegen derjenigen Wirtschaftsgüter, die er gegen eine Aufwendung, regelmäßig also gegen eine Geldleistung erworben hat, steuerrechtlich eine Aktivierungspflicht dann, wenn sie nach allgemeiner Verkehrsanschauung an und für sich einer besonderen Bewertung zugänglich sind und nach eben dieser Verkehrsanschauung einen wesentlichen und über die Dauer des einzelnen Steuerabschnitts wesentlich hinausreichenden Wert für das gewerbliche Unternehmen besitzen. Darunter können geeignetenfalls auch solche Erwerbungen fallen, die weder körperliche Sachen sind, noch Rechte im bürgerlichen Sinne begründen; freilich stellt noch keineswegs jedweder gegen Entgelt erlangte wirtschaftliche Vorteil ein solches steuerrechtlich aktivierungspflichtiges Wirtschaftsgut dar."[374]

In dieser Definition ist der Bezug des Begriffs Wirtschaftsgut zu einer aktivierungsfähigen und aktivierungspflichtigen Position unübersehbar. Diese Verbindung aber ist, wie Costede belegt hat, falsch.[375] Denn es gibt die Aktivierung zu ganz verschiedenen Zwecken. Zum einen kann die Aktivierung eine Gewinnerhöhung bezwecken, um dadurch erhöhte Leistungsfähigkeit des Steuerpflichtigen auszuweisen.[376] An diese Fälle wird regelmäßig gedacht, wenn von Aktivierung gesprochen wird. Daneben aber gibt es die Aktivierung noch zur Gewinnreduzierung wegen verminderter Leistungsfähigkeit, was man bei der Aktivierung eines abnutzbaren Wirtschaftsgutes beobachtet.[377] Die Absetzungen vom aktivierten Wirtschaftsgut geben die Minderung der Leistungsfähigkeit durch den Wertverlust an. Und schließlich kann Zweck der Aktivierung auch Gewinnvermeidung sein. So verhält es sich bei der Einlage.[378] Die Aktivierung des eingelegten Wirtschaftsgutes vermeidet, dass bei einer späteren Veräuße-

372 RStBl. 1935, 33, (40).
373 BFH BStBl. II 1988, 348, (352 sub bb), Beschl. v. 26.10. 1987, GrS 2/86.
374 RFH RStBl. 1928, 260, (261), Urt. v. 27.3. 1928, I A 470/27.
375 Costede, StuW 1995, 115.
376 Costede, StuW 1995, 115, (121).
377 Costede, StuW 1995, 115, (122).
378 Costede, StuW 1995, 115, (122).

rung, Betriebsveräußerung oder Betriebsaufgabe die Einlage in den Veräußerungs- oder Aufgabegewinn eingeht, weil der Teilwert zum Zeitpunkt der Einlage infolge der Aktivierung zum Buchwert rechnet. Wenn es danach also, was nach geltendem Recht unbestreitbar ist, verschiedene Aktivierungszwecke gibt, können in den allgemeinen Begriff des Wirtschaftsgutes nicht Voraussetzungen aufgenommen werden, die nur zu einem der drei verschiedenen Aktivierungszwecke passen, nämlich zu einer Aktivierung zum Zwecke der Gewinnerhöhung wegen erhöhter Leistungsfähigkeit.

Richtigerweise, nämlich bezogen auf seine Funktion im Rahmen der Besteuerung, beschreibt der Begriff Wirtschaftsgut eine Position, die Leistungsfähigkeit ausdrückt, und zwar Leistungsfähigkeit, die einem Steuerpflichtigen zugerechnet werden könnte, also zurechenbare Leistungsfähigkeit. Und das ist jeder Vorteil von Geldeswert.[379] Die Frage, ob und wem dieser Vorteil steuerlich zuzurechnen ist, ist damit noch nicht entschieden. Der Begriff des Wirtschaftsgutes bezeichnet für sich gesehen also lediglich einen potentiell zurechenbaren Vorteil. Dies ist die erste Feststellung. Sie besagt noch nichts über die weiteren Fragen, die noch zu klären sind, nämlich, ob und wem dieser Vorteil und unter welchen Voraussetzungen er aktuell einem Steuerpflichtigen zuzurechnen oder auch zur Gewinnerhöhung bzw. im Fall einer Einlage zur Gewinnvermeidung als sein Betriebsvermögen zu aktivieren ist.

So gesehen, sind Nutzungen Wirtschaftsgüter, weil sie mit der Möglichkeit zum Gebrauch geldwerte Vorteile bezeichnen. Das aber heißt nicht schon, wie der I. Senat des Bundesfinanzhofs meinte, dass sie deshalb auch Gegenstand einer Einlage sein könnten. Denn der Zweck der Aktivierung im Fall einer Einlage ist die Gewinnvermeidung. Der Veräußerungserlös auf die Einlage soll nicht Veräußerungsgewinn bilden, jedenfalls nicht in Höhe des Teilwertes, den das eingelegte Wirtschaftsgut zur Zeit der Einlage hatte, sondern nur mit einem späteren im Betrieb erzielten Wertzuwachs. Nutzungen jedoch verfliegen mit der Möglichkeit des Gebrauchs. Sie können selbst nicht veräußert werden und können bei einer späteren Betriebsveräußerung oder Betriebsaufgabe, eben weil sie dann schon verflogen sind, nicht in einen Veräußerungs- oder Aufgabegewinn eingehen. Daher kommt eine Aktivierung, um späteren Gewinn zu vermeiden, und kommt deshalb auch eine Einlage von Nutzungen nicht in Betracht. Bei Frye, der mit der bekannten Überlegung, dass Nutzungen deshalb Wirtschaftsgüter seien müssten, weil man sie laut Gesetz entnehmen kann,[380] ist der Wunsch des Gedankens Vater, dass man sie also auch müsse einlegen können. Die Voraussetzungen einer Einlage folgen eben nicht bereits daraus, dass dies und jenes

379 Costede, StuW 1995, 115, (117).

380 Frye, FR 1998, S. 973 (976, 977).

Wirtschaftsgüter sind. Auch der Verweis Fryes auf die so genannte Aufwandseinlage ist nicht stichhaltig. Die Erfindung dieser Figur ist, wie unten (Kap. 5) ausgeführt werden wird, ein Kind der Not und muss bilanzsteuerlich abgelehnt werden.

Können danach Nutzungen nicht in ein Betriebsvermögen eingelegt werden, so entfällt auch die Möglichkeit, Drittaufwand auf das vom Steuerpflichtigen genutzte Wirtschaftsgut im Wege einer Einlage von Nutzungen zu verwenden.

2. Die Einlage von Nutzungsrechten[381]

Dass Nutzungsrechte nach herrschender Lehre Wirtschaftsgüter sind und daher prinzipiell für eine Einlage geeignet sein können, hebt der Große Senat im Beschluss 2/86 ausdrücklich hervor.[382] Allerdings zieht das Gericht zur Frage, ob Nutzungsrechte in ein Betriebsvermögen eingelegt werden können, einen zusätzlichen Gesichtspunkt heran, durch den die Einlagefähigkeit wesentlich eingeschränkt wird. Dies hatte der Große Senat bereits gegenüber einer Einlage reiner Nutzungen ins Feld geführt. Es heißt dazu: „Mit der Einlageregelung des § 4 Abs. 1 Satz 1 EStG soll in steuerrechtlicher Sicht erreicht werden, dass vom Steuerpflichtigen steuerfrei gebildetes oder bei ihm bereits besteuertes Vermögen nach seiner Einbringung in den Betrieb nicht durch eine Erhöhung der Gewinneinkünfte der Besteuerung unterworfen wird.“[383] Hieran schließt der Große Senat die folgende Überlegung an: Bei einer Einlage reiner Nutzungen „wird nämlich weder steuerfrei gebildetes Vermögen übertragen, noch haben die Nutzungen beim Steuerpflichtigen bereits der Besteuerung unterlegen. Im Gegenteil würde der Ansatz des Nutzungswerts als Einlage dazu führen, daß der auf der Nutzung beruhende und im Betrieb erwirtschaftete Gewinn der Besteuerung entzogen wird, obwohl selbst im Privatvermögen gezogene Nutzungen regelmäßig zu Einkünften aus Kapitalvermögen oder aus Vermietung und Verpachtung führen und der Besteuerung unterliegen.“[384] Dieser zur Einlage von Nutzungen geäußerte Gedanke wird dann für die Überlegung verwandt, ob und wann Nutzungsrechte einlagefähig sind. Dabei, so der Große Senat, müsse dem Zweck der Einlageregelung, wie ihn das Gericht zuvor bestimmt hat, Rechnung getragen werden. Und das ergibt für das Gericht, dass der Steuerpflichtige weder Nutzungsrechte, die er an eigenen Wirtschaftsgütern begründet hat, in sein Betriebs-

381 Jia Li, Nutzungen und Nutzungsrechte, S. 135 f.

382 BFH BStBl. II 1988, 348, (353 sub c), Beschl. v. 26.10. 1987, GrS 2/86.

383 BFH BStBl. II 1988, 348, (353 sub aa 1. Abs.), Beschl. v. 26.10. 1987, GrS 2/86.

384 BFH BStBl. II 1988, 348, (353 sub aa 2. Abs.), Beschl. v. 26.10. 1987, GrS 2/86.

vermögen einlegen könne, noch Nutzungsrechte an fremden Wirtschaftsgütern, wenn sie ihm – was regelmäßig nur bei Angehörigen vorkommt – unentgeltlich zugewandt worden sind. Denn, so lautet die Begründung: dies hätte die gleichen Folgen, die mit den Wertungen des Einkommensteuerrechts nicht zu vereinbaren seien, dass nämlich der durch die Nutzung im Betrieb erzielte Gewinn der Besteuerung verloren ginge.[385]

Dazu ist folgendes zu sagen: Die gesetzlichen Regelungen Einlagen betreffend (§§ 4 I 1 und 6 I Nr. 5 EStG) fußen auf der gesetzgeberischen Entscheidung, dass als Gewinn nur die im Betrieb erwirtschaftete Vermögensmehrung erfasst werden soll, nicht dagegen eine Zunahme des Betriebsvermögens eben durch Einlagen, deren Wert der Steuerpflichtige gerade nicht in seinem Unternehmen gewonnen, sondern diesem von außen zugeführt hat. Mit diesem unmittelbar verständlichen Gesetzeszweck hat die zusätzliche Überlegung des Großen Senats, es komme noch darauf an, welches einkommensteuerliche Schicksal das später eingelegte Wirtschaftsgut vor dessen Einlage erfahren hat, nichts zu tun. Jedenfalls lässt sich gedanklich keine plausible Verbindung herstellen zwischen der These des Großen Senats, dass Einlagen nur aus steuerfrei gebildetem oder bereits versteuertem Vermögen stammen dürften, und dem Gesetzeszweck, dass Einlagen, die nicht im Betrieb erwirtschaftet worden sind, nicht den laufenden und auch nicht einen späteren Gewinn erhöhen sollen. Jedoch braucht diese Kritik hier nicht vertieft zu werden, da die Schlussfolgerung des Gerichts, dass unentgeltlich erlangte Nutzungsrechte nicht einlagefähig seien, richtig ist, wenn auch die Gründe dafür andere sind als die vom Großen Senat genannten.[386]

Einlagen, die zum Zwecke der Gewinnvermeidung zu Betriebsvermögen des Steuerpflichtigen getätigt werden, setzen nicht nur ein Wirtschaftsgut im Sinne eines geldwerten Vorteils voraus. Sie müssen darüber hinaus auch aktivierbar sein, und zwar zu Betriebsvermögen des Steuerpflichtigen.[387] Aktivierungsfähig ist ein Wirtschaftsgut jedoch nur, wenn es Nutzen für mehrere Jahre besitzt und wenn es selbständig bewertbar ist. Diese Bedingungen, die die herrschende Lehre schon für den Begriff eines Wirtschaftsguts voraussetzt,[388] sind als Bedingungen einer Aktivierung zutreffend. Und zu Betriebsvermögen des Steuerpflichtigen kommt die Aktivierung eines Wirtschaftsgutes nur in Betracht, wenn der Steuerpflichtige es, um betrieblichen Gewinn zu erwirtschaften, im Betrieb einsetzt und es ihm zuzurechnen ist. Mit steuerlicher Wirkung sind Wirtschaftsgüter

385 BFH BStBl. II 1988, 348, (353 sub c unten), Beschl. v. 26.10. 1987, GrS 2/86.

386 Dazu näher: Jia Li, Nutzungen und Nutzungsrechte, S. 135 ff.

387 Costede, StuW 1995, 115, (122).

388 BFH BStBl. II 1987, 14, Urt. v. 9.7. 1986, I R 218/82; fast gleichlautend: BFH BStBl. II 1990, 794, (795 sub b), Urt. v. 16.2. 1990, III B 90/88.

dem Steuerpflichtigen nach § 39 I, II AO zuzurechnen, wenn ihr Wert ihm zukommt und er sie zur Erzielung von Einkünften einsetzen kann.[389] Ein unentgeltlich erlangtes Nutzungsrecht kann der Steuerpflichtige zwar in seinem Betrieb zur Erzielung von Einkünften einsetzen, indem er es nämlich betrieblich nutzt. Er kann aber den Wert des Nutzungsrechts selbst nur dann für sich auswerten, wenn er es auf dem Markt veräußern und so, zumindest bei einer Veräußerung des ganzen Betriebes für sich ausmünzen könnte. Das ist bei einem unentgeltlich eingeräumten Nutzungsrecht regelmäßig nicht der Fall. Solche Rechte begründen außenstehende Dritte normalerweise für einen anderen nicht. Vielmehr beobachtet man in der Praxis – soweit ersichtlich – nur Fälle, in denen Angehörige mit Rücksicht auf ihre verwandtschaftlichen Beziehungen dem Steuerpflichtigen ohne Gegenleistung gestatten, etwa ihr Grundstück für seine betrieblichen Bedürfnisse zu nutzen. Mit einer entgeltlichen Veräußerung des Nutzungsrechts an einen beliebigen Erwerber sind sie auch im Fall einer Betriebsveräußerung aber nicht einverstanden.[390] Es kann unter diesen Umständen in Ansehung des Nutzungsrechtes auch nicht zu einem Veräußerungsgewinn kommen, der, weil das Nutzungsrecht nicht im Betrieb erwirtschaftet worden ist, ungerechtfertigt wäre. Mit anderen Worten heißt das, dass unentgeltlich erlangte Nutzungsrechte, deren Wert der Steuerpflichtige nicht durch eine Veräußerung für sich ausmünzen könnte, nicht einlagefähig sind.[391]

Damit aber steht zugleich fest, dass der Steuerpflichtige Drittaufwand nicht in der Weise mittelbar verwerten kann, dass er ein unentgeltlich vom Dritten erlangtes Nutzungsrecht in sein Betriebsvermögen einlegt und Absetzungen davon vornimmt.

Kann der Steuerpflichtige dagegen das Nutzungsrecht zumindest mit einer Veräußerung des ganzen Betriebes auf einen Erwerber entgeltlich übertragen, was bei einem Nutzungsrecht, das der Steuerpflichtige seinerseits gegen Entgelt erlangt hat, denkbar ist, so ist es mit der Möglichkeit von Absetzungen auch einlagefähig. Die Absetzungen sind dann allerdings nicht nach den Absetzungen vom genutzten Wirtschaftsgut, sondern eben vom Nutzungsrecht vorzunehmen. Sie bemessen sich auch nicht zwangsläufig nach dem für den Erwerb getätigten Aufwand, da Absetzungen, wie hier vertreten wird, nicht der Aufwandsverteilung dienen. Vielmehr sind der Wert des Nutzungsrechts und dessen Dauer selbständig zu bestimmen.

389 Costede, StuW 1995, 115, (117); Stbg 2007, 355, (359).

390 Groh, DB 1988, 514, (517 linke Sp.).

391 Jia Li, Nutzungen und Nutzungsrechte, S. 140/141.

III. Zur Absetzung von unentgeltlich erlangten Nutzungsrechten im Fall von Überschusseinkünften

Absetzungen sind im Fall von Überschusseinkünften, wie oben I. ausgeführt worden ist, vom Gesetz deshalb vorgesehen, weil dadurch die Minderung der Leistungsfähigkeit berücksichtigt werden soll. Der Steuerpflichtige opfert den Wert des abnutzbaren Wirtschaftsgutes, indem er es zur Erzielung der Einkünfte einsetzt und dadurch verbraucht. Wenn es sich so verhält, dann kommen Absetzungen jedoch nur in Betracht, wenn der Steuerpflichtige durch den Verbrauch des Wirtschaftsgutes für die Einkünfte einen Wert verliert, den er ansonsten anderweitig für sich ausmünzen könnte. Das ist nicht nur dann der Fall, wenn er seinerseits für den Erwerb des Wirtschaftsgutes Aufwendungen getätigt hat. Vielmehr kann es sich so auch verhalten, wenn er das Wirtschaftsgut unentgeltlich erlangt hat, es aber gegen Entgelt für sich verwerten könnte, statt es für Einkünfte zu opfern.

Ein Nutzungsrecht an einem ansonsten fremden Wirtschaftsgut wird ein Dritter dem Steuerpflichtigen ohne Entgelt aber nur höchstpersönlich überlassen. Man beobachtet solche Fälle in aller Regel nur bei nahen Angehörigen. Der Steuerpflichtige ist dann nicht berechtigt, das nur ihm persönlich gewährte Nutzungsrecht seinerseits gegen Entgelt zu verwerten. Das aber heißt, dass der persönliche Verbrauch des Nutzungsrechts kein Opfer bedeutet, das der Steuerpflichtige für die Einkünfte erbringt. Das Nutzungsrecht ist ihm eben nur zur Erzielung von Einkünften und nicht zu freier Verwertung eingeräumt worden. Absetzungen davon sind ihm daher benommen.

Kapitel 4: Zur Berücksichtigung eines Drittaufwands durch Abkürzung des Zahlungsweges bzw. durch Abkürzung des Vertragsweges

Die in dieser Arbeit vertretene Ansicht lautet: Aufwendungen sind dem Steuerpflichtigen als Betriebsausgaben oder Werbungskosten personell zuzuordnen, wenn er sie durch den Einsatz von Wirtschaftsgütern für seine Einkünfte getätigt hat, und zwar durch Wirtschaftsgüter, die ihm zuzurechnen sind. Er muss die betreffenden Wirtschaftsgüter durch seine Entscheidung, sie zur Erzielung seiner Einkünfte einzusetzen, entweder bewusst aufgeopfert oder dem Risiko, sie für die Einkünfte zu verlieren, ausgesetzt haben.[392]

Anhand dieses Maßstabes sind jetzt Rechtsprechung und Schrifttum zur Anerkennung eines Drittaufwandes im abgekürzten Zahlungsweg und im abgekürzten Vertragsweg zu überprüfen.

I. Drittaufwand im abgekürzten Vertragsweg

Die hier betrachtete Fallgestaltung zeichnet sich dadurch aus, dass ein Dritter einen Vertrag über Leistungen schließt, die dem Steuerpflichtigen zugute kommen sollen. Zum Beispiel beauftragt der Vater des Steuerpflichtigen einen Handwerker damit, Reparaturarbeiten am Mietshaus des Sohnes auszuführen. Der Vater, der gegenüber dem Handwerker aus diesem Vertrag verpflichtet ist, begleicht mit Mitteln aus seinem Vermögen seine Schuld. Es kann sich bei dem vom Vater geschlossenen Vertrag um einen ermächtigenden oder vielleicht sogar um einen berechtigenden Vertrag zugunsten Dritter, nämlich zugunsten des Sohnes, handeln, aus dem der Sohn die vom Handwerker geschuldete Leistung selbst fordern kann. Es kann aber auch ein Vertrag sein, bei dem die Begünstigung des Steuerpflichtigen nur im Innenverhältnis zwischen Vater und Sohn sichtbar, dem Vertragspartner, also dem Handwerker, aber gar nicht bekannt ist. In allen diesen Fällen gilt gleichermaßen: Die Leistung, die der Vater an den Handwerker erbringt, stammt aus dem Vermögen des Vaters, sie fließt also nicht aus dem Vermögen des Sohnes ab. Es ist keine Leistung auf eine Schuld des Sohnes; vielmehr handelt es sich um eine Vertragspflicht eben des Vaters. Und diese Leistung geht nicht an den Sohn, sondern an den Vertragspartner des Va-

392 S.o. Teil 2, Kapitel 2 III.

ters, an den Handwerker. Der Sohn erhält zwar eine Zuwendung durch den Vater. Diese Zuwendung besteht jedoch nicht in der Leistung, die aus dem Vermögen des Vaters getätigt wird. Zugewendet wird, und zwar im Außenverhältnis durch den Handwerker aus dessen Mitteln, lediglich im Innenverhältnis durch den Vater, die Handwerkerleistung, also etwa die Reparatur des Mietshauses. So jedenfalls sieht die zivilrechtliche Rechtslage aus, ob sie eine einkommensteuerrechtliche Bedeutung besitzt und welche, ist eine andere Frage. Hervorgehoben werden muss noch, dass es sich bei der Zuwendung des Vaters an den Sohn im Innenverhältnis um eine Schenkung handeln kann. Es kann aber auch sein, dass der Vater vom Steuerpflichtigen dafür einen Ausgleich verlangen kann, etwa aus einem Vertragsverhältnis, das beide in dieser Hinsicht eingegangen sind, oder auch aus einem gesetzlichen Schuldverhältnis, etwa einer Geschäftsführung ohne Auftrag bzw. aus Bereicherungsrecht. Das soll hier zunächst nicht näher geprüft werden.

1. Auseinandersetzung mit der Rechtsprechung

Wie oben berichtet worden ist, hat der Große Senat im Beschluss 2/97 offen gelassen, wie diese Fallgestaltung des abgekürzten Vertragsweges einkommensteuerlich zu werten ist.[393] Der IX. Senat dagegen urteilt, dass es sich in solch einem Fall um Werbungskosten des Steuerpflichtigen handele, weil – wie es in dem Urteil heißt – „die Mittelherkunft für den Ausgabenabzug nicht bedeutsam" sei, weswegen Aufwendungen eines Dritten zugunsten des Steuerpflichtigen diesem auch zuzurechnen seien, „wenn der Dritte in eigenem Namen für den Steuerpflichtigen einen Vertrag abschließt und auf Grund dessen auch selbst die geschuldete Zahlung leistet."[394] Die weitere Begründung des IX. Senats, dass nämlich der Dritte dem Steuerpflichtigen Geld zuwende,[395] trifft allerdings nicht zu; denn das Geld fließt an den Vertragspartner des Dritten. Richtig ist dagegen die Sentenz, dass der Dritte durch die Zahlung an seinen Vertragspartner seine Entreicherung bewirke. Warum dies allerdings einkommensteuerlich als Aufwand des Steuerpflichtigen zu werten ist, wird vom IX. Senat lediglich mit Hinweis darauf begründet, dass für das Steuerrecht „der wirtschaftliche Gehalt eines solchen Dreiecksverhältnisses" maßgebend sei.

Ersichtlich handelt es sich um eine Fiktion bei der rechtlichen Wertung, dass der Drittaufwand in dieser Konstellation so zu betrachten sei, als hätte der Dritte

393 BFH BStBl. II 1999, 782 (785 sub c) bb), Beschl. v. 23.8. 1999, GrS 2/97.
394 BFH BStBl. II 2006, 623, (624 sub 1 a) bb), Urt. vom 15.11. 2005, IX R 25/03.
395 BFH BStBl. II 2006, 623, (624 sub 1 a) bb), Urt. vom 15.11. 2005, IX R 25/03.

dem Steuerpflichtigen die erforderlichen Mittel verschafft und dieser hätte damit in einer ihn belastenden Weise den Handwerker als den Vertragspartner des Dritten befriedigt. Fragt sich nur, weshalb das Steuerrecht gehalten sein soll, diese Fiktion zugrunde zu legen, um so dem wirtschaftlichen Gehalt des Dreiecksverhältnisses zu entsprechen.

Das überzeugt nicht. Es widerspricht dem Maßstab, der oben als entscheidend herausgearbeitet worden ist. Danach müssen Wirtschaftsgüter, die dem Steuerpflichtigen zuzurechnen sind, aufgewendet werden, und zwar, um für diesen Betriebsausgaben oder Werbungskosten zu begründen, auf Grund einer Entscheidung des Steuerpflichtigen, die Wirtschaftsgüter zur Erzielung von Einkünften einzusetzen. So aber verhält es sich gerade nicht, wenn ein Dritter in eigenem Namen einen Vertrag schließt, mag auch die vertraglich ausbedungene Leistung des Vertragspartners dem Steuerpflichtigen zugute kommen. Ist dieser dem Dritten allerdings auf Grund vertraglicher Absprache ausgleichspflichtig, dann stellen die Ausgleichszahlungen fraglos Werbungskosten oder Betriebsausgaben des Steuerpflichtigen dar. Denn er setzt diesen Aufwand ein, um Einkünfte zu erzielen. Diese Gestaltung aber kann man, eben weil sie steuerrechtlich eindeutig ist, hier beiseite lassen. Es bleibt bei den Fällen, in denen der Dritte für seinen Aufwand keinen Ausgleich von dem begünstigten Steuerpflichtigen erhält, weil es sich um eine Schenkung an diesen handelt. Diese Schenkung bereichert den Steuerpflichtigen. Das ist keine Frage. Eine Bereicherung stellt aber keinen vom Steuerpflichtigen gezielt für seine Einkünfte eingesetzten Mittelabfluss dar. Es ist kein Grund ersichtlich, weswegen die Zuwendung des Dritten beim abgekürzten Vertragsweg so gewertet werden müsste, als hätte der Steuerpflichtige die Mittel erhalten und verausgabt, die der Dritte seinem Vertragspartner zur Begleichung seiner Schuld gezahlt hat.

Auch das spätere Urteil des IX. Senats IX R 45/07 zum Drittaufwand im abgekürzten Vertragsweg[396] fügt der geschilderten Argumentation keine überzeugende Begründung hinzu. Das Gericht verweist wiederum nur darauf, der Dritte wende „nach dem Zuwendungsgedanken dem Steuerpflichtigen Geld zu, indem er den in dessen Interesse geleisteten Betrag nicht zurückfordert und so das Vermögen des Steuerpflichtigen vermehrt." Die Schenkung mit der Absprache, einen Reparaturauftrag zugunsten des Steuerpflichtigen zu erteilen und diesem die Reparatur unentgeltlich zuzuwenden, bereichert ihn fraglos. Aber die Schlussfolgerung des IX. Senats, die besagt, „Der Steuerpflichtige macht danach eigenen Aufwand und keinen Drittaufwand (Aufwand des Dritten) geltend", entbehrt jeder Logik. Aufwand des Steuerpflichtigen folgt gerade nicht aus dem Umstand, dass zu dessen Gunsten ein Dritter etwas aufgewendet und die Gegen-

396 BFH BStBl. II 2008, 572, Urt. v. 15.1.2008, IX R 45/07.

leistung des Vertragspartners ihm zugewendet hat. Mit gleicher Begründung hätte man sagen können, dass die Zuwendung durch Dritte, etwa die Vorausabtretung eines Zinsanspruchs, dem Steuerpflichtigen Einkünfte aus Kapitalvermögen verschaffe. Das aber ist nach heute ganz einhelliger Meinung eben nicht der Fall.[397] Genauso wenig kann ein Drittaufwand, für den der Steuerpflichtige nicht bewusst Wirtschaftsgüter einsetzt, die ihm zuzurechnen sind und deren Aufgabe ihn belastet, Werbungskosten oder Betriebsausgaben begründen.

Aufschlussreich sind in diesem Zusammenhang die Urteile des X. und des IV. Senats des Bundesfinanzhofs, in denen jedenfalls für die entschiedenen Fälle die Berücksichtigung eines Drittaufwands abgelehnt worden ist. Zwar haben beide Senate obiter dicendi der Judikatur des IX. Senats zugestimmt, dass Zahlungen eines Dritten im abgekürzten Vertragsweg für den Steuerpflichtigen Werbungskosten oder Betriebsausgaben begründen könnten, haben aber für den konkreten Fall anders geurteilt. Der X. Senat hat die Anwendung dieser Judikatur im Fall eines Kreditgeschäfts,[398] der IV. Senat für den Fall eines Dauerschuldverhältnisses[399] abgelehnt. Ein Grund dafür, dass der abgekürzte Vertragsweg wohl bei Bargeschäften des täglichen Lebens, nicht aber bei Dauerschuldverhältnissen oder Kreditgeschäften für den Steuerpflichtigen Werbungskosten ergibt, ist nicht ersichtlich. Denn der Umstand, dass bei einem einfachen Bargeschäft dem Vertragspartner des Dritten die Person der anderen Vertragspartei gleichgültig ist, hat nichts damit zu tun, ob der Steuerpflichtige durch Aufwendungen für seine Einkünfte belastet wird.

Beide genannten Urteile, das des X. und das des IV. Senats ergeben, dass der Bundesfinanzhof Drittaufwand als Werbungskosten des Steuerpflichtigen nur in Fällen anerkennen will, die praktisch bedeutungslos und für den Fiskus nicht belastend sind. Der finanzielle Umfang eines Bargeschäfts ist regelmäßig so gering, der Betrag der besagten Werbungskosten also so niedrig, dass der Fiskus es hinnehmen kann, ihn als Werbungskosten des Steuerpflichtigen zu akzeptieren ebenso wie die Werbungskostenpauschale, die auch dann in Anspruch genommen werden kann, wenn die belegbaren Werbungskosten den Pauschalbetrag nicht erreichen. Allerdings ist ein solches Praktikabilitätsargument ungeeignet, die Problematik des Drittaufwands befriedigend zu lösen.

397 S.o. Teil 2, Kapitel 2, II.

398 BFH DStR 2008, 2204, Urt. v. 25.6. 2008, X R 36/05.

399 BFH BStBl. II 2000, 314, Urt. v. 24.2. 2000, IV R 75/98.

2. Auseinandersetzung mit Schrifttum

Auch die Argumente, die das Schrifttum für eine Anerkennung eines Drittaufwands im abgekürzten Vertragweg liefert, überzeugen nicht.

Die Befürworter des reinen Veranlassungsprinzips wollen Werbungskosten und Betriebsausgaben allein nach sachlichen Gesichtspunkten den Einkünften des Steuerpflichtigen zuordnen. Maßgeblich soll sein, ob der betreffende Aufwand – gleichgültig, wer ihn getragen hat – durch die Einkünfte des Steuerpflichtigen ausgelöst worden ist. Diese allein auf eine Wortinterpretation gestützte Rechtsansicht kann einer wertenden Betrachtung nicht standhalten. Da Werbungskosten die Überschusseinkünfte, da Betriebsausgaben die Gewinneinkünfte beeinflussen, da sich also Werbungskosten wie Betriebsausgaben auf die Höhe der Einkommensteuerschuld auswirken, müssen sie personell zugeordnet werden, so wie die Einkünfte dem Steuerpflichtigen persönlich zugerechnet werden. Die Zuordnung des die Einkünfte beeinflussenden Aufwands muss das Resultat einer wertenden rechtlichen Betrachtung sein, nicht nur das Ergebnis einer reinen Kausalitätsprüfung. Daher wird das Veranlassungsprinzip als Zuordnungsmaßstab von der herrschenden Lehre zu Recht abgelehnt.[400]

Das Zuwendungsprinzip wiederum kann, wie oben bei Betrachtung der Judikatur zur Drittaufwandsproblematik ausgeführt worden ist, nicht erklären, wieso aus der Zuwendung eines Vermögenswertes zugunsten des Steuerpflichtigen für diesen ein Güterabfluss in Form von Werbungskosten oder Betriebsausgaben folgt. Die Fiktion, der Steuerpflichtige habe aus dem ihm Zugewendeten eigenen Aufwand bewirkt, findet nirgends eine Stütze. Allein der Wunsch, rechtlich zu werten, reicht als Begründung nicht aus. Dazu muss noch einmal betont werden, dass der Dritte im Fall des abgekürzten Vertragswegs dem Steuerpflichtigen gerade nicht den von ihm getätigten Aufwand zuwendet, sondern den Vermögensvorteil, den der Vertragspartner des Dritten an den Steuerpflichtigen erbringt. Dieser Vorteil, etwa eine Hausreparatur, verbleibt aber beim Steuerpflichtigen, wird also gerade nicht von diesem zum Zwecke der Erzielung von Einkünften aufgewendet. Der Drittaufwand hat sich nie im Vermögen des Steuerpflichtigen befunden und sollte sich auch nie in dessen Vermögen befinden. Dementgegen zu fingieren, der Dritte hätte seine Mittel dem Steuerpflichtigen zugewendet und dieser hätte sie verwandt, um die Leistungen zu erlangen, die der Vertragspartner des Dritten diesem versprochen hat, ist Willkür, keine vertretbare rechtliche Bewertung. Denn es gibt in Fällen des abgekürzten Vertragsweges keinen Anhaltspunkt für die Annahme, der Steuerpflichtige hätte dieses Verfahren gesteuert. Jedoch ist die Einflussnahme des Steuerpflichtigen auf den ihn belasten-

400 Vgl. oben Teil 1 Kap. I, II.

den Aufwand Voraussetzung dafür, diesen Aufwand als Werbungskosten oder Betriebsausgaben des Steuerpflichtigen zu werten.

So und ähnlich lauten die von Jakob,[401] von Ruppe[402] und von Jia Li[403] geäußerten Rechtsansichten zur Problematik des Drittaufwands. Diese Verfasser haben zu Recht hervorgehoben, dass zwischen den Kriterien, nach denen Einkünfte dem Steuerpflichtigen zugerechnet werden, und dem Maßstab, nach dem ihm Werbungskosten und Betriebsausgaben zuzuordnen sind, ein Gleichklang bestehen muss. Deshalb verlangen Jakob und Ruppe, dass der Steuerpflichtige über die Zahlungsmittel, deren Verauslagung ihm als Werbungskosten oder Betriebsausgaben zugeordnet werden, die Verfügungsmacht, jedenfalls wirtschaftlich, besessen haben muss. Jia Li schränkt weiter ein, dass der Steuerpflichtige nicht nur die Verfügungsmacht gehabt haben, sondern selbst die Verfügung getroffen haben muss, so wie er Einkünfte selbst erwirtschaftet haben muss und nicht lediglich bezogen haben darf.[404]

So lautet auch die hier vertretene Ansicht, der im Ergebnis gleichfalls die von Seitz vertretene Auffassung[405] entspricht. Seitz ist allerdings entgegenzuhalten, dass er eine stimmige Begründung für diese richtige Beurteilung eines Drittaufwands durch einen abgekürzten Vertragsweg nicht liefert.[406]

Als Ergebnis ist festzuhalten, dass Drittaufwand im abgekürzten Vertragsweg vom Steuerpflichtigen nicht als Betriebsausgaben oder Werbungskosten geltend gemacht werden kann.

II. Drittaufwand im abgekürzten Zahlungsweg

Mit der Formel Drittaufwand im abgekürzten Zahlungsweg meint man Fälle, in denen ein Dritter die Schuld des Steuerpflichtigen aus einem Vertrag erfüllt, den der Steuerpflichtige zur Erzielung von Einkünften abgeschlossen hat. Er hat etwa einen Handwerker mit Reparaturarbeiten für sein Mietshaus beauftragt oder auch einen Kredit aufgenommen, um damit Kapitalvermögen mit entsprechenden Einkünften zu erwerben. Es handelt sich also durchweg um Fälle, in denen der Drittaufwand, hätte der Steuerpflichtige die Aufwendungen getätigt, um sei-

401 S.o. Teil 1, Kapitel 2, I.4.: Jakob, DStR 1987, 784, (786).
402 S.o. Teil 1, Kapitel 2, I.4.: Ruppe, in Schulze-Osterloh, Rechtsnachfolge im Steuerrecht, 1987, 45, (72, 73).
403 S.o. Teil 1, Kapitel 2, III (3.): Jia Li, StB 2007, 377.
404 Jia Li, StB 2007, 377, (380, 381).
405 Seitz, FR 2006, 201, (212).
406 S.o. Teil 1, Kapitel 2, III. (2.).

ne vertragliche Verpflichtung zu erfüllen, in den genannten Beispielsfällen Werbungskosten des Steuerpflichtigen darstellen würden.

Im Beschluss 2/97 hat schon der Große Senat des Bundesfinanzhofs in solchen Fällen den Drittaufwand als Werbungskosten des Steuerpflichtigen qualifiziert.[407] Der Hintergrund dafür ist die schon früher im Schrifttum[408] vertretene Ansicht, dass es steuerlich gleichgültig sein müsse, ob der Dritte die Schuld des Steuerpflichtigen unmittelbar selbst tilgt oder aber den zur Tilgung benötigten Betrag dem Steuerpflichtigen schenkt, so dass dieser selbst seine Verpflichtung erfüllen kann. Da es nicht darauf ankommt, woher die Mittel stammen, mit denen der Steuerpflichtige Werbungskosten oder Betriebsausgaben tätigt, ist die entsprechende Qualifizierung in diesem Fall schon immer allgemein anerkannt worden. Wäre es für das Steuerrecht also gleichgültig, ob so verfahren wird oder ob der Dritte, statt den Umweg über die Schenkung der Tilgungssumme an den Steuerpflichtigen zu nehmen, unmittelbar selbst dessen Schuld tilgt, dann würde dies eben Werbungskosten begründen. Nur fragt sich, ob und warum es der steuerlichen Beurteilung gleichgültig ist, ob so oder so verfahren wird. Eine Begründung ist die betreffende Behauptung, dass eine andere rechtliche Einschätzung reiner Formalismus wäre, jedenfalls nicht.

Wieder muss gefragt werden, ob der Dritte gegen den Steuerpflichtigen Ausgleichsansprüche dafür hat, dass er dessen Schuld getilgt hat. Wieder kann sich das aus einer entsprechenden Abrede ergeben oder aber sich aus einer Geschäftsführung ohne Auftrag nach den §§ 683, 670 BGB bzw. aus ungerechtfertigter Bereicherung. Dass es sich bei einer Ausgleichszahlung, die der Dritte vom Steuerpflichtigen erhält, dann um dessen Werbungskosten handelt, ist keine Frage, weshalb diese Fälle hier beiseite bleiben sollen. Es geht hier nur um solche Konstellationen, in denen im Innenverhältnis zwischen dem Dritten und dem Steuerpflichtigen eine Schenkung an diesen vorliegt.

Dann aber bleibt die Frage, weshalb die unmittelbare Tilgung der Schuld des Steuerpflichtigen durch den Dritten einkommensteuerlich ebenso zu behandeln ist, wie wenn der Dritte die Mittel zur Schuldtilgung dem Steuerpflichtigen geschenkt und dieser damit seine Verpflichtung beglichen hätte. Vermutlich denkt derjenige, der für eine steuerliche Gleichbehandlung beider Fallgestaltung eintritt, daran, dass im Steuerrecht die wirtschaftliche Betrachtungsweise gelte und dass bei wirtschaftlicher Betrachtung eben beide Fälle identisch seien.

Diese Argumentation kann jedoch nicht akzeptiert werden. Die Berufung auf die wirtschaftliche Betrachtungsweise ist regelmäßig nur das Eingeständnis, dass

---

407 BFH BStBl. II 1999, 782 (785 sub c) aa), Beschl. v. 23.8. 1999, GrS 2/97.

408 Stuhrmann, FR 1980, 41, (42 sub 2. a.E.; Hutter, DStZ 1981, 47, (51/52); Döllerer, StbJb 1984/85, 55, (67).

man eine Begründung für das vertretene Ergebnis letztlich nicht gefunden hat. Bezogen auf die hier betrachtete Problematik des abgekürzten Zahlungsweges ist die Berufung auf die wirtschaftliche Betrachtungsweise jedenfalls das Eingeständnis eines dogmatischen Defizits.

Wertet man die Fälle eines Drittaufwands im abgekürzten Zahlungsweg anhand der Kriterien, die oben für die personelle Zuordnung von Betriebsausgaben und Werbungskosten entwickelt worden sind, dann kommt es auf zweierlei an. Der Steuerpflichtige muss die Aufwendungen durch die eigene Entscheidung, Wirtschaftsgüter zur Erzielung seiner Einkünfte einzusetzen, getätigt haben, und es muss sich um Wirtschaftsgüter handeln, die ihm zuzurechnen sind, deren Weggabe oder Verlust also sein Vermögen belastet.[409]

Ist der Dritte aus eigenem Antrieb für den Steuerpflichtigen eingesprungen, hat dieser etwa erst nach der Tilgung seiner Schuld davon erfahren und sie im Innenverhältnis im Nachhinein als eine Schenkung akzeptiert, so hat er den Einsatz der Mittel zur Begleichung seiner Verpflichtung und damit den Einsatz für seine Einkünfte jedenfalls nicht bestimmt. Die betreffenden Aufwendungen dürfen ihm dann sowenig als Werbungskosten oder Betriebsausgaben zugeordnet werden, sowenig geschenkte Zinsen ihm als Einkünfte aus Kapitalvermögen zugerechnet werden dürfen.

So allerdings wird es sich in Fällen eines Drittaufwands im abgekürzten Zahlungsweg selten verhalten. Vielmehr wird die Zahlung durch den Dritten auf die Schuld des Steuerpflichtigen regelmäßig auf einer Absprache beruhen, durch die der Steuerpflichtige den Dritten bestimmt, an seiner Stelle zu zahlen. Dann aber ist die erste Voraussetzung für die Zuordnung der Zahlung als Werbungskosten des Steuerpflichtigen erfüllt, dass er nämlich den Einsatz der Wirtschaftsgüter für seine Einkünfte bestimmt hat.

Bleibt nur die Frage, ob die Mittel, mit denen der Dritte die Schuld des Steuerpflichtigen tilgt, als Wirtschaftsgüter, die dem Steuerpflichtigen zuzurechnen sind, betrachtet werden können. Das ist nach den Kriterien des § 39 AO bei Wirtschaftsgütern der Fall, deren Wert der Steuerpflichtige für sich ausmünzen und die er für seine Einkünfte einsetzen kann. Dass letzteres der Fall ist, liegt auf der Hand, wenn der Steuerpflichtige zur Begleichung seiner Schuld den Dritten bestimmen kann. Dass er die Mittel zur Zahlung für sich ausmünzen kann, ist dann der Fall, wenn der Dritte sich bereit erklärt, die Zahlungsmittel dem Steuerpflichtigen zur Verfügung zu stellen und wenn der Steuerpflichtige entscheiden kann, ob er sie zur Begleichung der Schuld annimmt oder ob er sie ablehnt. Auch dies wäre eine Ausmünzung des betreffenden Wertes, was dazu berechtigt, die Mittel dem Steuerpflichtigen nach § 39 AO zuzurechnen.

---

409 Ebenso Jia Li, StB 2007, 377, 380 f.

Danach hat sich ergeben, dass nicht jeder Drittaufwand im abgekürzten Zahlungsweg Werbungskosten oder Betriebsausgaben des Steuerpflichtigen begründet. In den meisten Fällen, in denen Angehörige des Steuerpflichtigen Zahlungen für dessen Einkünfte leisten, wird es sich aber doch so verhalten.

In der Praxis beobachtet man noch andere Fallgestaltungen: So hat in einem Fall, den der IX. Senat kürzlich entschieden hat, die Steuerpflichtige Zahlungen, zu denen sie aus einem Handwerkervertrag selbst verpflichtet war, vom Konto ihrer Mutter, der sie eine Wohnung vermietet hatte, getätigt.[410] Bei vordergründiger Betrachtung waren es also Mittel der Mutter, deren Verausgabung die Steuerpflichtige scheinbar also gar nicht belastete. Es handelt sich, wie der IX. Senat auch erkannt hat, weder um einen abgekürzten Vertragsweg, noch um einen abgekürzten Zahlungsweg, denn weder hat die Mutter „Aufwendungen unmittelbar an die Gläubiger (...) gezahlt (Abkürzung des Zahlungsweges) noch hat die Mutter (...) die Werkverträge abgeschlossen (Abkürzung des Vertragswegs).[411] Vielmehr haben wir hier einen „abgekürzten Ausgleichsweg" vor uns. Die Tochter hat nämlich, statt vom eigenen Konto an den Gläubiger zu zahlen und sich dann von der Mutter den Ausgleich überweisen zu lassen, die Zahlung vom Konto der Mutter selbst vorgenommen und auf diese Weise den Umweg über eine Ausgleichszahlung vermieden. Sie war es also, die die Entscheidung getroffen hat, die Aufwendungen zu tätigen, so dass diese Voraussetzung für die Zuordnung von Werbungskosten hier vorliegt. Und sie war es auch, die durch die Zahlung belastet wurde, wie es auch gewesen wäre, wenn sie den Umweg gewählt und eine Ausgleichszahlung seitens der Mutter abgewartet hätte.

---

410 http://www.bundesfinanzhof.de/www/index3.html; Urt. v. 11.11. 2008, IX R 27/08.

411 http://www.bundesfinanzhof.de/www/index3.html; Urt. v. 11.11. 2008, IX R 27/08.

Kapitel 5: Zur Frage eines Transfers von (früher getätigtem) Aufwand des Steuerpflichtigen zu Werbungskosten oder Betriebsausgaben

Es gibt Konstellationen, in denen Aufwendungen, die der Steuerpflichtige selbst gemacht hat, sich nicht ohne weiteres auf Einkünfte beziehen lassen, die er gegenwärtig erwirtschaftet. Wie oben beschrieben,[412] ist dies in zwei verschiedenen Fallgestaltungen zu beobachten. Es geht dabei um die personelle Zuordnung von Betriebsausgaben oder auch von Werbungskosten in Gestalt von Absetzungen.

Für einen der beiden Fälle ist die Frage der Absetzungsbefugnis bereits beantwortet worden, wenn der Steuerpflichtige ein ihm zuzurechnendes Wirtschaftsgut überträgt und es – auf der Basis eines Nießbrauchs etwa – weiterhin für Einkünfte nutzt.[413]

Hier ist also nur noch Stellung zu nehmen zu der anderen Frage, ob und wie eigener Aufwand, den der Steuerpflichtige im privaten Bereich getätigt hat oder tätigt, dessen Gewinneinkünften zuzuordnen ist.[414]

Um Anschaffungs- oder Herstellungskosten zum Erwerb eines Wirtschaftsgutes im Privatvermögen in Betriebsausgaben zu transferieren, verwendet die Rechtsprechung die so genannte Aufwandseinlage. Es ist eine Kunstfigur, die der Steuerpflichtige, obwohl es sich um kein Wirtschaftsgut handelt, in seiner Bilanz aktiviert, um von diesem Aktivum in Zukunft Absetzungen vorzunehmen. Anders, so meint man, ginge die Absetzungsbefugnis verloren, weil der Steuerpflichtige ja nicht Überschusseinkünfte, sondern Gewinneinkünfte erwirtschaftet. Wirtschaftsgüter aber, die nicht zu seinem Betriebsvermögen gehören, kann er für Gewinneinkünfte nicht einsetzen und kann somit von ihnen auch nicht mit betrieblicher Wirkung Absetzungen vornehmen.

Wie oben schon hervorgehoben, resultiert diese Komplikation aus der Annahme, dass ein bewegliches Wirtschaftsgut bei gemischter, nämlich gleichzeitig privater wie betrieblicher Nutzung anders behandelt wird als ein Gebäude.[415] Ein gemischt genutztes Gebäude wird nach Maßgabe seiner Funktionen in zwei verschiedene Wirtschaftsgüter getrennt. Es bildet mit dem privat genutzten Anteil ein Wirtschaftsgut im Privatvermögen, mit dem betrieblich genutzten Anteil ein

412 S.o. Teil 1, Kap. 3.

413 S.o. Teil 1, Kapitel 3, II. und III. zu Teil 1, Kapitel 3, II.

414 S.o. Teil 1, Kapitel 3, I.

415 BFH BStBl. III 1964, 455, (457), Urt. v. 13.3. 1964, IV 158/61.

Wirtschaftsgut im Betriebsvermögen, in das es durch Einlage gelangt ist. So berechtigen Anschaffungs- oder Herstellungskosten, wenn Gewinneinkünfte erwirtschaftet werden, zu Absetzungen, die sich nach dem aktivierten, betrieblich genutzten Anteil bemessen.

Das soll bei beweglichen Wirtschaftsgütern nicht möglich sein. Vielmehr bildet ein gemischt genutztes bewegliches Wirtschaftsgut nach herrschender Lehre stets eine Einheit, nämlich je nachdem, welche Nutzungsart überwiegt, entweder in toto Betriebsvermögen oder aber Privatvermögen.[416] In diesem Fall sind bei Ermittlung der Gewinneinkünfte Absetzungen von dem betreffenden Wirtschaftsgut ausgeschlossen, weil es ja nicht Betriebsvermögen, sondern eben Privatvermögen ist. Diese fraglos unangemesssene Konsequenz wird vermieden mit Hilfe einer „Einlage der Anschaffungs- und Herstellungskosten" in Höhe des Anteils, der auf die betriebliche Nutzung entfällt.[417] Auf diese Weise gelingt artifiziell also doch das, was bei einem beweglichen Wirtschaftsgut nicht möglich sein soll, dass nämlich ein Aktivum in Höhe des betrieblich genutzten Anteils in der Bilanz erscheint, wovon es dann gewinnmindernde Absetzungen gibt. Allerdings ist dieser Aktivposten nur betragsmäßig, aber nicht in seiner rechtlichen Qualität der betrieblich genutzte Anteil des beweglichen Wirtschaftsgutes. Vielmehr wird der anteilig auf die betriebliche Nutzung entfallende Anschaffungs- oder Herstellungsaufwand aktiviert, obgleich Aufwand kein Wirtschaftsgut und schon gar nicht ein aktives Wirtschaftsgut ist.

Die Berechtigung dieser doch schon auf den ersten Blick fragwürdigen Sichtweise ist im Folgenden zu überprüfen. Ergäbe sich nämlich, dass auch bewegliche Wirtschaftsgüter ihrer Funktion entsprechend anteilig in ein Wirtschaftsgut des Privatvermögens und anteilig in ein Wirtschaftsgut des Betriebsvermögens zu trennen sind, dann entfiele das ganze Problem und damit auch die Figur der Aufwandseinlage, die bilanzsteuerlich stets ein Fremdkörper war, neuerdings jedoch Gesellschaft in Gestalt der zur Absetzung von fremden Wirtschaftsgütern eingesetzten allgemeinen Aufwandseinlage erhalten hat. Geht man dieser Frage nach, dann zwingt dies dazu, sich über den Begriff des Wirtschaftsgutes und über dessen Koordinaten Klarheit zu verschaffen.

Obwohl das Wirtschaftsgut ein Grundbegriff des Steuerrechts ist, sind viele Fragen, die man zu der Begriffsbildung stellen muss, ungeklärt bzw. von der herrschenden Lehre bislang so nicht gestellt worden. Dass der Wirtschaftsgutsbegriff der herrschenden Lehre zu Unrecht belastet ist mit Bedingungen der Ak-

---

416 BFH BStBl. II 1987, 348, (352/353), Beschl. v. 26.10. 1987, GrS 2/86.

417 BFH BStBl. III 1964, 455, (457 a.E.), Urt. v. 13.3. 1964, IV 158/61; BFH BStBl. II 1987, 348, (352/353), Beschl. v. 26.10. 1987, GrS 2/86.

tivierung, und zwar der Aktivierung zum Zwecke der Gewinnerhöhung,[418] ist oben[419] schon ausgeführt worden. Im Übrigen scheint man weithin der Auffassung zu sein, dass es sich um einen Begriff handelt, der dem Steuerrecht sozusagen vorgegeben ist. In diesem Sinne muss man auch die Ansicht verstehen, dass sich bewegliche Wirtschaftsgüter nicht ihrer Funktion entsprechend aufteilen lassen, sondern auch bei gemischter Nutzung stets im ganzen entweder Privatvermögen oder Betriebsvermögen bilden. In dem grundlegenden Urteil des IV. Senats aus dem Jahre 1964 hat der Bundesfinanzhof dazu ausgeführt: „Obwohl bei einzelnen Wirtschaftsgütern anderer Art, die sowohl betrieblich als auch privat genutzt werden (besonders bei Gebäuden) eine Aufteilung in Betriebs- und Privatvermögen anerkannt ist, entspricht es doch dem auch für das Handelsrecht maßgebenden Grundsatz, daß die in der Bilanz des Kaufmanns ausgewiesenen Einzelposten selbständige, eine wirtschaftliche Einheit bildende Wirtschaftsgüter sein sollen, und daß auch im Interesse der Klarheit und Übersichtlichkeit Teile eines einheitlichen Wirtschaftsguts möglichst nur dann als Betriebsvermögen ausgewiesen werden sollten, wenn sich dafür beachtliche wirtschaftliche oder steuerliche Gründe anführen lassen. Bei Gebäuden können solche Gründe in der wirtschaftlich möglichen Zerlegung und Nutzung einzelner Teile, z.B. von Stockwerken, gesehen werden. Bei beweglichen Wirtschaftsgütern ist eine solche Zerlegung in der Regel nicht berechtigt ...“[420]

Der Grund, nach denen sich laut dieser Gerichtsentscheidung die Einheit eines einheitlichen Wirtschaftsguts bemisst, ist also dessen wirtschaftliche Einheit. Immerhin aber hebt der IV. Senat hervor, dass Teile eines so gesehen einheitlichen Wirtschaftsguts dann als Betriebsvermögen auszuweisen sind, und dann wiederum als ein eigenes Wirtschaftsgut, wenn beachtliche wirtschaftliche oder steuerliche Gründe dafür sprechen. Inwiefern wirtschaftliche Gründe dies gebieten können, wird nicht deutlich. Es muss angezweifelt werden. Denn steuerliche Rechtsfolgen dürfen, um dem Gebot einer gerechten Besteuerung zu entsprechen, nur Gründe mit Bezug zu diesen Rechtsfolgen auslösen. Wirtschaftliche Gesichtspunkte können in diesem Rahmen bedeutsam sein, aber nur, wenn das Steuerrecht eben dies gebietet. Betrachtet man die aufgezeigte Problematik, die sich stellt, wenn bewegliche Wirtschaftsgüter gemischt, nämlich sowohl privat wie auch betrieblich genutzt werden, dann liegt auf der Hand, daß eine Aufteilung dieses bei unjuristischer Betrachtung einheitlichen Wirtschaftsguts steuerrechtlich geboten ist. Denn nur so lässt sich bilanzsteuerrechtlich eine Gewinnermittlung bewerkstelligen, die berücksichtigt, daß hier etwas zum Teil für

418 Dazu eingehend: Costede, StuW 1995, 115.

419 Teil 2, Kapitel 2, III. 2.a).

420 BFH BStBl. III 1964, 455, (457), Urt. v. 13.3. 1964, IV 158/61.

Gewinneinkünfte eingesetzt und – da abnutzbar – insofern für diese Einkünfte geopfert wird.

Fragen wir nach der richtigen Theorie, die der Bildung des Begriffs Wirtschaftsgut zugrunde zu legen ist, dann ergibt sich: nicht irgendeine Vorgegebenkeit faktischer, wirtschaftlicher oder auch zivilrechtlicher Art ist für diese Begriffsbildung maßgeblich, sondern ausschließlich das Gebot gerechter Besteuerung.[421] Da, um dieses Gebot zu befolgen, das Steuerrecht, hier das Einkommensteuerrecht, als das Ergebnis einer Abwägung zwischen den fiskalischen Interessen und den Belangen des Steuerpflichtigen mit Berücksichtigung seiner Leistungsfähigkeit verstanden werden muss,[422] muss dies auch die steuerrechtlichen Begriffe prägen. Das Wirtschaftsgut muss daher als Ausdruck zurechenbarer Leistungsfähigkeit begriffen werden.[423] Auch die Frage, ob ein bei „wirtschaftlicher Betrachtung" einheitliches Objekt aufzuspalten ist in verschiedene Wirtschaftsgüter, muss sich daher nach den Bedürfnissen des Fiskus wie des Steuerpflichtigen richten. Und dies heißt, dass bei gemischter Nutzung auch ein bewegliches Wirtschaftsgut mit dem Anteil der betrieblichen Nutzung ein steuerrechtlich selbständiges Wirtschaftsgut, eben ein Wirtschaftsgut des Betriebsvermögens ist, mit dem Anteil der privaten Nutzung ein Wirtschaftsgut des Privatvermögens.

Damit löst sich die Problematik der personellen Zuordnung von Werbungskosten und Betriebsausgaben bei gemischter Nutzung von beweglichen Wirtschaftsgütern auf. Die bilanzsteuerlich unpassende Figur der Aufwandseinlage entfällt damit.

421 Costede, StuW 1995, 115, (117 ff).
422 Costede, Stbg 2007, 355, (356, 357).
423 Costede, StuW 1995, 115, (117); Costede, Stbg 2007, 355, (358).

Zusammenfassung

Weshalb die personelle Zuordnung von Werbungskosten und Betriebsausgaben problematisch sein kann, beleuchtet anhand von Beispielen die Einführung in die Thematik der vorliegenden Arbeit.

Vor allem sind es Fälle des so genannten Drittaufwands, dessen einkommensteuerrechtliche Behandlung im Zentrum der Untersuchung steht. So will etwa der Sohn, der Einkünfte aus Vermietung und Verpachtung bezieht, den Reparaturaufwand für sein Mietshaus als eigene Werbungskosten absetzen, obgleich nicht er ihn getragen hat, sondern sein Vater.

In anderen Fällen lassen sich auch eigene Aufwendungen dem Steuerpflichtigen nicht ohne weiteres zuordnen, wenn nämlich der Bezug zwischen dem Aufwand einerseits und den Einkünften des Steuerpflichtigen andererseits nicht unmittelbar herzustellen ist. Zum Beispiel hat der Steuerpflichtige Aufwendungen auf ein Wirtschaftsgut in seinem Privatvermögen getätigt und setzt es erst später etwa für Gewinneinkünfte ein. Ob und wie sich frühere Aufwendungen auf die später erwirtschafteten Einkünfte beziehen lassen, wie sie also dem Steuerpflichtigen personell zugeordnet werden können, ist nicht weniger problematisch als der beschriebene Drittaufwand.

Schließlich wird noch auf die Problematik hingewiesen, die die Absetzungsbefugnis aufwirft, wenn der Steuerpflichtige das Wirtschaftsgut, von dem er Absetzungen vorgenommen hat, auf eine andere Person überträgt und sich lediglich den Nießbrauch vorbehält.

Diese Beispielsfälle sind der täglichen Besteuerungspraxis entnommen. Und doch geht es in ihnen um prinzipielle Fragen gerechter Besteuerung, um Grundlagen des Einkommensteuerrechts.

I. Den 1. Teil der Arbeit bildet eine Bestandsaufnahme der einkommensteuerrechtlichen Literatur, von Rechtsprechung und Schrifttum, zur personellen Zuordnung von Betriebsausgaben und Werbungskosten, beginnend mit den Rechtsansichten zum so genannten Drittaufwand.

1. Eine wesentliche Erkenntnis der Arbeit ist die Einsicht, dass die Berücksichtigung eines Drittaufwands auf zwei verschiedene Weisen in Betracht kommen kann, nämlich in mittelbarer oder in unmittelbarer Form. Dementsprechend werden beide Formen so unterschieden dargestellt.

a) Mittelbar wäre ein Drittaufwand einkommensteuerlich berücksichtigungsfähig, wenn der Steuerpflichtige von Wirtschaftsgütern, für die ein Dritter Aufwendungen getätigt hat, Absetzungen vornehmen könnte. Dann würde er den vom Dritten erbrachten Aufwand mit Hilfe der Absetzungsbefugnis einkommensteuerlich, nämlich steuerschuldmindernd, für sich ausmünzen.

Das ist in verschiedener Hinsicht problematisch, erstens nämlich, weil die Ansichten über die Funktion der Absetzungen geteilt sind, ferner deswegen, weil nach herrschender Lehre Absetzungen voraussetzen, dass auf das abnutzbare Wirtschaftsgut Aufwendungen getätigt worden sind. Wer diesen Aufwand getragen haben muss, ist die Frage. Schließlich war und ist noch fraglich, wovon die Absetzungen vorzunehmen sind, was also das Absetzungsobjekt ist. Die Antworten auf diese Fragen lauteten zu verschiedenen Zeiten unterschiedlich, und zwar für Überschusseinkünfte und Gewinneinkünfte wiederum abweichend.

Ausgelöst worden sind diese Fragen durch immer wiederkehrend gleiche Fallkonstellationen, vor allem zwischen nahen Angehörigen: Der Sohn nutzt ein Wirtschaftsgut des Vaters und erzielt damit Einkünfte oder umgekehrt. Der danach Steuerpflichtige möchte den Aufwand, den der Eigentümer des Wirtschaftsgutes darauf getätigt hat, den Drittaufwand eben, durch Absetzungen nutzen. Geht man aus von der früher ganz einhelligen Meinung, dass Absetzungen vorzunehmen sind von dem Wirtschaftsgut, das abnutzbar ist und das sich durch die Nutzung verbraucht, dann stellt sich die einkommensteuerrechtliche Problematik folgendermaßen dar: Der Dritte, dem das abnutzbare Wirtschaftsgut zuzurechnen ist, hat in Ermangelung von Einkünften keine Absetzungsbefugnis; der Steuerpflichtige, der die Einkünfte erzielt, kann jedenfalls von dem Wirtschaftsgut keine Absetzungen vornehmen, das er nutzt und das sich durch die Nutzung verbraucht. Denn es ist ihm nicht zuzurechnen. Diese Sichtweise hat einen Lösungsversuch begünstigt, mit dem man lange Jahre gearbeitet hat. Das war die Geburtsstunde der Idee, dass schon die Nutzungsmöglichkeit, die der Steuerpflichtige auswertet, jedenfalls aber ein Recht des Steuerpflichtigen, diese Nutzungen zu ziehen, ein ihm zurechenbares Wirtschaftsgut ist, das seinerseits abnutzbar ist und ihm deshalb Absetzungen erlaubt. Solche Absetzungen von einem Nutzungsrecht oder gar von einer reinen Nutzungsmöglichkeit würden dem Steuerpflichtigen die Befugnis eröffnen, für sich steuermindernd den Aufwand auszuwerten, den der Dritte auf das genutzte Wirtschaftsgut verwendet hat.

Ändert man die genannten rechtlichen Koordinaten, etwa mit der heute herrschenden Ansicht, dass Absetzungen nicht vom genutzten Wirtschaftsgut vorzunehmen sind, sondern vom getätigten Aufwand, dann benötigt man nicht mehr die Figur eines Nutzungsrechts, von dem der Steuerpflichtige die Absetzungen tätigt. Die Frage, ob und wann ein solches Nutzungsrecht dem Steuerpflichtigen zu Privatvermögen oder zu Betriebsvermögen zuzurechnen ist, entfällt dann also. Und fordert man für Absetzungen weiterhin eigenen Aufwand des Steuerpflichtigen, dann sehen die Lösungen und auch die benötigten Mittel, sie zu erreichen, wiederum anders aus.

All dies ist zu beobachten, wenn man die Geschichte des Drittaufwands bzw. seiner einkommensteuerlichen Beurteilung über die Jahre hinweg verfolgt. Die Arbeit zeichnet dies für die verschiedenen Problemstellungen nach.

aa) Zunächst wird, beginnend mit der Rechtsprechung, die mittelbare Berücksichtigung eines Drittaufwands für Überschusseinkünfte dargestellt.

Dabei zeigt sich, dass solch eine mittelbare Berücksichtigung eines Drittaufwands in den meisten Fällen ausschied. Denn der Bundesfinanzhof hatte zwar die Absetzbarkeit von Nutzungsrechten anerkannt, verlangte für Absetzungen aber Aufwand des Steuerpflichtigen. In der Praxis waren es aber regelmäßig nahe Angehörige, denen es darum ging, dem Steuerpflichtigen durch unentgeltliche Nutzungsverhältnisse steuerschuldmindernd einen Drittaufwand zu vermitteln.

Dass die Absetzungsbefugnis ausscheiden soll, wenn ein Nutzungsrecht unentgeltlich, ohne Anschaffungs- oder Herstellungskosten, begründet worden ist, erschien aber jedenfalls dann unbillig, wenn der Steuerpflichtige selbst auf das genutzte Wirtschaftsgut Aufwendungen getätigt hatte, es dann einem Angehörigen geschenkt und sich ein Nutzungsrecht, etwa einen Nießbrauch, vorbehalten hatte. Der beschenkte Sohn oder die beschenkte Tochter konnte in Ermangelung von Einkünften vom genutzten Wirtschaftsgut Absetzungen nicht vornehmen, dem Steuerpflichtigen hätte dies vom Nießbrauch mangels entgeltlichen Erwerbs eigentlich gleichfalls untersagt werden müssen. Die Rechtsprechung vermied dies durch einen Gewaltakt: der Steuerpflichtige sollte doch Absetzungen geltend machen dürfen, aber nicht vom unentgeltlich erworbenen, nämlich vorbehaltenen Nießbrauch, sondern weiterhin noch vom genutzten Wirtschaftsgut. Nachdem der Bundesfinanzhof schließlich entschieden hatte, dass Absetzungen nicht vom abnutzbaren Wirtschaftsgut, sondern vom Aufwand zu seinem Erwerb vorzunehmen sind, konnten die Gerichte allerdings auf diese Konstruktion verzichten.

Das Schrifttum zur mittelbaren Berücksichtigung eines Drittaufwands bei Überschusseinkünften ist uneinheitlich, weil hier die verschiedensten Theorien hervortreten, zur Absetzungsbefugnis wie auch zur Berechtigung, Drittaufwand zu „nutzen“. Wenn man, wie mit guten Gründen teilweise vertreten wird, für die Absetzungen gar nicht Aufwand auf das genutzte Wirtschaftsgut verlangt, sondern die Absetzungen auf den Wertschwund durch Gebrauch gründet, dann lauten die Rechtsfragen und die Antworten darauf wiederum anders.

bb) Im Fall von Gewinneinkünften zeigen sich deshalb andere Fragestellungen, weil ein in das Betriebsvermögen eingelegtes Wirtschaftsgut zu aktivieren ist, selbst wenn der Betriebsinhaber es privat unentgeltlich erworben, also keinen Aufwand zum Erwerb getätigt hat. Von dem aktivierten Wirtschaftsgut kann er dann, wenn es abnutzbar ist, Absetzungen vornehmen, ohne Rücksicht darauf, dass es ihm geschenkt worden ist. Das hat man hingenommen und nicht gefragt, ob dann nicht die Theorie, dass Absetzungen Aufwand voraussetzen, fragwürdig ist. Jedenfalls lauteten die Fragen, die sich jetzt stellten, anders, nämlich, was der Steuerpflichtige in sein Betriebsvermögen einlegen kann, ob es auch immaterielle Wirtschaftsgüter sein können und wie sich das mit § 5 II EStG verträgt, ob insbesondere Nutzungen oder doch jedenfalls Nutzungsrechte als Einlagen in Betracht kommen. Während dies im Schrifttum lange Zeit wie selbstverständlich befürwortet und einige Zeit auch von den Gerichten zumindest für die Einlage von Nutzungsrechten so gehandhabt worden ist, endete diese Sichtweise mit dem Beschluss 2/86 des Großen Senats des Bundesfinanzhofs. Dessen Vorgeschichte und dessen zum Teil auch kritische Analyse hat die Dogmatik des Einkommensteuerrechts bereichert. Sowohl der Begriff des Wirtschaftsgutes, wie auch die Bedingungen einer Einlage sind von verschiedener Warte aus erörtert worden, wie dies im Teil 2 der Arbeit ausgeführt wird. Das Fazit der Rechtsprechung lautete, dass Nutzungen keine Wirtschaftsgüter seien und schon deshalb nicht in ein Betriebsvermögen eingelegt werden können. Da der Bundesfinanzhof selbst allerdings die Figur der Aufwandseinlage erfunden hat, die eben kein Wirtschaftsgut darstellt, ist diese Begründung nicht unzweifelhaft. Nutzungsrechte, so der Beschluss 2/86 des Großen Senats, sollen als Wirtschaftsgüter einlagefähig sein, jedoch nicht bei einem unentgeltlichen Erwerb. Die nachfolgende Rechtsprechung hat sich daran gehalten, dem Steuerpflichtigen aber, wenn er Herstellungs- oder Anschaffungskosten auf das abnutzbare Wirtschaftsgut verwandt hat, ihm auch dann Absetzungen gestattet, wenn das Wirtschaftsgut nicht ihm, sondern einem Dritten zuzurechnen war. Dann aber handelte es sich eben nicht um Drittaufwand zugunsten des Steuerpflichtigen, sondern um Aufwand des Steuerpflichtigen zugunsten eines Dritten. Die Absetzungsbefugnis wurde dem Steuerpflichtigen deshalb zugesprochen, weil der Bundesfinanzhof jetzt ausnahmslos für Absetzungen die so genannte Aufwandsverteilungstheorie vertritt. Das heißt, dass Absetzungen nicht den Wertschwund des abnutzbaren Wirtschaftsgutes angeben, sondern lediglich den für dieses Wirtschaftsgut getätigten Anschaffungs- oder Herstellungsaufwand auf die Zeitdauer der Nutzung verteilen sollen. Diese Sichtweise erlaubt andere Lösungen, verbietet allerdings die mittelbare Berücksichtigung eines Drittaufwands, weil Absetzungen eben nur von eigenem Aufwand des Steuerpflichtigen in Betracht kommen.

b) Zur unmittelbaren Berücksichtigung eines Drittaufwands finden sich im Schrifttum die verschiedensten, sehr gegensätzlichen Ansichten. Die Arbeit zeichnet dies nach, unterscheidet dabei die Zeit vor und die Zeit nach dem Beschluss 2/86 des Großen Senats.

Im Schrifttum werden die verschiedenen Auffassungen zum Problem einer Berücksichtigung von Drittaufwand mit den Formeln Kostentragungsprinzip, Zuwendungsprinzip und Veranlassungsprinzip umschrieben. Gemeint ist damit, dass die Vertreter des so genannten Veranlassungsprinzips jedweden durch die Einkünfte veranlassten Aufwand dem Steuerpflichtigen personell zuordnen, gleichgültig, wer die Aufwendungen getätigt hat. Das Gegenteil dieses so genannten Prinzips bildet das Kostentragungsprinzip, womit gemeint ist, dass Werbungskosten und Betriebsausgaben nur der geltend machen kann, der sie eben getragen hat, dessen Vermögen also durch die betreffenden Aufwendungen gemindert worden ist. Das Zuwendungsprinzip besagt demgegenüber, dass ein Drittaufwand dem Steuerpflichtigen dann zuzuordnen sei, wenn der Dritte ihm etwas hat zuwenden wollen und dies mit seinem Aufwand auch getan hat.

Betrachtet man diese angeblichen Prinzipien, dann fällt als erstes auf, dass sie nicht den rechtlichen Grund angeben, warum es sich rechtlich so oder so verhält, sondern nur das Ergebnis beschreiben, das sich einstellt, wenn man so oder so urteilt. Aber diese Überlegung kommt in der Arbeit erst im Teil 2, der der kritischen Analyse dient, zur Sprache. Im Übrigen zeigt die Arbeit auf, dass auch andere Rechtsansichten vertreten werden, die sich nicht in die beschriebene schematische Einteilung einreihen lassen. Sie laufen auf eine Vorstellung hinaus, die der in dieser Arbeit vertretenen Auffassung nahe kommen oder ihr sogar entsprechen. Es ist die Annahme, dass das entscheidende Kriterium, nach dem sich die personelle Zuordnung der Werbungskosten und Betriebsausgaben richtet, die Verfügungsmacht des Steuerpflichtigen über die für den Aufwand eingesetzten Mittel sei.

Die Rechtsprechung zu dieser Frage wird zunächst durch den Beschluss 2/97 des Großen Senats sowie durch Urteile des IX. Senats, des X. und des IV. Senats bestimmt. Der Große Senat hatte im Beschluss 2/97 der Berücksichtigung eines Drittaufwands zwar eine prinzipielle Absage erteilt, hatte aber dadurch dass das Gericht den so genannten abgekürzten Zahlungsweg zugunsten des Steuerpflichtigen anerkannte, die Weichen für eine weitergehende Judikatur gestellt. Diesen Weg hat der IX. Senat des Bundesfinanzhof beschritten und auch den so genannten abgekürzten Vertragsweg anerkannt, was bedeutet, dass auch ein Drittaufwand in Gestalt einer vom Dritten vertraglich ausbedungenen Leistung zugunsten des Steuerpflichtigen diesem Werbungskosten vermitteln kann. Der IX. Senat beruft sich dabei auf das Zuwendungsprinzip, nach dem eine solche Zuwendung an den Steuerpflichtigen dazu berechtigt, den Drittaufwand als dessen Aufwand zu betrachten.

Urteile des X. und des IV. Senats des Bundesfinanzhofs bestätigen verbal diese Judikatur, schränken sie aber – so jedenfalls müssen sie gewertet werden – ein. Danach soll nämlich ein solcher Drittaufwand im abgekürzten Vertragsweg weder bei Dauerschuldverhältnissen, noch bei Kreditgeschäften, sondern nur bei Bargeschäften des täglichen Lebens, d.h. nur in finanziell relativ bedeutungslosen Fällen in Betracht kommen. Beide Senate haben dadurch, dass sie der Rechtsansicht des IX. Senats pro forma zugestimmt haben, eine Vorlage an den Großen Senat vermieden. Ihre einschränkende Stellungnahme zwingt jedoch andere Senate, die weitergehende Ansichten vertreten möchten, ihrerseits den Großen Senat anzurufen. Solange eine definitive Entscheidung dieses Gremiums aussteht, ist in der Frage einer Berücksichtigung von Drittaufwand daher noch vieles offen.

2. Das 3. Kapitel des 1. Teils ist der Frage gewidmet, ob und wie sich eigener Aufwand des Steuerpflichtigen so umwidmen lässt, dass er sich als Werbungskosten oder Betriebsausgaben darstellt.

Das Bedürfnis zu einem solchen Transfer stellt sich in zwei ganz unterschiedlichen Situationen.

a) In der einen Konstellation soll Anschaffungs- oder Herstellungsaufwand auf ein privat gehaltenes, aber auch betrieblich genutztes Wirtschaftsgut überführt werden in Betriebsausgaben. Die Problematik dessen folgt hier daraus, dass nach ständiger Rechtsprechung zwar Grundstücke, nicht aber bewegliche Wirtschaftsgüter nach ihrer Funktion so aufgeteilt werden können, dass der betrieblich genutzte Teil ein eigenes Wirtschaftsgut im Betriebsvermögen, der private Teil ein Wirtschaftsgut im Privatvermögen darstellt. Überwiegt die private Nutzung, dann ist das bewegliche Wirtschaftsgut in seiner Totalität Privatvermögen. Und das bedeutet, dass Herstellungs- und Anschaffungsaufwand nicht zu Absetzungen berechtigt, wenn das betreffende Wirtschaftsgut nicht zum Betriebsvermögen zählt, Einkünfte aber nur in der betrieblichen Sphäre erwirtschaftet werden. Der Bundesfinanzhof hat sich damit beholfen, dass er den besagten Anschaffungs- oder Herstellungsaufwand als eine Aufwandseinlage zu Betriebsvermögen aktivieren und davon Absetzungen vornehmen lässt.

b) Die andere Konstellation, in der das Bedürfnis besteht, eigenen Aufwand des Steuerpflichtigen zu Werbungskosten oder Betriebsausgaben umzuwidmen, zeigt sich, wenn der Steuerpflichtige Wirtschaftsgüter, für die er Anschaffungs- oder Herstellungskosten getragen hat, auf andere Personen überträgt, sie aber zur Erzielung von Überschusseinkünften oder von Gewinneinkünften auf der Basis eines vorbehaltenen Nutzungsrechts weiterhin einsetzt. Da der neue Inhaber des genutzten Wirtschaftsguts keine Einkünfte damit erzielt, stehen ihm auch keine Absetzungen zu. Dem Steuerpflichtigen, der Einkünfte hat, scheinen sie deshalb verwehrt zu sein, weil das genutzte Wirtschaftsgut, das er auf seine Kosten angeschafft oder hergestellt hat, ihm jetzt nicht mehr zuzurechnen ist. Der Bundesfinanzhof hat im Verlauf der Jahre diese Problematik auf verschiedene Weise zu bewältigen versucht. Die jüngere Rechtsprechung lautet, dass Absetzungen nicht vom genutzten Wirtschaftsgut vorgenommen werden, sondern von dem zur Anschaffung oder Herstellung getätigten Aufwand. Danach sind die Absetzungen dem Steuerpflichtigen ohne weiteres gegeben, da er den betreffenden Aufwand ja getragen hat.

II. Im 2. Teil der Arbeit wird der 1. Teil kritisch aufgearbeitet und werden die Kriterien entwickelt, nach denen sich die personelle Zuordnung von Betriebsausgaben und Werbungskosten bemisst.

1. Die Untersuchung im 2. Teil der Arbeit beginnt mit grundsätzlichen Fragen, mit der Suche nach dem Fundamentalprinzip einer sozial gerechten Besteuerung. Dies sind Überlegungen Tipkes in seinem grundlegenden Werk zur Steuerrechtsordnung, basierend auf der Erkenntnis, dass nur Prinzipien des Rechts, also auch des Steuerrechts, Gewähr bieten für ein gerechtigkeitskonformes Rechtsverständnis und eine rechtskonforme Rechtsanwendung.

Die Arbeit prüft das so genannte Nettoprinzip, das nach allgemeiner Meinung für das Einkommensteuerrecht systembildend ist. Die kritische Analyse ergibt, dass dieses angebliche Prinzip richtigerweise nur eine Beschreibung der gesetzlichen Regelung ist, dass es jedenfalls keinen Anhalt bietet, warum und welche Positionen einkünftemindernd zu berücksichtigen sind. Es besagt eben nur, dass Überschusseinkünfte eben als Überschuss der Einnahmen über die Werbungskosten und insofern netto zu erfassen sind, nicht aber warum diese gesetzliche Regelung gilt und erst recht nicht, was alles Werbungskosten sind, welche Aufwendungen personell dem Steuerpflichtigen zuzuordnen sind und warum. Dass nämlich Werbungskosten von den Einnahmen abzuziehen sind, besagt nichts über das „warum" und „inwieweit". Neben diesem – wie es heißt – objektiven Nettoprinzip, das nichts anderes besagt als die gesetzliche Definition der Überschusseinkünfte in § 2 I Nr. 2 EStG, soll das – wie man sagt – subjektive Nettoprinzip bestimmen, daß die Einkünfte, also auch die Überschusseinkünfte zu mindern sind um gewisse Ausgaben des Steuerpflichtigen. Es handelt sich um Lasten, deren Berücksichtigung sozial geboten sind. Inwiefern sie auf einem Prinzip beruhen, wonach auch individuelle Lasten des Steuerpflichtigen einkünftemindernd zu berücksichtigen sind, wird, was die Arbeit kritisiert, nicht deutlich. Vielmehr wird der Eindruck verstärkt, dass eine rein deskriptive Betrachtung der Gesetzlage zu einer prinzipiellen Sicht stilisiert wird.

Auch das so genannte Leistungsfähigkeitsprinzip wird auf seine dogmatische Leistungsfähigkeit hin kritisch betrachtet. Wie sich zeigt, erscheint das Nettoprinzip als ein so genanntes Unterprinzip des Leistungsfähigkeitsprinzips.

Dessen dogmatische Qualität erweist sich nach der Arbeit jedoch in dem Verständnis der herrschenden Lehre als dogmatisch unfruchtbar. Es bedeutet nämlich nach allgemeiner Meinung nur, dass sich die Höhe der Einkommensteuerschuld nach der Höhe des Einkommens richtet. Man sieht die Leistungsfähigkeit also in der im Einkommen manifestierten Zahlungsfähigkeit. Das hieße, dass derjenige, der laut seinem Einkommen mehr Mittel zur Verfügung hat, die Steuern zu zahlen, auch mehr Steuern aufbringen muss. Das hat einen gerechtigkeitskonformen Aspekt, weil der Maßstab, nach dem sich die Einkommensteuerschuld richtet, in dieser Hinsicht gleich ist. Auch muss man erkennen, dass dieser Maßstab gerechter ist als das so genannte Kopfprinzip, wonach jeder Steuerpflichtige Steuern in der gleichen Höhe zu entrichten hat. Aber dogmatisch fruchtbar ist er nicht, weil sich daraus nicht ableiten lässt, wieso sich eben dieses Einkommen ergibt. Nach dem Gesetz ist das Einkommen die Summe der Einkünfte. Die rechtliche Frage gerechter Besteuerung, damit ist gemeint die rechtliche Frage nach einer gerechten Zurechnung der Einkünfte und somit auch nach einer gerechten Zuordnung der die Einkünfte mitbestimmenden Betriebsausgaben und Werbungskosten, lässt sich aber nicht aus der Höhe des Einkommens erschließen. Vielmehr verhält es sich umgekehrt: Das Einkommen ergibt sich erst, wenn man die Einkünfte richtig personell zugerechnet und in diesem Rahmen auch Betriebsausgaben und Werbungskosten gerecht personell zugeordnet hat. Diese Überlegung zeigt, dass die Anknüpfung an das Einkommen dogmatisch unergiebig ist, dass ein Leistungsfähigkeitsprinzip, das an die Höhe des Einkommens anknüpft, für die Dogmatik des Einkommensteuerrechts unbrauchbar ist.

2. Vielmehr folgt die Arbeit der Ansicht, die die Leistungsfähigkeit in den Leistungen des Steuerpflichtigen sieht, nicht aber in dem Gegenwert, den er für seine Leistungen erhält. Diese Sichtweise ist dogmatisch ergiebig, weil sich die Zurechnung der Einkünfte so überzeugend deuten lässt.

Die Arbeit folgt damit der These, dass die Dogmatik des Einkommensteuerrechts dem Prinzip der Interessenabwägung folgt, der Abwägung zwischen dem fiskalischen Interesse des Staates und dem gegenläufigen Interesse des Steuerpflichtigen, dass er unter Berücksichtigung seiner Leistungsfähigkeit einkommensteuerlich erfasst wird. Dies besagt, dass sich die Einkommensteuerschuld eben nicht einseitig nach der Leistungsfähigkeit des Steuerpflichtigen richtet, dass die Berücksichtigung dessen nicht zwangsläufig das Interesse des Steuerpflichtigen allein im Auge hat, dass die Steuerschuld vielmehr aus einer Abwägung der gegenläufigen Interessen resultiert. Das erklärt auch, weswegen die Kritik, die gegenüber der Theorie einer Besteuerung nach der Leistungsfähigkeit immer wieder geäußert worden ist, ihre Berechtigung hat.

3. Die Einsicht in das Prinzip der Interessenabwägung, dem die Einkommenbesteuerung verpflichtet ist, gibt auch den Blick frei für die Kriterien, an denen sich die personelle Zuordnung von Betriebsausgaben und Werbungskosten orientiert. Das versucht die Arbeit deutlich zu machen mit Hinweis auf die Kriterien, nach denen notwendiges und gewillkürtes Betriebsvermögen bestimmt wird. Die Idee, dass sich so die gesuchten Kriterien ergeben könnten, basiert auf der Erkenntnis, dass mit Werbungskosten und Betriebsausgaben Wirtschaftsgüter weggegeben, geopfert oder verloren werden, die jedenfalls im Bereich der Gewinneinkünfte eben Betriebsvermögen gebildet haben müssen.

Eine Analyse der Kriterien, nach denen die herrschende Lehre die Zugehörigkeit zu Betriebsvermögen bemisst, ergibt, dass es sich erstens um Wirtschaftsgüter handeln muss, die dem Steuerpflichtigen zuzurechnen sind, was richtigerweise bedeutet, dass er imstande sein muss erstens ihren Wert für sich auszumünzen und zweitens sie zur Erzielung von Einkünften muss einsetzen können. Die Qualität als Betriebsvermögen erhalten sie in der Form notwendigen Betriebsvermögens dadurch, dass der Steuerpflichtige sie für Gewinneinkünfte einsetzt, durch einen bewussten und willentlich gesteuerten Akt also. Zu gewillkürtem Betriebsvermögen werden sie gleichfalls durch einen solchen Akt, nämlich durch die willentliche und bewusste Aufnahme in den Büchern, wobei sowohl hier wie auch beim notwendigen Betriebsvermögen neben dieser Berücksichtigung des Steuerpflichtigen und seiner Interessen das fiskalische Interesse beachtet werden muss. Bei notwendigem Betriebsvermögen geschieht dies dadurch, dass dessen gewinnwirkende Qualität einkommensteuerlich stets erfasst wird, bei gewillkürtem Betriebsvermögen dadurch, dass nur solche Wirtschaftsgüter als Betriebsvermögen Einfluss auf Gewinn und Verlust erhalten, die objektiv geeignet sind, den Betrieb zu fördern.

4. Aus dieser Analyse gewinnt die Arbeit die Erkenntnis, dass als Betriebausgaben und als Werbungskosten dem Steuerpflichtigen Aufwendungen nur dann personell zuzuordnen sind, wenn er für sie Mittel opfert, die ihm zuzurechnen sind, über deren Einsatz für Einkünfte er disponieren konnte und disponiert hat. Diese Rechtsauffassung bestätigt bzw. präzisiert verschiedene im Schrifttum bereits früher so oder ähnlich geäußerte Ansichten. Sie deckt sich auch mit den Überlegungen, nach denen heute herrschender Lehre entsprechend Einkünfte dem Steuerpflichtigen zugerechnet werden. Diese Übereinstimmung ist eine Garantie dafür, dass die Bemessung von Werbungskosten und Betriebsausgaben des Steuerpflichtigen dem gleichen Prinzip folgt wie die Zurechnung seiner Einkünfte. Und das ist eine Garantie für eine gerechtigkeitskonforme Einkommenbesteuerung.

5. Auf diese prinzipiellen Überlegungen folgt eine kritische Betrachtung der Fälle mittelbarer und unmittelbarer Berücksichtigung von Drittaufwand. Ersteres

verlangt eine Auseinandersetzung mit der Absetzungsbefugnis, mit der Funktion der Absetzungen also, mit ihren Voraussetzungen und mit dem Absetzungsobjekt. Die Arbeit folgt der schon früher im Schrifttum vertretenen, von der heute herrschenden Lehre aber abgelehnten Theorie, dass Absetzungen nicht dazu dienen, den getätigten Anschaffungs- oder Herstellungsaufwand auf die Nutzungsdauer des abnutzbaren Wirtschaftsguts zu verteilen, sondern dessen Wertschwund angeben sollen. Das bedeutet zugleich, dass Absetzungen eben nicht vom Aufwand, sondern von diesem Wirtschaftsgut vorzunehmen sind, um dessen Wertverlust durch den Gebrauch nachzuzeichnen. Wenn es sich so verhält, wenn es also auf den Wertschwund des abnutzbaren Wirtschaftsgutes ankommt, dann spielt es keine Rolle, ob der Steuerpflichtige es mit Aufwand angeschafft oder hergestellt hat; denn das Opfer, das er durch den Verbrauch des Wirtschaftsgutes zur Erzielung von Einkünften erbringt, ist stets dasgleiche. Ein Opfer des Steuerpflichtigen, das den Grund der Absetzungsbefugnis bildet, ist jedoch nur festzustellen, wenn der Wertschwund, den die Absetzungen bezeichnen, ihn trifft. Wie die weitere Analyse erweist, gilt dies in den Fällen, in denen versucht wird, dem Steuerpflichtigen Drittaufwand steuermindernd zu vermitteln, aber nicht. Um dies darzutun, mussten grundlegende Fragen des Einkommensteuerrechts geklärt werden, nämlich die Frage, was Wirtschaftsgüter begrifflich sind, wann und unter welchen Voraussetzungen Einlagen in ein Betriebsvermögen in Betracht kommen und wie es sich mit der Einlage von Nutzungen und Nutzungsrechten verhält.

Schließlich war noch über die Berücksichtigung von Drittaufwand durch Abkürzung des Zahlungsweges und Abkürzung des Vertragsweges zu entscheiden. Das Resultat der Arbeit hierzu lautet: Im Fall eines abgekürzten Zahlungsweges kann unter gewissen Bedingungen der Drittaufwand als Aufwand des Steuerpflichtigen gewertet werden, was für ihn Werbungskosten oder Betriebsausgaben begründen kann. Im Fall von Drittaufwand durch abgekürzten Vertragsweg muss dies verneint werden.

6. Abschließend wendet sich die Arbeit der noch offenen Frage zu, ob und wie bei gemischter Nutzung von beweglichen Wirtschaftsgütern Aufwand des Steuerpflichtigen im privaten Bereich transferiert werden kann zu Betriebsausgaben bei der Erwirtschaftung von Gewinneinkünften. Auslöser dafür, dass dies problematisch ist, ist die seit Jahrzehnten feststehende Ansicht, nach der ein bewegliches Wirtschaftsgut nicht seiner Funktion entsprechend aufgeteilt werden kann in ein Wirtschaftsgut des Privatvermögens und ein Wirtschaftsgut des Betriebsvermögens. Diese These wird kritisch gewürdigt und mit Blick auf die Grundlagen des Wirtschaftsgutsbegriffs verworfen.

Literaturverzeichnis

Adamek, Richard	Drittaufwand als Betriebsausgabe oder Werbungskosten, EFG 2007, 834–835.
Angstenberger, Johannes	Berücksichtigung der AfA bei teilweiser Nutzung eines den Ehegatten gemeinsam gehörenden Grundstücks zu betrieblichen bzw. beruflichen Zwecken durch einen Ehegatten, DStZ 1994, 497–500.
Bauer, Heinrich	Schwebende Geschäfte im Steuerrecht, Diss.jur. Erlangen 1981.
Bayer, Hermann-Wilfried	Steuerlehre, Berlin 1998.
Beck, Hans-Joachim	Die teilweise berufliche Nutzung eines Hauses durch nur einen von mehreren Miteigentümern, FR 1978, 281.
Beck, Hans-Joachim	Arbeitsräume im Ehegattenhaus, Grundeigentum 2000, 269–271.
Becker, Enno	Grundfragen aus den neuen Steuergesetzen – Entnahmen von Dienstleistungen und Nutzungen aus dem eigenen Betriebe als Einnahmen. StuW 1926, 117–124.
Becker, Enno	Zur Behandlung von Nutznießung, Nießbrauch und Vorerbschaft, StuW 1938 II, Sp. 293.
Beiser, Reinhold	Nutzungseinlagen in Körperschaften, StuW 1991, 136.
Beiser, Reinhold	Ist Drittaufwand abzugsfähig?, DStR 1993, 789.

Beiser, Reinhold | Entnahmen und Einlagen – Eine systematische Betrachtung zur Trennung von Aufwand und Nutzen, DB 2003,15–18.

Beiser, Reinhold | Nutzungseinlagen sind Aufwandseinlagen – Kritik an der Bodenschatzsrechtsprechung des BFG, DStR 1995, 635–637.

Beisse, Heinrich | Handelsbilanzrecht in der Rechtsprechung des Bundesfinanzhofs, BB 1980, 637.

Beisse, Heinrich | Tendenzen der Rechtsprechung des Bundesfinanzhofs zum Bilanzrecht, DStR 1980, 243.

Benthin, Klaus | Ist der Grundstückseigentümer beim unentgeltlichen Nießbrauch an Grundstücken und unentgeltlichen dinglichen Wohnrecht zum Abzug der Werbungskosten berechtigt?, FR 1979, 166.

Biber, Renate | Drittaufwand, EStB 2006, 464–465.

Bieg, Hartmut | Schwebende Geschäfte in Handels- und Steuerbilanz. Die derzeitige und mögliche bilanzielle Behandlung beiderseits noch nicht erfüllter synallagmatischer Verträge unter besonderer Berücksichtigung der Interessen der Bilanzadressaten, 1977.

Biergans, Enno | Überlegungen zur personellen Zurechnung von Betriebsausgaben und Werbungskosten, FR 1984, 297.

Biergans, Enno | Zum Problem der AfA-Berechtigung bei entgeltlichen und unentgeltlichen Nutzungsüberlassungen und zum Problem der Entnahme zunächst unentgeltlich überlassener und dann zurückgemieteter Wirtschaftsgüter des Betriebsvermögens, FR 1986, 365.

Biergans, Enno — Die einkommen- und körperschaftsteuerliche Behandlung der Einlagen von originären immateriellen Wirtschaftsgütern, Nutzungsrechten und Nutzungen, DStR 1989, 367.

Biergans, Enno/ Stockinger, Roland — Zum Einkommensbegriff und zur persönlichen Zurechnung von Einkünften im Einkommensteuerrecht, FR 1982, 1, 25.

Biergans, Enno/ Wasmer, Claudius — Zum Tatbestand der Besteuerung und zum Leistungsfähigkeitsbegriff in der Einkommensteuer, FR 1985, 57.

Birk, Dieter — Das Leistungsfähigkeitsprinzip als Maßstab der Steuernormen, Ein Beitrag zu den Grundfragen des Verhältnisses Steuerrecht und Verfassungsrecht, 1983.

Birk, Dieter — Steuerrecht, 1998.

Blaurock, Uwe — Steuerrecht und Grundgesetz, JA 1980, 142.

Blümich, Walter — Einkommensteuergesetz, 4. Aufl. 1940.

Blümich/Falk — Einkommensteuergesetz, 7. Aufl. 1955.

Blümich/Falk/ Steinbring/Uelner — Einkommensteuergesetz, 10. Aufl., Bd. I 1971.

Blümich/Schachian — Das Einkommensteuergesetz vom 10. August 1925, 1925.

Bordewin, Arno — Nießbrauch an Grundvermögen und Nießbrauch an Kapitalvermögen bei der Einkommensteuer, DStR 1981, 519.

Brandis, Peter — Drittaufwand als Aufwand des Steuerpflichtigen, StuW 1990, 57–64.

Bringwat, Bernd — Steuerliche Berücksichtigung von Drittaufwand am Beispiel der Absetzung von Abnutzung nach § 7 EStG bei Bestellung eines Nießbrauchs, Diss. Jur., Göttingen 1990.

Büchele, Ernst — Kein Drittaufwand bei zusammenveranlagten Ehegatten, DStR 1997, 952–953.

Christ, Jürgen — Drittaufwand – eine Rechtsfrage von grundsätzlicher Bedeutung steht vor ihrer Klärung, StVj 1993, 227.

Costede, Jürgen — Grundfragen der Absetzungsbefugnis wegen Abnutzung – betrachtet am Beispiel von Nutzungsrechten an Grundbesitz –, StuW 1986, 44.

Costede, Jürgen — Zur dogmatischen Leistungsfähigkeit des Leistungsfähigkeitsprinzips, Festschrift für Günther Felix, herausgegeben von Carlé, Korn und Stahl, 1989, S. 17 ff.

Costede, Jürgen — Die Aktivierung von Wirtschaftsgütern im Einkommensteuerrecht, StuW 1995, 115.

Costede, Jürgen — Erben und Erwerben in einkommensteuerlicher Sicht, StVj 1989, 41.

Costede, Jürgen — Gewinn und Gewinnrealisierung im Einkommensteuerrecht, StuW 1996, 14.

Costede, Jürgen — Bedingungen und Bausteine einer Dogmatik des Einkommensteuerrechts, Steuerberatung 2007, S. 355–361.

Crezelius, Georg — Steuerrecht II, Besonderes Steuerrecht, 1991.

Crezelius, Georg — Das sogenannte schwebende Geschäft in Handels-, Gesellschafts- und Steuerrecht, Festschrift für Georg Döllerer, 1988.

Diemer, Rolf | Drittaufwand im Einkommensteuerrecht, BB 1992, 36.

Döllerer, Georg | Leitgedanken der Nießbrauchbesteuerung bei den Einkünften aus Vermietung und Verpachtung und aus Kapitalvermögen, StbJb 1984/85, 55.

Döllerer, Georg | Droht eine Aktivierungswelle?, BB 1980, 1333.

Drenseck, Walter | Anmerkung zu BFH v. 20.11. 1980 IV R 117/99, FR 1981, 150.

Drenseck, Walter | Der Drittaufwand nach der Entscheidung des Großen Senats des BFH vom 30.1.1995, DStR 1995, 509–515.

Drenseck, Walter | Anmerkung zum BFH-Urteil vom 31.3.1992 – IX R 245/87, FR 1992, S. 726.

Drenseck, Walter | Anmerkung zum BFH-Urteil vom 24.04.1990 – IX R 9/96, FR 1990, S. 587.

Ehmke, Torsten/ Bollmann, Monika | Nutzungsrecht an Grundstücken und Abzug als dauernde Last, FR 1980, 501.

Eisgruber, Thomas | Bauten auf fremden Grund und Boden, DStR, 1997, 522–529.

Fichtelmann, Helmar | Nießbrauch am Gewinnstammrecht?, FR 1977, 244.

Fischer, Peter | Drittaufwand im Steuerrecht, StbJb. 1999/2000, 35.

Fischer, Peter | Notwendigkeit eines gesetzlichen Drittaufwand-Sonderrechts für Eheleute, FR 1999, 1177–1179.

Fischer, Peter | AfA-Berechtigung der Eigentümer-Ehefrau bei gemeinsamer Nutzung eines Arbeitszimmers, FR 1999, 1180.

Forgách, Andreas	Zur AfA-Berechtigung beim unentgeltlich erworbenen Nießbrauch an vermieteten Gebäuden des Privatvermögens, DStR 1978, 635.
Freericks, Wolfgang	Bilanzfähigkeit und Bilanzierungspflicht in Handels- und Steuerbilanz, 1976.
Frye, Bernhard	Nutzungseinlage und Drittaufwand, FR 1998, 973.
Gassner, Wolfgang/ Lang, Michael	Das Leistungsfähigkeitsprinzip im Einkommen- und Körperschaftsteuerrecht, in Verhandlungen des 14. Österreichischen Juristentages Bd. III/1, Wien 2000.
Geissen, Günter/ Haarmann, Wilhelm/ Hommelhoff, Peter	Nutzungsüberlassung im Gesellschafts-, Zivil- und Steuerrecht, JbFStR 1990/91, 433.
Gorski, Hans-Günter	Anmerkung zu BFH IV R 117/79 v. 20.11. 1980, DStZ 1983, 151.
Groh, Manfred	Nutzungseinlagen im Handels- und Steuerrecht, BB 1982, 133.
Groh, Manfred	Nutzungseinlage, Nutzungsentnahme und Nutzungsausschüttung, DB 1988, 514.
Gröpl, Christoph	Die Abgrenzung von Eigen- und Drittaufwand („Dritt-Afa"), DStZ 2001, 65.
Haenicke, Wolfgang	„Drittaufwand" und „erweiterter" Eigenaufwand, DStZ 2006, 793.
Hamacher, Angelika Balmes, Frank	Allerlei Eigenaufwand, unechter und echter Drittaufwand – Folgerungen für die Steuer-Praxis, FR 2000, S.600–605.
Hartmann, Winfried	Geldschenkung bei Drittaufwand ?, ErbStB 2006, 39–40.

Heilmann, Friedrich — Die Drittaufwandsproblematik im Einkommensteuerrecht, DStR 1993, 1201.

Heißenberg, Lutz — Drittaufwand: AfA-Befugnis des Nichteigentümer-Ehegatten beim häuslichen Arbeitszimmer, StuB 1999, 1106–1107.

Hensel, Albert — Steuerrecht 1933 Reprintausgabe 1986.

Heuermann, Bernd — Abziehbarkeit von Drittaufwand?, DStR 1996, 1518.

Horn, Wilhelm — Besteuerung obligatorischer Nutzungsrechte, BB 1984, 2124.

Hoyer, Jürgen Henrich — Ausgewählte ertragsteuerliche Fragen zum Nießbrauch, BB 1980, 1461.

Hoyer, Jürgen Henrich — Der Nießbrauch an Grundbesitz im Privatvermögen, BB 1981, 230.

Hutter, Ulrich — Zur steuerlichen Behandlung von Nutzungsrechten an vermieteten Grundstücken, DStZ 1981, 47.

Huxol, Hermann — Die steuerliche Behandlung von Nießbrauch und Wohnrecht an Grundstücken bei den Einkünften aus Vermietung und Verpachtung, FR 1980, 308.

Jakob, Wolfgang — Zur Abzugsfähigkeit von Drittaufwand und zur AfA-Übertragung im Bereich der Überschußeinkünfte, DStR 1987, 784.

Jakob, Wolfgang/ Jüptner, Roland — Drittaufwand, Nutzungseinlage und Überschußeinkünfte, FR 1988, 141.

Jakob, Wolfgang/ Wittmann, Rolf — Von Zweck und Wesen der steuerlichen AfA, FR 1988, 540.

Kahrs, Werner — Die steuerliche Behandlung typischer Nießbrauchsfälle nach der neuen BFH-Rechtsprechung, DB 1981, 2196.

Kaiser, Thomas — Nochmals – Die Abzugsfähigkeit des Drittaufwands bei den Erwerbsaufwendungen, FR 1993, 557–564.

Kemmer, Michael — Erwerb eines gemischt genutzten Grundstücks – Schuldzinsenabzug und Drittaufwand – Anmerkungen zum BFH-Urteil vom 7.11.1991, IV R 57/90, DStR 1992, 491.

Kirchhof, Paul — Die Widerspruchsfreiheit im Steuerrecht als Verfassungspflicht, StuW 2000, 316.

Kirchhof, Paul — Besteuerung im Verfassungsstaat, 2000.

Kirchhof, Paul — Verfassungsrechtliche und steuersystematische Grundlagen der Einkommensteuer, in Ebling, Iris (Hrsg.), Besteuerung vom Einkommen, DStJG Bd. 24, 2001.

Kirchhof, Paul, u.a. — EStG Kompaktkommentar, 6. Aufl. 2006.

Kirchhof, Paul/ Söhn, Hartmut (Bearb.) — Einkommensteuergesetz, Bd. 4.

Kirchhof, Paul — Der verfassungsrechtliche Auftrag zur Besteuerung nach der Leistungsfähigkeit, StuW 1985, 319.

Knobbe-Keuk, Brigitte — Bilanz- und Unternehmenssteuerrecht, 9. Aufl. 1993.

Knobbe-Keuk, Brigitte — Die steuerliche Behandlung von Nutzungsrechten, StuW 1979, 305.

Knobbe-Keuk, Brigitte — Die Einkommenbesteuerung der entgeltlichen Überlassung von Bodensubstanz, DB 1985, 144.

Kramer, Jörg-Dietrich — Die bilanzsteuerliche Behandlung der gemischten Nutzung von Wirtschaftsgütern – Nutzungsentnahmen und Nutzungseinlagen, DStR 1979, 363.

Kramer, Jörg-Dietrich — Nutzungseinlagen bei Verwandtengrundstücken, DB 1981, 1584.

Kruse, Heinrich Wilhelm — Der Nießbrauch in der neueren Rechtsprechung des Bundesfinanzhofs, AG, 1980, 216.

Kruse, Heinrich Wilhelm — Lehrbuch des Steuerrechts, Bd. I Allgemeiner Teil, 1991.

Kruse, Heinrich Wilhelm — Die Einkommensteuer und die Leistungsfähigkeit des Steuerpflichtigen, in Festschrift für Karl-Heinrich Friauf, 1996.

Küffner, Thomas/ Haberstock, Gerhard — „Drittaufwand“: Eine Reise ins Ungewisse, DStR 2000, 1672.

Kußmaul, Heinz — Nutzungsrechte an Grundstücken in Handels- und Steuerbilanz, 1987.

Lang, Joachim — Konkretisierungen und Restriktionen des Leistungsfähigkeitsprinzips, in Festschrift für Heinrich Wilhelm Kruse, 2001.

Lang, Joachim — Prinzipien und Systeme der Besteuerung von Einkommen, in Ebling, Iris (Hrg.), Besteuerung von Einkommen, DStJG Bd. 24, 2001.

Lang, Joachim — Konkretisierungen und Restriktionen des Leistungsfähigkeitsprinzips, Festschrift für Heinrich Wilhelm Kruse, 2001.

Leisner, Walter — Von der Leistung zur Leistungsfähigkeit – die soziale Nivellierung – Ein Beitrag wider das Leistungsfähigkeitsprinzip, StuW 1983, 97.

Ley, Ursula — Nutzungseinlagen bei unentgeltlicher Nutzungsüberlassung, DStR 1985, 261.

Ley, Ursula — Schlußbemerkung, DStR 1986, 23.

Li, Jia	Nutzungen und Nutzungsrechte im Einkommensteuerrecht, 2007.
Li, Jia	Abgekürzter Zahlungsweg, abgekürzter Vertragsweg und Drittaufwand, Die Rechtsprechung des BFH zur Abzugsfähigkeit von sog. Drittaufwand, StB 2007, S. 377.
Littmann, Eberhard	Unentgeltliche Nutzungsüberlassung von Wirtschaftsgütern und Absetzung für Abnutzung, DB 1980, 1040.
Littmann, Eberhard	Das Einkommensteuerrecht, Kommentar zum Einkommensteuergesetz, 6. Aufl. 1959.
Lademann	Kommentar zum Einkommensteuergesetz.
Littmann, Eberhard	Aufwendungen am Nießbrauchsobjekt – Werbungskosten beim Eigentümer oder beim Nießbraucher? Berücksichtigung des § 12 EStG, DStR 1977, S. 141–142.
Meyer, Bernd	Nießbrauch am privaten Grundbesitz, FR 1981, 421.
Meyer, Bernd	Die Behandlung beruflich genutzter Wirtschaftsgüter des Privatvermögens als Werbungskosten (§ 9 Abs. 1 Nr. 6 und 7 EStG), DStR 1981, 131.
Meyer, Bernd	Die Besteuerung des (Brutto-) Nießbrauches am privaten Grundbesitz, FR 1981, 421.
Meyer, Dirk	Nutzungseinlagen bei unentgeltlicher Nutzungsüberlassung, DStR 1986, 18.
Meyer, Dirk	Drittaufwand und Leistungsfähigkeitsprinzip, BB 1986, 986.
Neumark, Fritz	Theorie und Praxis der modernen Einkommenbesteuerung, 1947.

Nieland, Hubert — Die Berücksichtigung der Einlage von Nutzungen und Leistungen bei der Gewinnermittlung, DB 1987, 706.

Obermeier, Arnold/Weinberger, Armin — Die ertragsteuerliche Behandlung von Bauten auf fremdem Grund und Boden, insbesondere die Problematik des Ehegatteneigentums, DStR 1998, 913–920.

Paus, Bernhard — Das Gebäude auf dem Grundstück des Ehegatten, BB 1995, 2399–2407.

Paus, Bernhard — Aufwendungen für den Betrieb des Ehegatten bei Abkürzung des Vertragswegs, DStZ 2000, 556–558.

Plückebaum, Rudolf — Persönliche Zurechnung von Einkünften aus Vermietung und Verpachtung bei dinglichen und obligatorischen Nutzungsrechten, FR 1981, 181.

Plückebaum, Rudolf — Gleiche bzw. unterschiedliche einkommensteuerliche Rechtsfolgen bei dinglichen und obligatorischen Nutzungsrechten an Grundstücken, FR 1984, 496.

Plückebaum, Rudolf — Absetzungen für Abnutzung in Fällen unentgeltlich erlangter Nutzungsrechte durch den Nutzungsberechtigten, FR 1986, 53.

Preißer, Michael — Die betriebliche Nutzung von Wirtschaftsgütern des Nicht-Unternehmer-Ehegatten (Angehörigen), insbesondere die sog. Nutzungsrechtseinlage, DStR 1985, 498.

Rößler, Gerhard — Nießbrauch und Tatbestand der Einkunftserzielung – Eine Erwiderung auf die Ausführungen Hutters in DStZ 1981, 47, zu den BFH-Urteilen vom 13.5. 1980 VIII R 63/79; VIII R 75/79 und VIII R 128/78, DStZ 1981, 274.

Rößler, Gerhard	Keine Werbungskosten im Rahmen der zeitlich beschränkten doppelten Haushaltsführung bei Drittaufwand, DStZ 1996, 769.
Roth, David	Irrweg oder Abkürzung? – Der Streit um Drittaufwand und abgekürzten Vertragsweg –, DStZ 2006, 830.
Ruppe, Hans Georg	Möglichkeiten und Grenzen der Übertragung von Einkunftsquellen als Problem der Zurechnung von Einkünften, in Tipke, Klaus, (Hrsg.), Übertragung von Einkunftsquellen im Steuerrecht, 2. Aufl. 1978/79.
Ruppe, Hans Georg	Einkommensteuerrechtliche Positionen bei Rechtsnachfolge, in Schulze-Osterloh, Rechtsnachfolge im Steuerrecht, 1987.
Ruppe, Hans Georg	Zur persönlichen Zurechnung von Aufwendungen, speziell von Absetzungen für Abnutzung, Gedenkschrift für Karl Lechner, Wien 1987.
Schellenberger, Heinz	Streitfragen bei Abschreibungen und Absetzungen, FR 1980, 25.
Schellenberger, Heinz	Nießbrauch im Steuerrecht – eine Standortbestimmung, DStR 1981, 395.
Schilling, Claudia	Bauten auf fremden Grundstücken im Einkommensteuerrecht, 1997.
Schmidt, Ludwig	Einkommensteuergesetz, 1982.
Schmidt, Ludwig	Einkommensteuergesetz, 12. Aufl. 1993.
Schmidt, Ludwig	Einkommensteuergesetz, 24. Aufl. 2005.
Schmidt, Ludwig	Bemerkungen über den Nießbrauch an Rechten als Einkunftsquelle, FR 1977, 457.

Schmidt, Ludwig – „Väter und Söhne“ – Möglichkeiten und Grenzen der Einkommensverlagerung zwischen Eltern und Kindern, StbJb 1975/76, 149.

Schmidt, Ludwig Abzug der AfA auf das Gebäude der Ehefrau als Drittaufwand beim Ehemann, FR 1990, 487.

Schmidt, Ludwig Kein Sonderausgabenabzug für Drittaufwand, FR 1989, 498.

Schnorr, Randolf Die steuerrechtliche Abzugsfähigkeit von „Drittaufwand“, StuW 2003, 222.

Schön, Wolfgang Die Steuerbilanz zwischen Handelsrecht und Grundgesetz, StuW 1995, 366.

Schulze zur Wiesche, Dieter Der Nießbrauch am Betriebsvermögen, FR 1979, 273.

Seithel, Rolf Einkommensteuerliche Auswirkungen eines im Grundbuch nicht vollzogenen schuldrechtlichen Nießbrauchs bzw. Wohnrechts im Privatbereich, DStR 1980, 582.

Seitz, Georg Die persönliche Zurechnung von Erwerbsaufwendungen, FR 2006, 201.

Simon, Hermann Veit Die Bilanz der Aktiengesellschaften und der Kommanditgesellschaften auf Aktien, 4. Aufl. 1910.

Söffing, Günter Zur neuen Nießbrauchsrechtsprechung des VIII. Senats des Bundesfinanzhofs, FR 1977, 213.

Söffing, Günter Die fünf Arbeitszimmer-Beschlüsse des Großen Senats des BFH vom 30.1. 1995 und 23.8. 1999, BB 2000, 381.

Söffing, Günter — Der abgekürzte Vertragsweg, – Das BFH-Urteil vom 15.11.2005 und sein Nichtanwendungserlass –, DStZ 2007, 147.

Söhn, Hartmut (Hrsg) — Die Abgrenzung der Betriebs- oder Berufsspähre von der Privatsphäre im Einkommensteuerrecht, 1980.

Stadie, Holger — Die persönliche Zurechnung von Einkünften, 1983.

Stadie, Holger — Zur Einlage von Nutzungsrechten in das Betriebsvermögen, DB 1984, 578.

Stephan, Rudolf — Der Gesetzentwurf zur Besteuerung selbstgenutzter Wohnungen und seine Folgen für Nutzungsrechte an privatem Grundvermögen, DB 1985, 1364.

Strutz, Georg — Kommentar zum Einkommensteuergesetz vom 10. August 1925, 1. Bd. 1927.

Stuhrmann, Gerd — Zum Werbungskostenabzug bei unentgeltlich eingeräumtem Nießbrauch an einem Gebäude, FR 1980, 41.

Stuhrmann, Gerd — Zweifelsfragen des Werbungskostenabzugs bei den Einkünften aus Vermietung und Verpachtung, StbJb 1992/93, 193.

Stuhrmann, Gerd — Afa-Befugnis des Eigentümers eines Grundstück bei unentgeltlich bestelltem Nießbrauch?, FR 1979, S. 505–506.

Stuhrmann, Gerd — Nießbrauch: Einkommensteuerrechtliche Behandlung bei den Einkünften aus Vermietung und Verpachtung, DStR 1984, S. 3–11.

Stuhrmann, Gerd	Nochmals: Einkommensteuerrechtliche Behandlung von Gebäuden auf fremdem Grund und Boden, FR 1986, S. 410–411.
Thiel, Jochen	Die Bilanzierung von Nutzungsrechten, in Doralt, Werner, Probleme des Steuerbilanzrechts, Deutsche Steuerjuristische Gesellschaft, Bd. 14, 1991.
Tiedtke, Klaus	Einkommensteuer- und Bilanzrecht, 2. Aufl. 1995.
Tipke, Klaus	Steuerrecht – Chaos, Konglomerat oder System?, StuW 1971, 2.
Tipke, Klaus	Die Steuerrechtsordnung, Bd. I, 2. Aufl. 2000; Bd. II, 2. Aufl. 2003.
Tipke, Klaus	Steuerrecht, 11. Aufl. 1987.
Tipke, Klaus/ Kruse, Heinrich Wilhelm	Abgabenordnung, 1961–2005.
Tipke/Lang/ Bearbeiter	Steuerrecht, 18. Aufl. 2005.
Trzaskalik, Christoph	Nutzungsrechte im Einkommensteuerrecht, StuW 1983, 126.
Trzaskalik, Christoph	Studien zu Drittaufwandsfragen, Festschrift für Ludwig Schmidt, 1993, 51–74.
Uelner, Adalbert	Einkommensteuerrechtliche Einzelfragen, StB-KongR 1977, 105.
Wacker, Roland	Eigenkapitalersatz und Drittaufwand bei GmbH-Anteilen, StbJb. 2001/2002, 119.
Walz, Rainer W.	Steuergerechtigkeit und Rechtsanwendung, 1980.

Wassermeyer, Franz | Die Abgrenzung des Betriebsvermögens vom Privatvermögen, in Söhn, Hartmut, (Hrsg.). Die Angrenzung der Betriebs- oder Berufssphäre von der Privatsphäre, DStJG Bd. 3, 1980, 315.

Wassermeyer, Franz | Drittaufwand aus der Sicht des Großen Senats des BFH, DB 1999, 2486.

Wassermeyer, Franz | Der Nießbrauch im Einkommensteuerrecht, FR 1983, 157.

Weber-Grellet, Heinrich | Zur Abschaffung des Maßgeblichkeitsgrundsatzes, StuB 2002, 700–706.

Weber-Grellet, Heinrich | Drittaufwand – Konsequenzen aus dem Beschluß des Großen Senats vom 30.1. 1995 GrS 4/92, DB 1995, 2550.

Weber-Grellet, Heinrich | Drittaufwand – Gelöste Fragen, offene Probleme, Handlungsgrundlagen, StbJb 1995/96, 105.

Weber-Grellet, Heinrich | Das häusliche Arbeitszimmer des Ehemannes und die Absetzung für Abnutzung als Betriebsausgabe, FR 1996, 172–173.

Weber-Grellet, Heinrich | Drittaufwand, StJB 1995/96, 105–167.

Welzel, Peter | Immobiles Anlagevermögen auf Grund und Boden des Ehegatten des Betriebsinhabers, DStZ 1989, 402.

Wendt, Rudolf | Empfiehlt es sich, das Einkommensteuerrecht zur Beseitigung von Ungleichbehandlungen und zur Vereinfachung neu zu ordnen?, DöV 1988, 710.

Wismeth, Siegfried | Einlage von Nutzungen und Leistungen, 1985.

Woerner, Lothar | Notwendiges und gewillkürtes Betriebsvermögen – eine überholte Unterscheidung? StBJb 1989/90, 207.

Woerner, Lothar — Grundsatzfragen zur Bilanzierung schwebender Geschäfte, FR 1984, 489.

Wolff-Diepenbrock, Johannes — Zum Nettoprinzip, DStZ 1999, 717–724.

Wolff-Diepenbrock, Johannes — Die Entscheidungen des Großen Senats des BFH zum Drittaufwand bei Eheleuten, DStR 1999, 1642.

Wolff-Diepenbrock, Johannes — Zum Nettoprinzip, DStZ 1999, 717.

Wollny, Paul — Arbeitszimmer in der gemeinsamen Eigentumswohnung zusammenveranlagter Eheleute – AfA bei Einkünften aus Vermietung und Verpachtung, FR 1988, 138.

Wüllenkemper, Dirk — Steuerliche Folgen der unentgeltlichen Bestellung eines Nießbrauchs an einem zum Betriebsvermögen gehörenden Grundstück, FR 1991, 101.

Wegen der Abkürzungen wird verwiesen auf:

Kirchner, Hildebert/ Panier, Dietrich — Abkürzungsverzeichnis der Rechtsprache für Juristen, 6. Auflage, Berlin 2008

Schriften zum Wirtschafts- und Medienrecht, Steuerrecht und Zivilprozeßrecht

Herausgegeben von Jürgen Costede und Gerald Spindler

Die Buchreihe geht aus Dissertationsschriften hervor, die an der Juristischen Fakultät der Georg-August-Universität zu aktuellen Problemkreisen aus den renommierten Rechtsgebieten des Wirtschafts- sowie Medienrechts, aber auch des Steuer- und Zivilprozessrechts angenommen wurden. Das Wirtschaftsrecht ist breit vertreten mit Schwerpunkten im Gesellschafts- und Kapitalmarktrecht unter Einbeziehung des Kernstücks des Börsenrechts, aber auch der grundlegenden Fragen des Europarechts. Das Medienrecht hingegen umfasst das Urheberrecht, wesentliche Aspekte des gewerblichen Rechtsschutzes sowie das durch den enormen Stellenwert des Internets immer mehr an wirtschaftlicher Bedeutung gewinnende E-Commerce-Recht. Ein besonderer thematischer Schwerpunkt liegt dabei auf den rechtsvergleichenden Ansätzen, die in der heutigen Zeit auf Grund der Harmonisierung des Rechts auf europäischer und internationaler Ebene immer mehr an Bedeutung gewinnen und als *école de vérité* den Vorrat an rechtlichen Lösungsmöglichkeiten erweitern und bereichern. Die Rechtsvergleichung beschränkt sich dabei in der Regel nicht auf das sonst häufig beliebte deutsch-amerikanische Verhältnis, sondern bezieht auch andere europäische Länder mit ein. Die Reihe zeichnet sich durch ein hohes Maß an Aktualität aus, indem häufig hervorstechende Themen der rechtswissenschaftlichen Diskussion aufgegriffen werden. Aber auch grundlegende Arbeiten etwa zur Umsetzung von EU-Richtlinien in das deutsche Recht fehlen nicht in der Schriftenreihe.

Band 1 Reiner Fu: Die stille Gesellschaft im internationalen Steuerrecht aus deutscher Sicht. 1997.

Band 2 Kirsten Forsblad: Restschuldbefreiung und Verbraucherinsolvenz im künftigen deutschen Insolvenzrecht. 1997.

Band 3 Vassilios Tountopoulos: Die Reichweite der registerrechtlichen Gründungsprüfung einer AG. Eine Untersuchung unter rechtsvergleichendem Aspekt. 1998.

Band 4 Franc Pfahl: Die Maßgeblichkeit der Handelsbilanz, ein dem Steuerbilanzrecht vorgegebenes Grundprinzip? Von der Notwendigkeit einer steuerrechtlichen Begründung der durch § 5 Abs. 1 EStG in das Steuerrecht übernommenen handelsrechtlichen Vorschriften der Gewinnermittlung. 1999.

Band 5 Michael Schröder: Die Wertpapierhandelsaufsicht nach dem Zweiten Finanzmarktförderungsgesetz. 1998.

Band 6 Daniela Hasche: Die Sachgründung der GmbH. 1999.

Band 7 Oliver Wendt: Die rechtliche Problematik von Strahlenschäden. Rechtliche und rechtstatsächliche Aspekte der Haftung für Strahlenschäden unter Einbeziehung der Vorfälle in der strahlentherapeutischen Abteilung des Universitäts-Krankenhauses Eppendorf. 2000.

Band 8 Susanne Matussek: Zum Werbungskostenbegriff im Einkommensteuerrecht. 2000.

Band 9 Klaas Ziervogel: Rufausbeutung im Rahmen vergleichender Werbung. Veränderungen im Zuge der gesetzlichen Regelung vergleichender Werbung. 2002.

Band 10 Sven Wortberg: Lösungsklauseln und Insolvenz. 2003.

Band 11 Eva Ullrich: Die Zurechnung von Buchgutschriften. Zufluß und Leistungsfähigkeit im Einkommensteuerrecht. 2004.

Band 12 Carmen Werner: Einkommensteuerrechtliche Zurechnungen bei mittelbaren Beteiligungen an Personengesellschaften. 2003.

Band 13 Ulf Andreas Nissen: Die Online-Videokonferenz im Zivilprozess. 2004.

Band 14 Oliver Wiegmann: Grund, Grenzen und Wirkungsweise des § 105 InsO. 2004.

Band 15 Holger Seidler: Eigene Aktien. Eine Analyse des Aktien-, Handelsbilanz- und Kapitalmarktrechts zur Ermittlung von Deregulierungspotential und Regulierungsbedarf. 2004.

Band 16 Stefan Eck: Providerhaftung von Konzernunternehmen. Rechtliche Zusammenschau von Konzernunternehmen bei der Verbreitung rechtsverletzender Informationen im Internet. 2004.

Band 17 Frauke Fasold: Die einkommensteuerliche Problematik der Buchwertfortführung. Übertragung stiller Reserven und Gewinnrealisierung im Einkommensteuerrecht. 2005.

Band 18 Thomas Linke: Selbstregulierte Streitlösung für deutsche Domains. 2005.

Band 19 Malte Abel: Pfändungsschutz nach § 851 ZPO. Speziell die Pfändung zweckgebundener Forderungen. 2005.

Band 20 Harriet Eidam: Typische Risiken des elektronischen Rechtsgeschäftsverkehrs. 2005.

Band 21 Katharina Schmitz: Haftung für Links. Zur Verantwortlichkeit des Hyperlinksetzers und Suchmaschinenbetreibers unter besonderer Berücksichtigung von Verkehrs- und Garantenpflichten. 2006.

Band 22 Thomas Miserre: Rundfunk-, Multimedia- und Telekommunikationsrecht. Abgrenzung der Anwendungsbereiche von Art. 5 I 2 GG, Rundfunkstaatsvertrag, Teledienstegesetz, Mediendienstestaatsvertrag und Telekommunikationsgesetz. 2006.

Band 23 Mona Bandehzadeh: Jugendschutz im Rundfunk und in den Telemedien. Eine Würdigung des Staatsvertrages über den Schutz der Menschenwürde und den Jugendschutz in Rundfunk und Telemedien unter verfassungsrechtlichen Aspekten. 2007.

Band 24 Judith Volkmann: Mediation im Zivilprozess. Rechtliche Rahmenbedingungen für ein gerichtsinternes Mediationsangebot. 2006.

Band 25 Tino Grattenthaler: Die Vergütung von Vorstandsmitgliedern in Aktiengesellschaften. Eine grundlegende Betrachtung mit ausgesuchten Schwerpunkten aus rechtswissenschaftlicher Sicht. 2007.

Band 26 Till Dunckel: Online-Auktionen und Wettbewerbsrecht. 2007.

Band 27 Lena Katharina Landsmann: Die stille Gesellschaft in der Insolvenz. 2007.

Band 28 Jan Riebeling: Der Einsatz von Informations- und Kommunikationstechnologie im Insolvenzverfahren. 2007.

Band 29 Daniela Stiegel: Aktienoptionen als Vergütungselement aus arbeitsrechtlicher Sicht. Eine Vergütungsform an der Schnittstelle von Arbeits- und Gesellschaftsrecht. 2007.

Band 30 Jia Li: Nutzungen und Nutzungsrechte im Einkommensteuerrecht. 2007.

Band 31 Olaf Koglin: Opensourcerecht. Die urheber- und schuldrechtlichen Beziehungen zwischen Lizenzgeber und Lizenznehmer bei Open Source Software am Beispiel der General Public License (GPL). 2007.

Band 32 Katharina Padberg: Die Bedeutung des Börsenkurses für die Höhe von Barabfindungen. 2008.

Band 33 Karl Friedrich Balz: No-Shop-Vereinbarungen nach amerikanischem und deutschem Recht. 2008.

Band 34 Sascha Teichert: Die Besteuerung in- und ausländischer Investmentfonds nach dem Investmentsteuergesetz. Unter besonderer Beachtung der steuerrechtlichen Behandlung der Veräußerungs- bzw. Rückgabegewinne i.S. des § 8 InvStG sowie des Sondervermögens mit zusätzlichen Risiken (Hedgefonds) i.S. der §§ 112 ff. InvG. 2009.

Band 35 Stefan Zimmermann: E-Commerce, Verbraucherschutz und die Entwicklung Intelligenter Agenten. 2008.

Band 36 Zhe Huang: Zur Lehre von der Geschäftsgrundlage nach altem und neuem Recht. 2009.

Band 37 Torben Speier: Insiderhandel und Ad-hoc-Publizität nach Anlegerschutzverbesserungsgesetz. Rechtliche Grundlagen und ausgewählte Fragen in einem veränderten kapitalmarktrechtlichen Gewand. 2009.

Band 38 Stefan Rieger: Eigenkapitalersatz in mehrstufigen und mehrfachen Beteiligungsverhältnissen. Ein Beitrag zu den Grundlagen und Grenzen des Eigenkapitalersatzgedankens. 2009.

Band 39 Arnaud Lionel Ngassa Djomo: Die Corporate Governance aus Sicht der Rechtsvergleichung zwischen Deutschland und Kamerun. 2009.

Band 40 Matthias Lack: Rechtsfragen des individuellen Auskunftsrechts des Aktionärs nach dem Gesetz zur Unternehmensintegrität und Modernisierung des Anfechtungsrechts. 2009.

Band 41 Kirsa Steinke: Die Übertragbarkeit der *Keck*-Rechtsprechung des EuGH auf die Niederlassungsfreiheit. 2009.

Band 42 Frauke von Lücken: Parteifähigkeit der Gesellschaft bürgerlichen Rechts und Parteibegriff im Zivilprozessrecht. 2009.

Band 43 Katrin Kepper: Die mitbestimmende monistische SE deutschen Rechts. Eine Untersuchung der Kompatibilität der deutschen Mitbestimmung und der monistischen Führungsorganisation am Beispiel der Europäischen Aktiengesellschaft (SE). 2010.

Band 44 Marc Philipp Weber: Die Umsetzung der Enforcement-Richtlinie ins deutsche Recht. Unter besonderer Berücksichtigung der Umsetzung des Art. 7 RL. 2010.

Band 45 Xinmiao Yu: Substitution des Antidumpingrechts durch extraterritoriale Anwendung des EG-Wettbewerbsrechts. 2010.

Band 46 Parastu Bahramsari: Zur persönlichen Zuordnung von Betriebsausgaben und Werbungskosten im Einkommensteuerrecht. Drittaufwand und verwandte Erscheinungen. 2011.

www.peterlang.de